商通四海话台江

SHANG TONG SI HAI HUA TAI JIANG

政协福州市台江区委员会　编著

海峡出版发行集团｜海峡文艺出版社

图书在版编目(CIP)数据

商通四海话台江/政协福州市台江区委员会编
著.—福州:海峡文艺出版社,2022.12
ISBN 978-7-5550-3265-6

Ⅰ.①商… Ⅱ.①政… Ⅲ.①地方文化—台
江区—文集 Ⅳ.①G127.574—53

中国版本图书馆 CIP 数据核字(2022)第 234531 号

商通四海话台江

政协福州市台江区委员会 编著

出 版 人 林 滨
责任编辑 余明建
出版发行 海峡文艺出版社
经 销 福建新华发行(集团)有限责任公司
社 址 福州市东水路 76 号 14 层
发 行 部 0591—87536797
印 刷 福建名彩印刷有限公司
厂 址 福州市闽侯经济技术开发区一期九号中路 5 号
开 本 787 毫米×1092 毫米 1/16
字 数 260 千字
印 张 22.25
版 次 2022 年 12 月第 1 版
印 次 2022 年 12 月第 1 次印刷
书 号 ISBN 978-7-5550-3265-6
定 价 98.00元

如发现印装质量问题,请寄承印厂调换

XuYan

千年商埠通四海。台江素有"黄金地""聚宝盆"之美誉，是古代海上丝绸之路的重要节点、闽商文化和闽商精神发源地。从唐代大庙山下新丰市、宋代沙合桥集市，到元、明、清中时期"繁华殷盛，全城之冠"的河口商业街区，到19世纪中叶的世界海洋货物贸易中心之一、东南地区重要商品集散地，到清末民初的全省商贸中心，台江商贸是福建商业文明发展的标志。改革开放以来，台江领风气之先，成为福建商品经济在全国的一面旗帜。进入新时代，台江传承历史，沐着闽江灵气，敢为人先、艰苦创业，朝着高水平建设现代化国际城市核心区阔步前进。

人文荟萃耀闽都。千年商都，既是福州城市经济发展的重要引擎，也为历史文化名城留下了丰富的文化遗产。台江历史文化纵贯古今、融汇中西，蕴含着包容万象的海洋商贸文化、多姿多彩的中西文化、隽永深刻的红色文化。特别是台江商帮"爱国爱乡、海纳百川、乐善好施、敢拼会赢"的闽商精神特质，其影响力随着商路，传播到世界各地，影响后人。

为总结台江商贸繁盛的历史经验、继承兼容并蓄的文化品格、弘扬开拓创新的人文精神，打响"最福州、老福州、金福州"的商都名片，加快建设国际消费中心城市核心区、区域性金融中心、现代服务业高质量发展示范区，中共台江区委、台江区政协组织文史专家，在深入调研、座谈研讨、集思广益的基础上，编撰了《商通四海话台江》一书。本书从古至今，分为12个章节，约26万字，既全面反映了台江商贸发展的历史过程，展示其连续性、继承性、规律性，又突出重点，做到点面结合，条理系统，眉目清晰，凸显了台江商贸史的特殊价值。因此，这部书不仅仅是一部资料性丰富的专著，还是一部学术性和实用性相结合的著作。希望通过此书，让台江干部群众及社会各界更加全面透彻地认识台江、了解台江，也进一步宣传台江，扩大台江影响力，形成共同关心、支持和参与台江高质量发展的生动局面。

在《商通四海话台江》付梓出版之际，谨向编委会全体同志、向参与支持本书编辑创作出版的各单位和社会各界人士表示衷心感谢！奋进新时代，迈步新征程，我们要大力传承弘扬台江优秀文化，勇于拼搏、争先创优，踔厉奋发、勇毅前行，加快打造活力商都、滨江福地，高水平建设现代化国际城市核心区，为奋力谱写全面建设社会主义现代化国家福建篇章作出台江贡献！

是为序。

中共福州市台江区委书记　梁　栋

2022 年 11 月 20 日

Contents 目录

第一章　南台怀古

　　《山海经》言："闽在海中。"地质考古告诉我们，古人类时期福州主体还是海洋的一部分，仅在北部山脚下有半岛与大海相连，之后海水渐渐退出而形成盆地。

　　发源于武夷山脉，东流入海的闽江，在下游福州平原水流减缓，由于海水的阻滞和海潮的逆向冲击，使得江水中携带的大量泥沙不断沉淤，河海交互作用下，形成广阔的平原地带，福州平原现身。水退人进，山城就此拥有了一片"坦途"，城市得以渐渐成长。大海"让"给福州一块土地，山"给"了福州一座城。在大山的怀抱中，福州平原延袤数百公里，气候温暖、雨水充沛、物产丰富，自然条件优渥的这片土地，人民生息和繁衍，璀璨的闽都文化孕育着、成长着、升华着……

　　有着澎湃血脉的闽越首领无诸，效仿中原"上邦"修筑城邦，将"有台临江"的开阔地，交汇福建的母亲河——闽江，拉开古城两千两百多年的历史帷幕，台江的历史故事也进入序章。这是一个繁荣了两千年的南台市区，一个有两千年历史的福建省商业中心，曾是福建港湾的一个中心枢纽。南台的经济曾一直走在福建的前列，商贸网络遍及环中国海贸易圈，也曾是世界茶港、中国造船业主要基地、中国手工艺品贸易中心区域之一、福建工业主要基地、近代福州的金融中心、福建、福州粮食主要集散地以及闽商文化和闽商精神的主要发源地之一。

一、古城南望

春秋战国时期，越国被楚国所灭。越王勾践后裔浮海来到福州，与这里的原住民——闽族，融合形成了一个新的百越族群——"闽越族"。当时的福建仍处于"化外之地"，未纳入中原统治视野中，直到公元前222年，秦朝才将闽地包含在闽中郡的广大地域中。

公元前202年，闽越族首领无诸因为协助刘邦反秦灭楚有功，被封为"闽越王"，这是福建第一位被中原政权分封的统治者。无诸头顶"闽越王"光环，由海而来，溯江登岸，在大庙山设坛祭天，气势浩荡。之后，无诸在冶山之麓建立了"冶城"，司马迁《史记》把"冶城"称为"东冶"。闽越王无诸不但开创了福州城市的历史，也开启了中华文明史的福建篇章，被后世尊为"开闽王"。

明朝诗人王恭《冶城怀古》诗中有"无诸建国古蛮州，城下长江

◇ 闽越王无诸塑像

水漫流"之句。无诸定都冶城的时候，福州城位于屏山脚下的冶山一带，这里是福州平原的北部区域，三面环水。南面是一片沼泽，潮来一片汪洋，潮退一片芦荡与红树林，绵延至 20 里外的闽江边上。

闽越古城外南部地带有多个由火山岩、花岗岩组成的小高地，由高到低分别是今天的大庙山、彩气山、南禅山、吉祥山、保福山（又名文山）、金斗山、紫云山、太平山和崎顶等。福州人习惯将这类高地称为"台"。

"钓龙台"，闽江边的一座小山，海拔不到 40 米，今为福州第四中学所在地，在福州古文献中被称为"南台"，意为位于福州城南的高地。明万历《福州府志》记载："城南之山，出宁越门二里，曰横山，迤西南为惠泽山，一名独山，为南台山；一名钓龙台，有盘石焉，相传东越王余善钓白龙处也；一名越王台，盖无诸受汉册封之地。""惠泽山""独山""越王台""大庙山""南台山"，都是"钓龙台"的别称。

"钓龙台"的名称与闽都的一个古老传说有关。白龙江在南台岛（今仓山）与福州城岸之间，湍急的水流冲激出一个深潭——白龙潭，传说这个大潭中有"龙"。

◇ 大庙山钓龙井

这里所说的"龙"，应为鳄鱼之类水中凶猛动物。古代闽人称鳄鱼为"蛟龙"，有史可查。福建地方文献不时有"蛟龙"吞牛、马的记载，说明古代福建的河流有很多鳄鱼。习惯在水上生活的古闽人，为了防止"蛟龙"之害，在身体上用墨纹制龙形文身，自称为"龙子"，具有祈福意义。古闽人为了免受伤害，也诱杀鳄鱼。鳄鱼多生活在较深的河水中，白龙潭就是这样一个地方，东越王余善在闽水边"钓龙"，应是铲除鳄鱼之害的一种行动。

汉代初年，汉高祖刘邦赐封无诸为闽越王。朝廷使节带着汉高祖的节钺（符节与斧钺，古代时授予官员或将帅，作为加重权力的标志）乘船南下，沿闽江逆流而上，在钓龙台举行赐封大典。为什么汉使节不入冶城？还是因为交通问题。当时台江一带的入城水道都比较窄浅，又受到海洋潮汐的影响，较大的官船不易行驶。这说明，早在汉代初年，钓龙台一带是福州南部的水路交通要道。

◇ 钓龙台（今福州四中）"全闽第一江山"石碑

当年，冶城出城的主

要港口在今冶山之东，此地水深数米，可以停泊商船，有水道通向闽江。不过，这条水道并非由冶山向南直接与闽江接通，而是弯弯曲曲向西南延伸，在钓龙台与闽江水汇合。《三山志》记载："潮上大江，自南台东北入河口岸，经通仙门、美化门之东，至临河务，入南锁港。"由于古代钓龙台附近河道的水较深，这里就成为往来船舶停靠的码头，往返冶城都要乘小船经过南台水域，一般都要在钓龙台附近停泊，再换乘适合闽江航行的船只。

早期"南台"之称，主要指"钓龙台"附近区域。《三山志》记载："南台，城南有越王钓龙台，故名。"南宋名相赵汝愚曾在钓龙台下的潭尾街留下题刻："古南台"。需要注意的是，"南台"的名字只属于钓龙台，"南台岛"的称呼，指的是江对岸的仓山岛。当年的钓龙台所面临的大江，被称为"白龙江"，与另一条闽江支流"乌龙江"遥遥相对，两江所夹的江中岛，就是福州民间俗称的"南台岛"。从冶城望去，白龙江在钓龙台南面，所以又叫"南台江"。

闽江的潮水上涨时，一径涌进福州，来自闽江的船舶便可顺潮进入城内。直至今天，台江境内还有白马河、白马支河、大庆河、新港河、打铁港、瀛洲河、达道河、三捷河、茶亭河、光明港、光明港一支河、光明港二支河等内河，以及大量的湖、塘、河浦遗存或遗址。当年这些河道，每逢潮涨，潮水迅猛地推动着满载而归的商船穿梭城内，故有古诗赞曰："百货随潮船入市。"

闽江涨潮时，海水顶着江水向闽江腹地涌流。由于乌龙江江面开阔，江潮先涌进乌龙江，而后绕过南台岛西北部，再顺白龙江南下，形成一股从白龙江上游往下的潮水。白龙江下游的潮水来得较慢，逐渐向上推进，上下游对向而来的两股潮水在钓龙台下汇聚。在过去，位于上下杭一带的星安河经常出现两股同时到达的潮水相互碰撞涌动的景象，堪称绝景。

"南台"，授名于汉朝初年的闽越国冶城，陪伴着闽都城市两千多年的悠久历程，见证了福州城南区域发展的沧海桑田。近代，台江商圈勃兴，万寿桥下游市区发展迅猛，带动了"台江汛"渐渐成为南台市区的中心，于是新"台江"便取代了古"南台"。

◇ 2000 年之前，三通桥附近的张真君祖殿每日都出现"潮水两头碰"的自然奇观

二、习御长风

受自然环境和古族群文化的影响，闽越文化与中原文化形成各自的特色。唐朝诗人刘禹锡说："闽有负海之饶，居洞砦（'砦'同'寨'），

家浮筏者，与华言不通。"闽越人世代居住在沿海、沿江一带，习惯水上生活，善于在江、河、海中驾舟捕捞水产；而中原人则是内陆文明、农耕文化，有一种靠天吃饭的传统意识。在闽地，发生了两种文明从排斥对立，到走向融合发展的历史变迁。

公元前 110 年，东越王余善起兵反汉，汉武帝举兵灭闽越国，部分闽越人被强制迁徙到江淮一带，闽越族的势力就此一蹶不振。汉代以后，中国古代典籍里形容的"身材矮小、短面、须发少、鼻形广、眼睛圆而大"的闽越人已难觅踪迹，越人的干栏式房屋被中原房屋样式所取代，悬棺葬、水葬被土葬代替，断发、文身、凿齿不再流行。东晋末年，汉族的大规模到来，带来了中原地区先进的文化和农业生产技术。促进了福州地区经济发展和社会进步，同时也促进了汉族与当地土著居民的融合。

闽越族以"习水善舟"闻名，在与中原农耕文明的对撞交流中，依然展现出其独特的魅力。闽越遗裔在中国古代军事战争中曾留下了浓墨重彩的一笔，尤其是两汉至三国，闽越人的水战能力得到充分体现。《史记》记载："至（汉武帝）元鼎五年（前 112），南越反，东越王余善上书，请以卒八千人从楼船将军击吕嘉等。兵至揭扬，以海风波为解，不行。"揭扬这个地方，就是现在广东潮州境内的揭阳县，余善从东冶率领八千人士兵航海到揭扬，气势强大，军威震天。

随着时代推移，航海技术不断改进，通向闽中的海路越来越顺畅。东晋末年，孙泰、孙恩父子因传播五斗米教而遭到朝廷的镇压，孙泰被杀，孙恩被迫下海。孙恩纠集了一支数百人的武装袭击江南，一时间，八大郡县纷纷响应，孙恩拥兵达数十万人。其后，东晋大军南来，孙恩率领 20 余万人下海躲避。此后数年，孙恩以船为家，频频袭击东南沿海和沿江城镇。孙恩失败后，剩余的人推选卢循作为统领。"元兴元年（402）正月，卢循自称征虏将军，领孙恩余众，略有永嘉、晋安之地。"卢循在晋安郡（今福州）附近停留了一年之久。

三国时期，吴国拥有强大的海军，他们的水手主要来自闽中与岭南。《宋书》记载，东吴在建安郡设典船校尉。建衡元年（269），东吴政权在建安郡侯官县（今福州市）设立"典船校尉"官职，都尉营就设在福州开元寺之东直巷，号船坞，开启了福建官办造船的历史。长溪县（今霞浦）隶属于福州辖区，被官方指定为建造"温麻船"的海边工场。用于东吴水上战场或军事运输的温麻船造好之后，就直接在赤岸、三沙等长溪境内的海域港口下水航行。

闽地成为当时著名的航海技术中心。伴随着军事战争，闽人的水上交通能力得到迅速提升。六朝时期，四海之内，闽人的航海技术首屈一指，西晋文学家左思在《吴都赋》中记载："橹工楫师，选自闽禺。习御长风，狎玩灵胥。责千里于寸阴，聊先期而须臾。"左思赞叹闽人水上驾驭船舶航行速度之快，技术之灵巧，已是神鬼莫测。

南朝，福州地方军阀陈宝应割据闽中，乘着侯景之乱北上会稽。史料记载：当时浙江东部发生饥馑，会稽尤甚，死者十七八，平民男女，并皆自卖，而晋安独丰沃。陈宝应自海道进攻临安、永嘉及会稽、余姚、诸暨，接着又载着米、粟与这些地方进行贸易，由此获得大量资产，士众强盛。陈宝应部队在会稽、闽中之间的海上如履平地，反映出当时闽地航海技术的先进，以及闽中的水手们对这段水路的熟悉。

隋朝统一江南后，闽中曾发生王国庆等地方首领的叛乱，隋朝统治者派杨素南下镇压叛乱。司马光《资治通鉴》记载：王国庆自以为海路艰阻，北方人不习水路，所以不设防。而杨素就利用其疏忽，从海上攻击福建，王国庆仓皇逃跑，余党散入海岛，或逃入深山老林。杨素分遣诸将，分头进行水陆追捕。

看似零碎的史料，却昭明两个关于福建的历史事实：其一，古代的福建人造船和航行水平独树一帜；其二，给出"闽在海中"的另一个答案：福建与外界的主要通道在海上。

三、海峡津渡

东冶，汉唐中国海外交通的重要枢纽。《后汉书·郑弘传》记载："旧交阯（越南）七郡贡献转运，皆从东冶泛海而至，风波艰阻，沉溺相系。弘奏开零陵、桂阳峤道，于是夷通，至今遂为常路。"东冶成为当时中国海外探索的一个重要津渡。

汉末天下大乱，一些中原士族乘着船只，通过台湾海峡海路，南下躲避战乱。三国时期，王朗在江南被孙策击败后，来到侯官（福州），部下虞翻忠心耿耿追随而来。后来，虞翻在东吴为官，因为言语犯了孙权龙颜，被流放到了交州（今越南北部红河流域）。孙权晚年突然又思念起了虞翻，命令交州"给其人船，发遣还都"。虞翻往返交州、闽中，都是走海路。这说明汉代东冶与越南已经有了海上交通联系。

《后汉书·东夷传》记载："会稽海外有东鳀人，分为二十余国。又有夷洲及澶洲。传言秦始皇遣方士徐福将童男女数千人入海（事见《史记》），求蓬莱神仙不得，徐福畏诛不敢还，遂止此洲，世世相承，有数万家。人民时至会稽市。会稽东冶县人有入海行遭风，流移至澶洲者。所在绝远，不可往来。"书中所记载的东鳀、夷洲及澶洲，都与东冶有海上联系。一般认为，东鳀应该是日本，夷洲是台湾，而澶洲是菲律宾群岛，也可能是海南岛。由此证明，东冶自古就与海外有广泛的联系，它一直是中国对外交通的主要港口之一。

在六朝时期，闽人的海外交通范围有新的拓展。当时，福建船舶不但可航行至胶东半岛，还到达东北地区建立的契丹国和渤海国。徐寅的《折桂何年下月中》一诗的序写道："渤海宾贡高元固先辈闽中相访，云本国人写得寅斩蛇剑、御沟水、人生几何赋，家皆以金书列为屏障。"渤海国位于辽宁一带，当地人并不善于航海，其使者能来到福建，与福建船舶往来于两地之间有关。

在契丹国，福建商人亦很活跃。闽国末年，北方后晋与闽国关系恶化，而后修复。关系得以修复的原因很复杂，其中一个说法是：闽国使者经常越海通航于契丹，与契丹关系不错，于是，他说动契丹国主向后晋国施加压力，迫使其释放闽国使者郑元弼。这一事件反映了闽国与东北少数民族政权——契丹之间的密切关系。

潮来潮往，闽越先贤奏响中华海洋文明序曲；海纳百川，南台沙洲开启闽都千年商埠历史篇章。

第二章　千年商埠（上）

福州城，一个经历了两千多年的商贸通衢；台江，一个有着两千多年历史积淀的商业中心。台江商贸是福建商业发展历史的缩影。站在历史的新起点，回眸台江千年商埠历史足迹，我们看到了闽都商贸文化的汉唐丽影、宋元美画、明清诗篇。

一、汉唐开基

福建自古多山，陆路交通极为不便，福州与外界交通主要靠水路，水上交通，为商业贸易的发展找到了解决之道。

1. 水路商道

福州地处福建最大水系——闽江流域的下游，闽江流域覆盖了福建中北部大片区域。闽江的干流、支流水道构成福州与闽中、闽北、闽西等地货物运输的交通网络。过去，江西、浙江各地的货物进入福州城，需先通过陆路，再经过崇安分水关或浦城仙霞岭进入闽江流域的水道，最后商人们再用竹排或船只将货物顺流输往下游终点——福州。

闽江流域传统水上交通船只类型分为内河舟船和近海舟船，多以篙、帆、舵为推进动力。走长线的商船主要来自内溪永安、浦城、松溪等地，如"深差""鸠尾""五角包""鸡公船"等。短线运输船大多是来自尤溪、古田、闽清、永泰等地的木帆船，如"平濑船""九都船""平水汤""鼠船"等。

闽清的"鼠船"，又称"雀船"，是当地老百姓的独特之作。船体窄长，状如一弯新月。船帮用樟、松等板料制成。"鼠船"的性质坚硬耐撞，船底是横纹枫、槐板，薄且韧性好，既能在浅水中一展身手，又能在急流险滩中奔逸绝尘。每艘"鼠船"可载客六七人或货物 500—1000 公斤，是福州水上交通的重要工具。

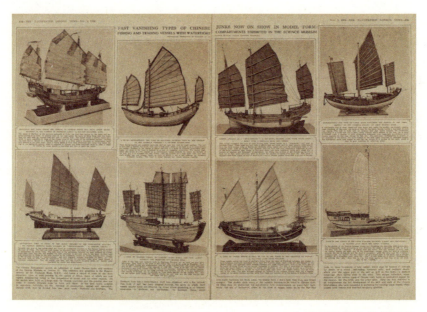

◇ 英国画报上的福州船

唐五代以后，福州城向南扩展。五代的福州罗城（古代大型城郭的外城）的城墙已经延伸到南门兜，宋代的夹城（两边筑有高墙的通道）更是到了茶亭。此时，福州城三面环水，西面是丽影环绕的西湖，东侧是如镜明澈的东湖，南边则是山明水秀的南湖。夹城的南边是一片由水系和沙洲组成的低洼之地。受海洋潮汐的影响，每天都有两次"涨水一片白茫茫，退潮沙洲水道现"的自然奇景。

2. 新丰市堤

唐五代时期的福州人要想出城，只能走福州东南角的水门，即水部门。水部门的河流连接福州城内外，是福州的交通要道之一。在这里可以坐船出水门到南湖，再经水道向南，一径到达南台。这条水道弯弯曲曲，如盘龙一般，在当时有着三十六弯之说，驾舟通过时十分考验船民的驾驶技术。

唐天复元年（901），王审知筑罗城，南门扩至今安泰桥，称利涉门，在门外护城濠上建利涉门桥，长 11 米，宽 10 米，后改名安泰桥，城区进出口货物多在这里集散。

五代文献记载，梁王朱全忠封王审知为闽王，梁王特使翁承赞进入福

◇ 安泰桥

建后也是乘船南下，在钓龙台举行敕封大礼。封王大礼后，翁承赞乘船进入水部门，进城之后，先向北，再转西，最后到达了安泰桥一带。古代文人描绘了当时安泰桥"人烟绣错，舟楫云排，两岸酒市歌楼，箫管从柳阴榕叶中出"的繁荣景象。王审知在安泰桥为翁承赞举行了盛大的欢迎仪式。当翁承赞离开福州时，也是乘船从安泰桥出发，经水部门出城，最后从水道抵达南台新丰市堤。

王审知在新丰市堤为翁承赞饯行，翁承赞曾在饯别诗中写道："登庸楼上方仟乐，新市堤边又举杯。"由此可见，当时的南台地区是福州城的交通要道，新丰市堤是南台水道的要冲。

当时南台仍然是一个江中孤独的岛屿，四面白水茫茫。靠南的地方，因河沙堆积，开始形成了一小片陆地。由于各种船舶经常路过此地，附近一些乡民拿着各类土特产到这里售卖。随着时间的推移，这片陆地形成了福州城外最早的集市——新丰市。

"新丰市"的具体位置，历史记载语焉不详，历代学者多有考证。清代林枫的《榕城考古略》认为新丰市就是后来的台江新街。《五国故事》记载，闽国时期，王延钧在南台江设下埋伏，杀死了建州刺史王延禀之后，将王延禀的头悬挂在"无诸市"。因钓龙台建有闽王庙祭祀无诸，所谓"无诸市"，大体就是"新丰市"所在。

3. 开拓海路

五代时期，福建海船开始向北方探航。历史记载，"（王）审知岁遣使泛海，自登、莱朝贡于梁，使者入海，覆溺常十三四"。当时，因杨行密占据江淮一带，阻断了福建通往中原的传统道路，迫使福建海船只能另择他路，选择了直接北上山东半岛的险道。这一段海路的暗礁浅滩让人胆寒，一不小心触礁或搁浅，船底便会应声断裂。加之水手不熟悉这段海路，更添漫漫航海的风险。然而，王审知不顾代价继续探航。因为这条航线，对福建来说不仅政治意义重大，而且经济意义非凡。福建自身的市场有限，经济必须仰仗对外贸易。只有把商品销往中原，才能获得最大的经济效益。所以，北方航线是福建商业的生命线。没有了它，福建商业利润将削减大半。

福州地处闽江下游，扼控台湾海峡，是古代海上丝绸之路必经之地，具有进行海外交往的区位优势。发达的造船业突出了福州在海上丝绸之路中的地位。汉代至南朝，福州一直是对外交通与贸易的枢纽。唐宋以后，福州更成为中国东南沿海对内、对外贸易的重要口岸之一。

五代时期的闽国，与朝鲜半岛的新罗国交好。闽王王继鹏与王延羲在位时，新罗国曾派使者赠送宝剑给闽国国王。在官方交往外，闽国与新罗国的民间交往也很密切。禅师玄沙师备在福州安国寺说法时，其中就有高丽僧人；新罗国的龟山和尚是福州长庆寺慧稜的弟子；新罗国的裴长史来闽时得到了南唐朝廷的尊重，历史记载此事"失其名，新罗国人，慕华来归，居之建州城中"。

还有福建人王彬成为朝鲜重臣的事例。《宋史·王彬传》记载："王彬，光州固始人，祖彦英，父仁侃，从其族人潮入闽。潮有闽土，彦英颇用事。潮恶其逼，阴欲图之。彦英觉之，挈家浮海奔新罗。新罗长爱其材，用之，父子相继执国政。"

《闽都别记》记载了一个五代时期的故事。扶余国（吉林市一带古代少数民族建立的政权）"该国离中华甚远，闻木船至便喜"。可见，扶余国对福建商船到来的期待之情。福州人吴云程长年以海舶往来于福州港和扶余国之间，经营南北货物，他带来的南方商品深得扶余国王喜爱。

长期的海外冒险，使福州商人视四海为家。鄢翱的《台江竹枝词》生动地表明了以一叶扁舟荡涤商海的心志，"榻外遥看航海舟，壮心未已孰勾留。渔船一叶江湖志，几度风波百不忧。"《闽都别记》主角之一铁麻姑在远航前劝诫亲人不必伤感，因为"万里不为远，三年不算迟，总在乾坤内，何须叹别离"。诗中豪迈的词句，就是福州商人勇于冒险的精神图腾。

二、宋元飞跃

经历了汉唐时期的奠基，福州的商业贸易达到了一定的规模，借助宋元泉州海上丝绸之路繁荣兴盛，南台地区迎来了新的发展机遇期。

1. 东南名城

宋代的福州是东南名城，唐宋八大家之一的苏辙曾从城市、工商发展和城市繁荣的人口等角度赞美福州的繁荣。"长乐大藩，七闽之冠""工商之饶，利尽商海""新城歌舞万人家""春满红楼十万家""金银佛地三千界，风月人居十万家"，无不显示了福州地区商贸的发达、经济的繁荣。

宋代的福州是一个流行木建筑的城市，北宋著名文学家曾巩写道："麓多杰木而匠多良能，人以屋室巨丽相矜，虽下贫必丰其居。"意思是福州山上多大树，有很多工匠手艺精湛。当时的人们竞相夸耀自己房屋的大并且华丽，即使是普通百姓也一定要使自己的住宅宽敞。福州城中的佛道建筑也非常著名，陈师尚在《贺徐中函启》云："三山鼎峙，疑海上之仙家，千刹星联，实人间之佛国。"可见建筑之雄伟、数量之多。

南台此时开始成为重要的交通枢纽，沟通城外与城内。福州城与南台之间，主要依靠水路联系。在以水运为主的宋代，福州成为河道密如蛛网的水城，如曾巩所言："其城内外皆涂（滩涂），旁有沟，沟通潮汐（大海），舟载者昼夜属（聚集在）其门庭。"沿着水道，"百货随潮船入市，万家沽酒户垂帘""潮廻画楫三千只"，在宋代福州河道上，千帆竞发，运输蓬勃的画卷，跃然纸上。

当时的福州城市虽然繁华，但城市规模的局促已然显现。统治者决定让福州城市向南扩展。此时南门外的茶亭陆地渐渐向南台靠近，两地之间还有宽达三里多的水路。福州民谣中的"南台沙合，河口路通"，指的就是福州民众盼望福州城南的陆地早日和南台连为一线。由于这句民谣的流行，宋初吴越国在福州建夹城，将其南门称为合沙门，位置在如今的茶亭一带。

由于南台在福州的地位重要，而福州城往南要越过多条河流，百姓行走不便。宋初天圣年间（1023—1032），福州官员章频在南台设置"临津馆"。在临津馆的西南，还盖了一座合沙亭，在南台与城区之间架了一座浮桥，取名为"沙合桥"，这就是今天"小桥"地名的前身。

浮桥分为二段，北段是南台与福州南门之间的合沙北桥，河水宽度较大，长度约五百尺，也就是50丈，约合150米。而浮桥南段长达三千五百尺的大桥，即为日后白龙江上的万寿桥。宋代著名诗人陆游留有《渡浮桥至南台》："客中多病废登临，闻说南台试一寻。九轨徐行怒涛上，千艘横系大江心。寺楼钟鼓催昏晓，墟落云烟自古今。白发未除豪气在，醉吹横笛坐榕阴。"这首诗，刻画了南台浮桥的雄伟气象。

据《闽都记》记载，路通桥在宋代修成，带来了河口一带的发达。那时，宋朝的临河务也设在福州城内的水部门一带。各种船只入城，都要在水部门缴税，造成了福州水部门的发达。福州最早的妈祖庙，也是出现于水部门。

2. 河口商圈

元代初年，沿袭宋制，朝廷使者敬奉福州天妃庙（即妈祖庙），都是在水部门的天妃宫进香。元代后期，福州与元大都的海上交通十分发达，朝廷时常给天妃庙进香。由于他们经常路过河口，最终下决心在河口建立天妃宫。天妃宫的出现，标志着河口进一步走向繁荣。河口商业圈的崛起，是元代台江发展的主要体现。

元代福州万寿桥的建造改变了南台附近的水系。万寿桥北起台江，南至白龙江中部的沙洲，并有桥梁可延至南台岛的仓山。宋代造了用数十只大舟连在一起的浮桥，为了方便大船往来，桥中央还有活动的水门，大船通过时可以将桥断开。不过，这一带的江面宽阔，水势汹涌，浮桥屡被冲垮。

元大德七年（1303），常州天宁寺僧人王法助（惠安人）倡建石桥。在朝廷支持下，他募捐数百万贯后，开始动工修建。但这项工程异常艰难，桥墩多次被洪水冲垮，后来，造桥工人先用竹木造成木砻（磨谷去壳的器具），中填石块，才建成桥墩。经过 17 年的努力，桥梁终于大功告成。这座桥有 28 个桥墩，上架石梁，桥总长 170 丈，是古代福建最大的桥梁之一。此桥即为万寿桥。

万寿桥的修建，改变了南台一带的水系。在万寿桥修筑以前，从上游来的船只可以直达台江卸货。因万寿桥一带河流急湍，为了修桥，工人在河底填了很多石头，形成一条石梁，桥底便不能通航。此后从上游下来的商船仍可在南台的岸边停靠，沿海上来的商船只能在大桥之东的台江码头靠岸。由于台江水道狭窄，容易淤塞，海船无法直接停靠南台码头。这时，晋安河河道有了大显身手的机会。从海上来的大船，可以从晋安河一带的河道上溯河口。不过，当时这条水路并不好走。

◇ 元代闽江上的万寿桥（大万寿桥）是解放大桥的前身

元代万寿桥修成之后，增加了洪涝灾害。历史记载了其中的一次灾祸，"延祐间始创石梁，水道壅遏（阻塞），稍有淫雨，则暴流泛溢。黄岗以上百里皆为巨浸，坏庐舍，损禾麻，无岁无之"。牵一发而动全身，水系变化后导致的洪灾发生，这到了考验福州人智慧的时候了。

对航行来说，白龙江水道被堵，南台无法充当福建山区货物与沿海货物交换的码头。于是，从沿海来的船要想采购山区货物，只得沿乌龙江北上，到洪塘码头停泊后，与山区下来的货船进行交易，洪塘市由此崛起。此外，乌龙江沿岸的市镇，借着商贸转移的东风，仿佛一夜之间生动起来，活跃起来，福州南部的螺洲、林浦一跃成为名镇。

万寿桥的修造，给南台带来了不利的影响，阻碍了南台江上下游之间的联系。从上游下来的船，只有少部分直接靠到南台码头，多数在洪塘一带停靠，或是到洪山桥停泊。许多山货在洪山桥上岸，然后走陆上道路直通西门，其后进入福州城。现在的西洪路，当年就是西门通向洪山桥的大路。

不过，南台仍是福州商业中心，许多船只仍然直接到南台靠岸。此外，因福州的码头从水部门移到城外的河口，今日南公园背后的河口路通桥一带也繁荣起来，且被称为"新港"。元代福州的官员多在新港乘船到南台换大船，然后驶向上游。在这一背景下，福州水部门的天妃宫也就迁到新港了。

南台的繁荣依旧，有诗为证。元代萨都剌有《初到闽》一诗咏及南台："旧说榕乡好，来游鬓已丝。片云山对户，一雨水平墀。绿袖持蕉叶，丹林压荔枝。城阃南有市，灯火夜眠迟。"

3. 海洋贸易

宋元时期是南台商贸的第一个繁荣时期。此时的福州港是海上丝绸之路的重要口岸，海外影响力仅次于泉州港。

南台是福州的口岸，它与环中国海区域港市具有密切的联系。它不仅接纳闽江上游和下游的船只，还得作为海上贸易的码头，停泊来自海外的大帆船。北宋天禧三年（1019），福州民间的商船取道南台出海，往返日本、高丽（朝鲜半岛）之间。

宋元对外贸易的繁荣，是南台繁荣的重要原因。福州一带"海舶千艘浪，潮田万顷秋"。《三山志》记载福州的海道："南望交广，北睨淮浙，渺渺之尘，乘风转柁，顾不过三数日。……岁小俭，谷价海涌，南北舰困载飙至城外，其诸货宝回往，不可名计。浮于海，达于江，以入于河，莫不有潮次云。"

北宋时，福建商人往往从海道往北方沿海地区贸易。如陈傅良登鼓山时所咏："三韩到吴会，不可道里穷。俯看南来帆，沄沄自朝宗。"其中，有些人北至山东半岛，如林昭庆曾经与乡里数人相互结成商业伙伴，"自闽粤航海道直抵山东。往来海中者十数年，资用甚饶"。北方的史料中记载了南货的身影："维、密、登、莱、青州，皆海道北分，自来客旅载南货至密州投桥镇卸下。"

福建与南方江浙一带的海上商贸联系向来十分密切，福建商人常在两浙一带经商，兴化"郡民周尾商于两浙"。《舆地纪胜》记载：建康"有七闽、二广风帆海船之饶，为南府。"《宋会要辑稿》记载："臣僚言：自来闽广客船并海南蕃船，转海至镇江府买卖至多。"宋淳熙年间，福州的布商组成同盟，相约一起出发到浙江做生意，"众商张世显、何仲立、仲济十余辈议云：'福清东墙莫少俞治船，欲以四月往浙江，可共买布同发。'如期而行。"南宋立都临安以后，与福建一水可通，福建漕运司从海路运送巨量的商贸物质，获利颇丰，"以百万之缗斛，横涨海之波涛，人无堪劳，师获厚济"。《三山志》记载福州有海船户，他们分布于沿海九县，共拥有海船"三百七十三只"。在朝廷的命令下，他们分班轮值，承担运输物质的徭役。南宋初年，吕颐浩提出："今当聚集福建等路海船于明州岸下"，然后大举北上山东等地。建炎三年（1129），高宗赵构渡长江时，遇到了福建的商人田经，"幸遇莆新安人田经之舡

（船）"。文献中对宋代南台人到海外贸易也有记载："其一男子，本福州人也，家于南台。向入海，失舟，偶值一木浮行，得至大岛上。素喜吹笛，常置腰间。岛人引见其主。主夙好音乐，见笛大喜，留而饮食之，与屋以居，后又妻以女，在彼十三年。"后来，此人带着妻女回到南台。从地理方位来看，此文中的大岛，应是台湾岛。这些记载无不体现了福建海商广泛的活动范围。

福建的土产，比如铁、草席、白梅、布匹、竹木等，随着福建航运大量进入江南市场。《三山志》记载福建输往浙江的货物有：铁，"商贾通贩于浙间，皆生铁也"。朝廷下令禁止铁器下海，两浙转运司马上上奏："当路州处自来不产铁，并是泉福等州转海兴贩，逐年商税课利不少。"要求开禁，特许商人从海道赴浙贸易。草席，"陆贩上四郡，舟运到淮浙"。白梅，"盐者为白梅，焙干者为乌梅，行至江浙"。又据吴自牧的《梦梁录》记载，杭州的果品中，有乳柑、福柑、甘蔗、水晶李、福李、金桔、橄榄等福建盛产的水果。此外，《嘉泰会稽志》第十七卷记载："今越人衣葛出自闽贾"，说明福建葛布输出江浙。《夷坚志》记载，福州长乐巨商陈公任运布到浙江销售。竹木也是福建输出江南的商品之一。朝廷曾在泉州与兴化军征用竹木海运各地。而闽东的沿海诸县尚是木材产地，"罗源、宁德、连江，多取木为筏，出南北洋"。可见，宋代福建沿海的林木植被尚好，且能大量输出木材。南宋初年，吕颐浩提出："今当聚集福建等路海船于明州岸下"，然后大举北上山东等地。这一策略虽未实行，却反映了当时福建海商与北方的联系。不过，自宋朝的北方领土沦陷于金国后，出于政治考量，官府严禁商人去北方金国治下的领土贸易。"诏闽粤商贾常载重货往山东，令广南福建两浙沿海守臣措置禁止。""禁闽、广、淮、浙海舶商贩山东，虑为金人乡导。"由于这一缘故，来自闽粤的商船多汇聚于江南诸港，很少北上山东。

随着福建人一起出海的不仅有商货，还有妈祖信仰。莆田的妈祖庙在宋代就传播于各处："泉南、楚越、淮浙、川峡、海岛，在在奉尝。"这些妈祖庙的建立主要是福建商人的行为。

宋朝对海外贸易船只的管理是很严格的。绍圣元年（1094），三省枢院的法令，对船只的数量和运行时间进行了严格限制，"商贾于海道兴贩，并具人、船、物货名数，所诣处，经州投状。往高丽者，财本必及三千万贯，船不许过两只，仍限次年回，召本土有物力户三人委保"。

即便实施了如此高压的政策，还是有很多商人冒着风险从福建驾船到高丽贸易。宋代福建商人抵达高丽的事件多有记载。早在宋真宗天禧三年（1019）福州虞瑄等百余人抵达高丽；宋仁宗乾兴元年（1022），福州陈象中等人抵达高丽进行贸易。根据朝鲜人郑麟趾的《高丽史》的记载统计，自 1012—1278 年的 266 年间，宋商人赴高丽者，从籍贯来看，泉州、福州商人最多。苏轼曾说："惟福建一路，多以海商为业……福建狡商专擅交通高丽。"由于福建商人经常往来于两国之间，宋代出使高丽的使者，有时也搭乘福建商人的商船。徐兢的《宣和奉使高丽图经》显示了他在宁波雇佣的福建客舟的特点，"长十余丈，深三丈，阔二丈五尺，可载二千斛，其制皆以全木巨枋挽叠而成。上平如衡，下侧如刃，贵其可以破浪而行也"。这是一种体型狭长、尖底的海船。

许多福建商人也留在了高丽。《宋史》有记载：高丽"王城有华人数百，多闽人因贾船至者，密试其所能，诱以禄仕，或强留之终身，朝廷使至，有陈牒来诉者，则取以归。"在高丽的中国商人中，闽商人数最多、势力最强。那时高丽是东北亚的贸易中心，契丹、金国的一些物资都要通过高丽获得。所以福建与高丽的贸易保持了长久的沟通。据《诸蕃志》的记载，新罗（即高丽）出产人参、水银、麝香、松子、榛子、石决明、松塔子、防风、白附子、茯苓、大小布、毛施布、铜磬、瓷器、草席、鼠毛笔等，福建的商舶用五色缬绢、建本文字和高丽人交易。

元统一江南后，大力发展海运。江南漕船从长江入海口出发，一直航抵天津卫，其中一些漕船是从福建雇去的。《元史》记载了一个官员的话："今岁运三百万，漕舟不足，遣人于浙东、福建等处和顾。"此后，闽船往来于福建与渤海湾，呈现出"山隔燕云百万重""万斛风舟等一毫"的景象。元末，江南被红巾军控制，元朝与福建的海上联系的重要性更加凸显。黄镇成的《秋声集》载有《直沽客》一诗记载了陆路不通，海路成为元朝与闽商之间商贸的沟通桥梁的事实，"直沽客，作客江南又江北，自从兵甲满中原，道路艰难来不得。今年却乘直沽船，黑洋大海波连天。顺风半月到闽海，只与七州通买卖。呜呼，江南江北不可通，只有海船来海中"。

福建海运发达是一个公认的事实，这为统治者的贸易联通带来重要的影响。某年，元朝首都大都闹粮荒，朝廷令福建行省以盐赋收入买粮食，"由海道转运给京师，凡为粮数十万石，朝廷赖焉"。其后，罗良等福建行省官员曾多次运粮至大都。在有些年份，大都不缺粮，福建行省便以"盐赋十之六，杂易一切供上之物"。在京师派来的户部尚书主持下，行省官员"严法以防"，最终"商贾交集，不数月得绫、絁、紬、锦、绮、缯、布、丝、枲十数万"，随后运到了大都。元廷的海运船队十分庞大，行省官员曾向朝廷报告："三月中当先发一百船，赴都呈报。"

《元史》显示，行泉府司是元朝户部专门管辖海运的派出机构，下辖海船达 15000 艘。可见，元朝的海上力量强大。由于征讨南宋的战争已经结束，元朝将这支水师用于运输，"自泉州至杭州立海站十五，站置船五艘、水军二百，专运番夷贡物及商贩奇货"。当时的元朝特别重视泉州，杭州与泉州的商贸沟通，福州沿海诸港成为必经之处。

元代福州真正成为一座以外贸闻名的海洋城市，"民物富庶，实雄东南""象犀珍珠之所聚"。象牙、犀角、珍珠等舶来奢侈品，都是由印度人、阿拉伯人与波斯人带来的。信奉伊斯兰教的阿拉伯人与波斯人，在福州城建立了清真寺。南门兜清真寺第三进门额上刻有阿拉伯文，其大意是"万物非主，唯有真主。穆罕默德是主的使者"。据寺内明嘉靖二十八年 (1549) 刻《重建清真寺记》碑记载，该寺初创于唐贞观二年 (628)。又传闻此地本来是五代时闽王王继鹏（即王昶）未封王时的住所太平宫，后晋天福元年（936）王继鹏即王位，喜舍为"万寿院"（佛教寺）。元至正年间 (1341—1368) 由廉访使张孝思捐俸重修，方归伊斯兰教所有。明初，赵荣、马庆、沙朋等人辄加整饰。南门兜清真寺和梅峰路"番客墓"，证明了当时福州地区有大量的西亚商人在此从事海洋贸易。

外商的到来对福州的风俗文化产生潜移默化的影响。唐元和年间的冯审《球场山亭记》，其残文有："……迩，海夷日窟，风俗时不恒，人物有……"宋代的《三山志》写道："伪闽时蛮舶至福州城下"。此外，福州、泉州一带也出现了福建早期的海商集团，黄滔的《贾客》一诗咏道："大舟有深利，沧海无浅波。利深波也深，君意竟如何？鲸鲵齿上路，何如少经过？"

◇福州清真寺

三、街市繁荣

由于到福州城附近的商船受到潮汐的影响，不方便航行运输，再加上航道的水深不够，只能行走较小的船只，运输能力受到限制。这些困难导致商人们直接选择在码头进行交易，闽江边的古渡口便成为集市的雏形。由于古渡口距离福州城很近，来自闽江上游的商船都习惯驻泊在这一带。随着商船的停泊，货仓、客栈、饭馆相继出现。再后来，商业街市、商行、货栈、酒楼、私塾、庙宇等星罗棋布。

随着城南水面逐渐淤积成陆地，闽江北岸的南台逐渐形成商贸兴盛之地。奔腾不息的闽江水从上游地区带来了大量的泥沙，日复一日、年复一年的泥沙累积之下，低洼的台江汛慢慢地出现两个比较大的沙痕，人可以在上面行走。涨潮时，人们走"上痕"，称为"上航"；退潮时，人们走"下痕"，称为"下航"。由于"航"与"杭"读音相通，此处后来变成了"上杭""下杭"。在当时有民谣唱道："龙船扒出后田口（指帮洲的后田），船工运货上下杭。""上下杭"商业圈成型。沙洲继续拓展，街市的面积逐步扩大。从北宋元祐年间（1086—1093）开始，大庙山周边地区被泥沙冲积为连片的沙洲，形成了楞岩洲（今中亭街一带）、苍霞洲、帮洲、义洲。

◇ 闽江北岸的古码头

码头是福州街市繁荣的"孵化器"。苍霞洲沿江一带，历来是闽江上、中游船舶的停泊处，境内三捷河、新桥仔河交错其中，船舶来往方便，闽江上下游商品在此集散。沿苍霞洲的闽江沿岸，有尚书庙道、美打道、恒昌埕道、篷埕道、南福道、奶娘庙道等68个道头（码头），闽江上下游的商品在此集散，街市渐趋繁荣。旅社、茶馆、酒家、戏场应运而生。北宋时期，福州南郊商业圈已经初具规模，始于新丰市，沿着小桥、茶亭、

◇ "美打道"是著名的粮食码头

洋头口，一直连到南门兜。李弥逊的《蝶恋花·福州横山阁》一词中，写到他在横山阁上看到的南台商业街市的景象："百叠青山江一缕，十里人家，路绕南台去。"横山阁，就在今天的福州市区的乌石山上。

南台是福建省的盐仓所在地，食盐自然而然地成为宋代南台商业发展的重要商品。福建转运司曾上奏："盐仓在城南十里，有一二千家，接连城内。"当时食盐由官府专卖，官方规定海边各盐场生产的食盐，统一运到南台官方的仓库，然后由官府指定的商人运销闽江上游。南台拥有着数量颇多的贮盐仓库。《三山志》记载："国初，转运司置仓南台，储福清、长乐等县盐。""其旁置场，听民自市（贩卖）焉。"食盐由于要在南台转运，食盐专卖成为当时"暴利"的行业。不过，到了北宋后期，朝廷部分允许商人食盐买卖。盐商都到盐场直接购盐，新的盐商在南台岛上的仓山设置私人盐仓，仓山商业由此兴起。

福州城区的粮食一直靠外地补充。粮食贸易从宋代开始一直保持相当的规模。南宋时期，福州郊县产出的粮食不足以供应城市的需求，来自浙江、广东等地的海船将粮食运到福州帮洲、义洲一带进行交易，并从福州运走闽江上游出产的木材、纸张、果品等。

　　长乐、福清半岛为福州的商业贸易补强。长乐位于福州近郊，许多码头都与福州有商业联系。长乐输出鱼盐与水果等商品。明代何乔远说："长乐，滨海有鱼盐之利，山出果实贩四方，有离支（荔枝）、龙眼、青李之品。其离支之美者曰胜画，龙眼之美者曰长乐员，青李之美者曰嘉应子。其俗俭而用足。"福清半岛上的江阴盐场和牛田盐场都是福建重要的盐场，福清的渔业也相当发达。何乔远说："福清，背山面海，多舄卤（不适宜耕种的海边土地），颇有海舶之利。其人刚劲尚气，四方杂处。学不遂（成功）则弃之习文法吏事，不则行贾于四方矣，以其财饶他邑。"福清海商数量多，是一个具有经商传统的地方。据康熙《福清县志》，福清"商旅四出，营生者视他邑独多。在会城居肆贸易者十居其七"。

　　商业管理机构为南台商贸发展赋能。由于南台的商业发达、地位重要，宋朝在这里设置了专门的管理机构。"惟抽木场附临津馆，后凡抽木，七分变转以归经制，此主焉；三分入河，以备州用修造。"临津馆，是宋朝设于南台的一座建筑，抽木场在它旁边，其作用是对过往的木商抽税。宋朝还在这里设置"窑务"，"务在南台，主造砖瓦，凡官有修筑营缮，命流役人充作。"又有船场，"场在南台，旧盐仓之东。"其时，官府还让南台的盐丁负责福州南郊的治安，南台的重要性由此可见。

　　福州城，一座繁荣了上千年的城区；南台，一个镌刻了商贸发展记忆的商业集市，历经汉唐的烟云沉淀，宋元的雄心飞跃，走向属于它，属于一座城市的商贸繁华。

第三章　千年商埠（下）

明清时期，中国传统的农业经济社会在不断发展、完善和丰富的过程中，逐渐萌生出新型的商品经济形态。随着内陆与海洋货物的有序流通，尤其是海外贸易的渐变多样，依山面海的福建、江海交汇的福州迎来了一个商贸蓬勃发展的新时代。

一、明清潮涌

1. 沧桑嘉崇里

南台在明代属于闽县高盖北乡的嘉崇里。明正德《福州府志》记载："嘉崇里，统图九，王坂洋、横山头、河口、乌石洋、上中下航、钓龙台。"明朝在乡村设都、图，一个乡管辖几个里，或是几个都，图是农村最小的行政管理机构，相当于村落。每个里都有几个图。

嘉崇里不大的地方，却有九个图，说明当地人口较为密集，应该有能够支撑如此密集人口的商贸活动。在九图的地名中，出现有上航、中航、下航的地名。正德年间的《福州府志》记载福州有三个市：南台市、侯官市和洪塘市。正德年间的南台市应是古南台山下的新街，即明代的潭尾街。嘉崇里的九图中有钓龙台之名，南台市应当就在这里。

"上航""中航""下航"原来是码头的标志。宋元之后，闽江上游冲刷的泥沙不断涌入福州城南，"沙合江"逐步淤塞，对三航的地貌影响很大。上航与茶亭、洋头口一带的陆地渐渐连接在一起，中航也变成了中亭街的大路，至于下航，河岸线也向南推进。于是，下航的临水码头一直延伸到星安河边的星安街，上航和下航都失去了码头的作用，成为了居民区。明代的南台市在钓龙台之南，而上航与下航临近南台市，自然就成为外地往来商人的聚居区。

宋代南台与城区之间还有河洲，行人从福州南门到南台，要走过沙合桥，沙合桥有五百多尺长，可见桥下的水道也有近五百尺宽。随着上游冲下来的泥沙越积越多，沙合桥下的水道越来越窄，沙合桥也越来越短，最后被称为"小桥"。福州民谣："南台沙合出宰相"，指的就是"沙合江"的壅塞。

古代上航与下航之间是一片依附于南台山的水中沙洲，三面环水，下航临白龙江，上航临沙合江，中航在上航与下航之间，东面临水，即今中亭街一带。

明代初中期的南台，周边还有很多农田和林地。正德年间福建巡按毛伯温有诗："殊方久客情难遣，高阁同登意忽开。遏日高帆过西峡，霾云古树压南台。沙村近带农田出，海岸遥看贾舶来。醉下虚亭寻古迹，断碑危碣半莓苔。"诗中所描绘的景象，形象呈现出"南台""西峡""沙村"一带的地貌。

2. 鳞次商业街

嘉靖、万历前后，随着历史上被称为中国资本主义萌芽的出现，福州商贸也进入了明代最繁荣的年代，最明显的标志就是城内的商业街市鳞次栉比。在今天的鼓楼区范围内，当时已有12条大街：宣政街、南街、新街、后街、西门大街、北街、北门后街、东街、仙塔街、开楼门街、汤门街、馆前街。这些街道上，还有一些小集市，如还珠门市、安泰桥市、土街市、闽县前市、相桥市、怀德坊市等6个市。其中，东街为福州最繁华之地，"东街，达于东门，通衢数里，为城中冠"。

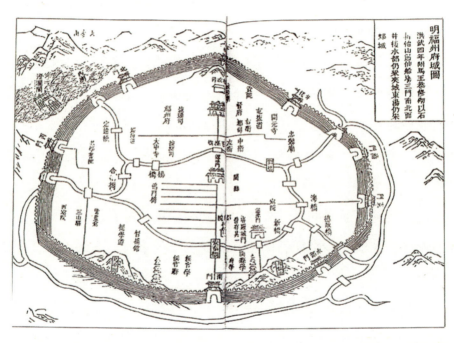

◇ 明代福州城区图

明代前期，福州城市便开始向城外拓展，尤其是南门之外，直到闽江边，形成一条热闹非凡的商贸街道，万历《福州府志》记载："中亭街，自扬威坊至万寿桥数里，居民鳞次"。

一些有特色的商贸街市也是不断发展起来的，比如明代福建种靛业，除了内地山区外，也集中于福州一带。《闽部疏》记载："福州而南，兰甲天下。"清代的《闽产录异》记载："旧记闽县、侯官、长乐为多……南台靛街，昔年货者聚焉，故名。"南台的上靛街、下靛街逐渐成为"兰靛"的批发中心，再后来，上下靛街都成为普通的商业街了。

中亭街的商业也相当兴盛，先是有一个"中亭市"。在闽江边上又有南台街，"俗名潭尾，委巷甚多"。潭尾街有潭尾市。在中亭街的江边过桥，对岸是仓山，又名藤山，藤山之下有下渡街，"恒数里皆民居"。从福州南门外街道的拓展情况来看，明代福州的市区实际上向南延伸了十多里。这其间中亭市、南台街、潭尾市、下渡街等四个街市前后相连，晚明王世懋说："由福之南门出，至南台江，十里而遥，居民不断。"可见，这段十里之遥的路程已形成一条极具商贸形态的长街。明诗人王偁有《登无诸钓龙台怀古》诗："高台远枕大江流，江上云屏宿霭收。才子挥毫春作赋，商人酹酒晚移舟。"周仕谐的《钓龙台》诗："近市鱼盐千舸集，凌空楼阁万山低。"这些诗句都是明代南台街市繁荣商贸的写照。

台江区北部的河口也有很大发展。明初开始，河口的地位日益重要，成化年间，河口的天妃庙重修；弘治年间，提督市舶司的太监开通新港。此前，福州仅有洪塘市、南台市、侯官市等三个市，河口在此后成市，对当地的商品经济是一个明显的促进。福州平原的河港交错，四通八达，"凡此河道，初皆深阔环绕，舟楫甚便。时则三卫各有兵马司，有专职，有逻卒，各司地方，责有悠归，是以河道无填塞之患，街衢且无淘沙爬挖之弊。兵马司既废，河道则随开随挖，肆莫之禁矣。"由于河道逐渐壅塞后，船舶行驶不便，"国朝弘治间，督舶内臣始凿新港，径趋大江，便夷船往来，土人因而为市，东际三十六湾遂废。"从"土人因而为市"这句话来看，新港开辟后，许多从海上来的船舶直接到河口码头，当地人将各类商品拿到河口出售，导致河口一带的繁荣。

3. 船涌台江潮

由于元代万寿桥的修建，南台海船码头的东迁，明代诗人高棅的《题台江别意饯顾存信归番禺》诗云："番禺天万里……沧海浩荡杳难期……东去台江应到海，唯因流水寄相思。"从这首诗看，高棅的好友顾存信是从台江码头乘船远行广东番禺的。同时代的诗人陈亮有《泛台江》一诗："千古台江胜，三吴上客游。醉乘闽海月，如泛洞庭秋。木落山逾静，天寒水急流。高楼凌浩渺，长啸振林丘。"说明当时的台江已经成为海船的码头，其中"高楼凌浩渺"一句，可见台江已经有高层建筑。

海运业的发展促进台江造船业的繁荣。福州官府的册封舟制造多在台江，"造船厂坞地在南台江边，中有天妃舍人庙在焉。业旧为林尚书业，额十亩；官府以雪峰寺田十亩五分易之为造船之所，其来已阅数封矣。中深而下为坞以顿舟。庙之左爽垲，为厂以为科司院道驻临地。而屋之两旁则堆置木料诸物与工匠等居之。"嘉靖年间林世壁有诗描绘了台江街市商贸繁荣的景象："楼台宜霁景，罗绮艳芳洲。棹若天边下，人疑镜里浮。"

二、朝贡往来

明洪武年间（1368—1398），福州成为朝廷指定的与琉球国进行朝贡货物贸易的港口。明成化十年（1474），市舶提举司移至福州，朝廷在福州设立官方的商业贸易机构，对福州的海外贸易产生了积极的影响，也促进了福州地区商贸地位的提升。

为适应对日本、高丽、琉球（今日本冲绳县）贸易发展的需要，明朝弘治年间（1488—1505），福州在水部门外的河口尾开凿出一条直接通往闽江宽阔的新港航道，方便商船出入马尾港口岸。台江河口一带形成了颇具规模的街市，前来贸易和朝贡的"番商"（外国商人），都集中居住在这里。

◇ 打铁港河，北接琼东河，南至路通桥，是河口地区重要的内河

1. 朝贡贸易政策

明代对外贸易，一般只限于明王朝与其他国家或属国所进行的商品交换活动，即贡货贸易。

明初，朱元璋根据政治形势和国家安全的需要，特别是为了防范倭寇侵扰，在对外贸易中实行海禁政策，"片板不许入海，沿海居民不许与外洋番人贸易"，凡"将人口军器出境及下海者绞"，民间社会的海外贸易被严禁。与此同时，朝廷则有限度地开放与海外诸国的朝贡贸易，可见，明朝廷一方面实行较为严格的海禁政策，另一方面又有限参与海外的朝贡贸易。

明成化十年（1474），管理海上对外贸易的官府机构市舶提举司移至福州。福建市舶司自北宋元祐二年（1087）设于泉州，至迁置福州，已历时387年。

明初，虽然对本国商人的出海与从商采取了严厉的打击、禁止政策，但对外商来华还是欢迎的，因此仍有市舶司的设置，最初福建提举市舶司设在泉州。洪武七年（1374），一度罢广东、福建、浙江三市舶司，至永乐元年（1403）才复置。永乐三年（1405），还在泉州设柔远驿接待外国商使，隶属市舶司管辖。《明史·职官志》载，市舶司的主要职责是"掌海外诸蕃朝贡、贸易之事，辨其使人、表文、勘合之真伪。禁通蕃，征私货，平

◇ 柔远驿

交易，间其出入而慎馆谷之"。

明成化二年（1466），翰林修撰罗伦谪任泉州市舶司副提举。按察御史朱贤奏请迁福建市舶司于福州栢衙。高歧《福建市舶提举司志》载，罗伦反对迁司，上疏申云："衙署设置，自有其地，迁移亦有其数。盖以栢衙僻陋，非可设之地；岁数未穷，非可迁之时。遂寝其事。"成化八年（1472），福建市舶司才由泉州迁置福州。直至嘉靖二年（1523）五月，朝廷罢福建市舶司，实行严格的海禁。

2. 中琉交流佳话

明朝与琉球的交流是中国对外关系史上的一段佳话。

洪武五年（1372）正月，朱元璋派遣闽籍学者杨载出使琉球，报知明朝建立的消息，并要求琉球进贡。同年十二月，琉球国中山王察度遣其弟入贡明朝，双方建立了贡封国的关系。明朝封琉球察度为中山王，并赐以王印，加强了中山王在东亚的地位。察度死于洪武二十八年，数年后，中山王遣人告知察度故世的消息，时为永乐元年（1403）。次年，明朝的使者赴琉球吊祭察度，并册封第二代中山王武宁。这一封典建立后，成为两国之间一直沿袭的制度。

从明朝到清朝光绪五年（1879），每一任中山王登基，都要得到明清王朝的册封。由于福建的泉州与福州是专门负责接待琉球使者的地方，所以，历代的册封舟都从福建出发，远航渡海，前往琉球。明清近600年的统治期间，明朝共派出了15次专使，清朝共派出了8次专使；而琉球使者两年一贡，甚至一年一贡，其贡船来到福建的次数多达数百次。

琉球方面积极向中央朝廷进贡，是深谋远虑的举动。琉球国土极小，北邻富有侵略性的日本，一直担心日本会吞并它。琉球成为中国的贡属国，便使日本不敢轻易吞并琉球。事实上，琉球的这一朝贡策略，使其保持了200 年的国家独立，即使被日本吞并后，日本仍然不敢公然取消中山国，而琉球国的王室，也靠向中国进贡保持自己的地位一直到清末。

在琉球的福州人，并不是集中统一迁往琉球的，而是或因官方号召，或因躲避战乱等各种原因陆续迁琉的。迁往琉球后，他们主要集聚在久米村，亦称闽人三十六姓为"久米三十六姓"。闽人三十六姓的后裔世代负责航海、造船、外交文书的编写、翻译、对华贸易等事务，因此在琉球社会中地位较高，诸如外交官等高级职位，多由三十六姓后裔担任。

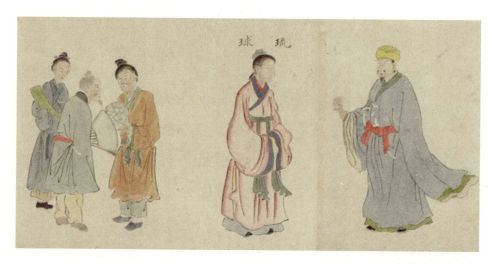

◇ 使琉球图局部

当时琉球的商人共有 10 家被明朝廷授予经营的特权，其他商人必须依赖于他们才能与中国经商。这些特许经营的琉球商人频繁到天津、江苏、江西、四川等地采购和运输木材、丝绸等货物。留存至今的福州河口"琉球馆"和仓山的"琉球墓"，见证了福州—琉球人民友好往来和进行商业贸易的那一段珍贵历史。

3. 贸易互惠互利

琉球是海外岛国，国土狭小，资源有限，它借助发展与中国的关系，积极吸取中国先进的文化与技术，走上发展的道路。由于琉球长期是中国少数几个进贡国之一，而明朝又禁止非进贡的海外贸易，琉球利用这一有利的地位，在中国与东南亚国家及日本之间进行中介商贸。这一转手贸易，使琉球国的经济有了很大的发展。

长期以来，琉球对华出口主要是海产品与几种手工业品。在清代档案史料里载有琉球贡船随带"土产杂物"的免税清单多份，如乾隆四十年四五月间在福州靠岸的两艘琉球贡船的免税清单，当时由福建南台税务福住与海防同知永全检验货物，开出清单有"铜器九十五斤，金漆围屏二架，烧酒六十坛，豆酱二千一百八斤，刀石三百八十斤，木耳二十斤，茯苓五千五百斤，纸扇四百把"等，除此之外，都是海货。而且海货总价值的过税银为"400.85两"，而其他货物的总税银不过是"51.65两"，按照清代盛行"值百抽一"的税率，这些货物原价值可能是"40085两"和"5165两"，其他货物仅占1/8强。

琉球从中国采购的商品包罗万象，有纺织品、文房四宝、日用品、食品、药类、化妆品等等，大致反映了当时中国的物质经济生产状况。由于琉球方面入超甚巨，因此，当时琉球来华贡船每每带大量的银子，闽浙总督额尔吉善等奏道："兹乾隆十二年二月初五日该国贡船到闽，据夷官报，称两船共带银一万两置货物。"而清海关方面"细加察访"后，发现"其官伴水梢人等所带之银闻有十余万"，而且，海官官员回顾，"上届乾隆八年贡船来闽，每船亦只报银五千，而查其返棹货册，约计不下十万两。今次情形大约相同。"可见，每次入贡，琉球方面都要在中国采购十万两银子左右的货物，这与史料统计乾隆四十一年前后的中琉贸易情况大致是一样的。所以对中琉贸易不要只看到清廷官方在贡赐方面所贴补的一些东西，就以为中方在这类贸易中是吃亏的。事实上从民间贸易角度而言，中方每年有七八万或十万以上的入超，而中琉贸易持续了五百年，虽说早期贸易额可能不如清代盛期，但从琉球流入中方大量银子，则是可以肯定的贸易状况。

中国国土辽阔、资源丰富，即使在清代道光以前的不间断的海禁闭关时代，中国每年输出的货物价值也达到了 2000 万两白银。如果说对琉球贸易每年出口为 121583.8 两，而每年进口为 45250 两，总计贸易额为 166833.8 两，外加未统计的其他物货，也许能达到 20 万两，这对中国这样一个大国来说算不了什么，但是，由于福州是当时唯一的对琉球贸易口岸，近 20 万两的贸易额与近 10 万两的出超，对古代的一个城市而言则是巨大的。对福建这样的省份来说，也是必须掂估的分量。

三、扬帆海外

1. 福州与日本

尽管唐代便有日本的遣唐使到过福建，但是日本在宋以前与福建的贸易往来不是很频繁。

《诸蕃志》记载："倭国在泉之东北，今号日本国……多产杉木、罗木，长至十四五丈，径四尺余，土人解为枋板，以巨舰搬运至吾泉贸易，泉人罕至其国。"当时日本出口的货物主要是木材与海产，这两样东西都是福建的特产，所以福建商人到日本很难获利。明代日本发现大银矿，中国与日本之间的贸易往来日趋频繁。福建沿海的商人常去日本贸易，先是漳州人与泉州人，后来福州人也成为对日贸易的主要商人。"至于私通日本，舟容万斛，所受皆富商大贾，所载皆绫缎茧丝。"曾任福建副使兴泉兵备的王在晋感慨道："闻闽中各路有三四十船下海，网巾云履等物，靡所不售。""夫漳泉之通番也，其素所有事也。而今乃及福清；闽人之下海也，其素所习闻也，而今乃及宁波，宁海通贩，于今创见，又转而及于杭州，杭之置货便于福，而宁之下海便于漳。""杭城之货，专待闽商市井之牙勾同奸贾，捏名报税，私漏出洋。"王在晋很担心浙江人也被闽商卷入对外贸易中，"以数十金之货得数百金而归，以百余金之船，卖千金而返，此风一倡，闻腥逐膻，将通浙之人弃农而学商，弃故都而入海，官军利其贿，惟恐商贩之不通，倭夷利其货，惟恐商船之不至，获息滋多，则旋归故里，可勾倭，而使入资斧；偶诎，则久恋夷邦，可导倭以行奸。"

这些史料从反面也可以看出当时闽商海外商贸活动之活跃。当时部分福建商人在浙江沿海的"通倭"活动，让官府意识到治理的必要性，也从侧面说明福建商人对浙江一带海外贸易的掌控。

明代福州商人的另一个特点，他们大都从事对日本贸易。他们先是从浙江沿海就近发船到日本，后来是由福州沿海直接发船去日本。先是福清人去日本贸易，后来长乐人、福州琅岐人也到日本贸易。福州是福建的省会所在地，朝廷对这一地区的控制较严。明末董应举说："臣闻诸乡人，向时福郡无敢通倭者，即有之，阴从漳泉附船，不敢使人知。"反映了明中叶福州一带的情况。董应举说："二十年来，琅岐作俑，外省奸徒，反从琅岐开洋。近在门户之口，遽成异国，此不可不虑也。""闾巷少年，仰机利泛溟渤，危身取给，不避刀锯之诛，走死地如骛者，徼重获也。"

琅岐是闽江入海口的一个小岛，离福州水路不过 50 里，实际上是福州的外港。因此一些客商从这里去海外贸易，引起了福州士大夫的警觉。由于福州距日本的距离较近，"从福海中开洋，不十日直抵倭之支岛。如履平地。一人得利，踵者相属，岁以夏出，以冬归。倭浮其值，以售吾货。"可见，借助海洋的便利，福州民间对日本贸易发展极快。

当时还有外省人到闽江口岸雇船出海，这也说明福州作为对外贸易港口，四方客商汇集。董应举说："今盗贼皆萃福海，亦只为打劫番船而来。"由于福州在明末成了中国与日本贸易的主要口岸，乃至海盗船只也云集福州海面。

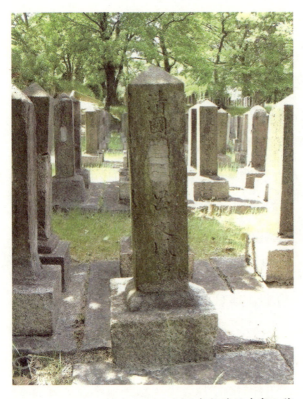

◇ 日本长崎福建商人墓

明末，福州人在日本的长崎建立了福州寺，以福清商人为核心的福州商人集团在当地取得了很大的成功。从此，福清商人在对日本贸易中占据重要地位，这一地位至今不变。

2. 福州与东南亚

到东南亚贸易的闽商以闽南地区居多，福州商人涉足东南亚诸港的情况就相对较少，但也有一些例子。例如，南洋的三佛齐国（今马来群岛）绕道福建向唐朝廷进贡，唐皇室大为嘉赏，"授福建道佛齐国入朝进奉使都番长蒲诃粟宁远将军"。日南国（今越南境内）贡使于梁贞明三年（917）来到福建。占城国也有使者来闽。《三山志》记载了一件事："伪闽天德二年，占城遣其国相金氏婆罗来道里，不时遍体疮疥，访而沐之，数日即瘳，乃捐五千缗创亭其上。"《闽都别记》有个故事：福州长乐军正使祝长安去浡泥国（今加里曼丹岛北部）经商，"船碰礁凿破，货没人存，向国王借二千置货回，得利。又装货，带子晓烟至浡泥入澳，船又打破，货又尽没。又向王借本，因不借，将子晓烟送进为质。又借五千银，装货来中国发了。复至浡泥，王知获息无几，不待开言，又发银五千与之，置货往返回，得息数倍，遂加息还本，与王赎子。"祝长安四经波折，才赚到利润，没有浡泥国王的支持，他早已破产。元代刘仁本曾有题为《闽中女》的四首诗，诗序云："闽之人泛海入番十余年不归，其妻诉之。述其言为赋。"

> 闽中女儿颜色娇，双双鸾凤织鲛绡。织成欲寄番船去，日日江头来候潮。
> 海南番舶尽回乡，不见侬家薄倖郎。欲向船头问消息，荔枝树下买槟榔。
> 当时郎着浅番衣，浅番路近便回归。谁知却入深番去，浪逐鸳鸯远水飞。
> 象犀珠翠海南香，万里归来水路长。薄倖又从何处去，十年海外不思乡。

这四首诗的"闽中"即今福州一带，可见元代福州就常有往返东南亚方向的"番船"。

明代福州人主要到日本参与贸易，但也有到东南亚的。长乐人陈振龙赴吕宋菲律宾引进番薯这一作物就是一个典型的例子。明朝万历年间，长乐人陈振龙、陈经纶父子为了讨生活，趁万历皇帝开放海禁的机会跑海船，进行跨国贸易。他们来到了当时的东南亚贸易中心吕宋进货出货，在这里见到了西班牙人种植的甘薯。二人见此物能在贫瘠的土地上生长茂盛，果实还甘甜可口。考虑到中国因人口众多，自古就缺粮的现状，萌生了将甘薯带回中国的想法，认为若将此物带回中国肯定能够大赚一把，同时也能解决中国的粮食问题。

经过几次失败的挟带后，陈振龙将甘薯藤绞入汲水绳中，在绳面涂抹污泥，以此躲过关卡的检查，得以乘坐船只渡海回到福建。万历二十二年（1594），福建发生大旱，五谷歉收。陈振龙让儿子陈经纶上书福建巡抚金学曾，建议在福建尝试种植海外带回的"番薯"。金学曾同意了。于是，陈振龙父子在福州南台沙帽池的一块空地进行试种。4个月后，番薯喜获丰收，帮助解决了是年的饥荒。甘薯进入中国后，由于产量高、对环境适应性较强的特性，迅速在全国范围内得到推广，成为北方旱地与南方山区重点依赖的粮食作物。

福州的长期缺粮很早就引起了清政府的关心，为此，朝廷开放南洋的粮食进口，以免税、授官等方式鼓励南洋的粮食进入福建。1722年康熙皇帝准予暹罗商人运米三十万来华，不必收税。二十年后乾隆皇帝下诏，凡外洋货船来闽粤等省贸易带米万石以上者，免其船货税银十分之五。带米五千石以上者，免十分之三。又如《闽政领要》记载：清代到南洋贸易的船只，"如带回洋米有数在一千五百石上者，经督宪苏奏准定例分别议叙，给予职衔。"这些鼓励措施，使东南亚逐渐成为福州重要的粮食来源地之一。

其时，福州也向南洋各地出口雨伞、纸张等日用百货。双方贸易日渐频繁，谢道承的《南台竹枝词》："暹罗一去梦魂遥，远浦轻帆或可招。试向罗星塔前望，双江春涨又平桥。"反映了泰国与福州之间频繁的海

运往来。《贻顺哥烛蒂》
的评话，是说一个南台人
到南洋贸易十几年，其
妻以为他死了，改嫁给贻
顺哥。海外资料也表明：
"1824 年以后，每年驶往
新加坡的中国船只，约为
150 ～ 250 艘。"其中自
然有一些是福州的商船。

◇ 于山先薯亭

　　五口通商之后，下南
洋的福州人增多，闽清黄
乃裳组织老乡到北婆罗洲
诗巫开发即为一例。民国时期，福建人下南洋以泉州人及漳州人为多，但
福州府的福清人下南洋的数量也不在少数。据日本驻厦门领事馆的报告，
当时在厦门有 22 家福清帮的客栈，他们专做福清人下南洋的生意。其后
福清人在印度尼西亚惊人的发展，与这一时期的福清商客有密切的关系。

　　近代以来，除了从江浙输入大米之外，福建市场上另一个大米来源是
香港与越南。有资料记载，1907 年进口了 237352 担。此外，面粉的进口
也逐年增加。1898 年，福州口岸进口的面粉 7294 担，到 1907 年为 254228
担，增长数量十分可观。民国时期，福建从东南亚输入的大米还是"由香
港输入有暹罗、安南及仰光三种，以暹罗米为最多"。大米之外，福州还
从南洋进口了大量的红木和锡等原料，福州人的家具，多由红木打制而成。
此外，因福清人与闽清人在南洋谋生很多，逐步形成了很大社会影响。福

建籍的僧人也在当地受到尊重，诸如新加坡的佛教寺院多由福州涌泉寺僧人主持。

四、水路江浙

1. 陆海商道

福建与江浙之间的商道，有两条陆上通道。其一，从崇安分水关通往江西，然后从赣东北的玉山进入浙江的常山，再顺着钱塘江上游通往杭州；

◇浦城仙霞关

其二，从浦城的仙霞岭通往浙江的江山，从而接通钱塘江上游的河流。海上的商道则要通过闽浙边境的沙埕等口岸。《闽部疏》说："凡福之紬丝，漳之纱绢，泉之蓝，福延之铁，福漳之橘，福兴之荔枝，泉漳之糖，顺昌之纸，无日不走分水岭及浦城小关，下吴越如流水。其航大海而去者，尤不可计。皆衣被天下。"反映了当时福建与江浙之间陆海商道贸易的繁荣。

明朝长期施行海禁政策是人们的固有印象，但这一政策在地方经常打折扣。任福建巡抚的黄承玄说："一访得近来福州越贩较他郡犹多，皆由漳泉沿海奸民来省织造违禁缎绢，收买湖丝糖铁，因而勾引合伙，先将空船潜迫近海港澳，如长乐港口松下澳、福清梅花、万安等港，甚有公然停泊南台大桥者。其所置货物或雇请渔船装载接盘，或肩挑僻处小艇透越，或插入官货倖脱关讯。中间弊窦，种种不一。"可见民间海运私贩猖獗。

浙江温州商人潘籥于万历四十四年从浙江航海到福州购铁，"见顿七百余担潭尾陈八使家。"然而，因福建铁在当时是军用物资，福建巡抚害怕这些铁流入日本等国，因而严禁下海。浙江海禁时，也常提到闽船，"凡系闽中载木货大船，尽行收入定海，不许出洋"。虽有海禁，但还是挡不住闽浙之间的贸易。

木材是闽浙之间传统贸易商品。"福建延、汀、邵、建四府，出产杉木，其地木商，将木沿溪放至洪塘、南台，（运至）宁波等处发卖，外载杉木，内装丝绵，驾海出洋。每贷兴化大海船一只，价至八十余两。其取利不赀。"王在晋的《越镌》记载：浙江人"先往福建收买杉木，在定海交卸""商船惟闽有之……间有载木之船，亦不甚高大。"

此时，福州南台的行商与沿海各省也有关系，如《闽都别记》记载南台支家，"为杉木行牙侩，家道颇丰。"常有商人找他购木，"此客要买大扛木数十条，来问支大哥可有么？支翁曰：前月才被宁波客尽贩去，一条亦无，待有运至来看。"福建运往江南的木材大都要在宁波转站，所以，有些福州商人还到宁波开木行，然后批销江南各地。如福州人危而亨"在浙江宁波与人合伙开杉木行"，他曾"带三千馀银来福州盘贩杉木""建宁木植多在深山通涧之处。秋冬砍伐，俟春水涨发，由溪顺流而下，木客于南台收买扎排，海运江浙售卖。内地各处，多资利用。而福防厅之商税，又全藉木料以充数也。"

2. 重要商品

福建木材：江浙一带徽派建筑多为土木结构，对木材的使用量很大，东南诸省中，唯有福建能够输出大量的杉木，倘若没有来自福建的木材，江浙只有依赖远自四川等省的建材，因此，福建木材对江浙的建筑业具有重要意义。浙江与福建水上贸易的港口主要是宁波港，道光《宁波县志》记载："溯关东以达闽粤，帆樯来往一岁不下千艘。"当地福建帆船之多，可以想见。为了方便到福建运木材等商品，浙商还在南台设立了会馆，弗淳的《安澜会馆碑记》说："吾浙与闽省连疆而材林之用半取给于闽，每岁乡人以海舶载木出五虎门，由海道连运者遍于两浙，故台江之中洲，吾乡人之为木商者咸集焉。"乍浦是另一个与南台有密切联系的江南港口，每年要从福建运入大量木材。清道光《乍浦备志》称，在乍浦的进出口

◇《安澜会馆碑记》

商品中，以木、糖、杂货为主，"大约逐年进口税数，木当其五之二，糖及局商所带洋货当其五之一，其余南来无数杂货当五之二"。乍浦白海盐弄向西直抵关口，有木班厂十余所，木商字号各占厂屋，资本大者一号一厂，小者两三号合为一厂，周围二三里都是木场，"夏冬两帮木植齐到时，堆积几无隙地"。木货来自福建者十分之九，来自浙江温州者十分之一。来自福建者材质较优，大多系杉木，有长至八九丈者；来自温州者为松板。福建南台镇为木植总所，乍浦木商逐号请人坐庄，在那里置货。木号有专门置办宁德福安货者，宁德福安两帮商人将木材运输到南台，纳税出口运抵乍浦。

福建蓝靛：福建蓝靛是江浙染布业的主要原料。在染布业内，有"金染缸"的说法。这是因为一匹白坯布经染色以后，其价格可以增加一倍至几倍。古代的中国人大多是着白布衣服，但在明代，白衣已被看作是丧服，民众平日所着衣服，多为经过染色的蓝布。这一习惯使江浙一带生产的蓝布畅销天下。仅从这一点来看，福建以蓝靛为主的染料生产和贸易，对江浙是有重要意义的。

福建土产：许多商人将福建各种土产运入江浙销售，如《闽大记》的作者王应山说："即有土利，轻赍贸易，尽入江浙要津。"福建生产的竹纸，是江南重要印刷原料；福州的桔子

◇ 福桔

被简称为"福桔"，是江南民众春节时必备的祭神贡品。何则贤的《橘枝词》："洪江西去橘园洲，福橘年来取次收。好与桂圆青果散，海帆刻日到苏州。"雍正年间，署江苏巡抚何天培说："福建客商出疆贸易者，各省码头皆有，而苏州南濠一带，客商聚集尤多，历来如是。查系俱有行业之商。"苏州织造胡凤翚也说："阊门南濠一带，客商辐辏，大半福建人民，几及万有余人。"清代朱仕琇的文章中写到余氏商人出贾苏州："吴俗奢丽，自阊门至枫桥多闽中海贾，各饰郡邸，时节张灯陈百戏，过从宴犒艳服，以财相炫。"

　　江南丝绸：福建从江南输入丝绸、棉花等商品。明代中叶的《八闽通志》说："此地蚕桑差薄，所产者多颣，民间所须织纱帛，皆资于吴航所至。"漳泉等城市丝织业的发达，更促进了湖州生丝向福建的出口，《闽大记》云："帛，蚕丝所经纬，有土绢、改机、丝布、线绢、草缎、帽缎之属，皆出于会城。漳绢、莆绢间有之。欲如吴纨、蜀锦之美好，无有也。以丝出湖蜀，此地所产，尽不佳矣。"据其所载，明代福建出产多种丝织品，不过，其原料大都出于江浙与四川二地。《闽部疏》论福建："所仰给它省，独湖丝耳。红不逮京口，闽人货湖丝者往往染翠红而归织之。"这也说明福建丝织业的原料主要来自湖州。福建丝织品的进口量很大，唐甄回忆明代："吴丝衣天下，聚于双林，吴越闽番至于海岛，皆来市焉。五月载银而至，委积如瓦砾。吴南诸乡，岁有百十万之益。"由此可见，福建每年从江南输入的丝绸可达数百万两银子。

　　福州与兴化、温州、宁波之间往来民船叫"乌艚"，它们运进咸鱼，运走原木、柴火、纸张等，货物价值从五千元到一万元不等。还有一种船叫"北商船"，它们往来于福州、上海、烟台之间，约六十艘。这种船有一部分跑泰州与宁波。它们运进大米、小麦、大豆、棉花、棉布，每艘载货价值一万元到二万元。

◇ 宁波福建会馆

　　与福建的贸易繁荣了江南的城市。江浙与北方的城市一向将杂货店称之为"南货店"，这是因为：江南与北方的杂货主要来自闽粤，如浙江的"普陀一无所产……自闽广来者皆杂货，恰勾岁用。"杂货店的开设，显然是江浙城市繁荣的一个原因。其次，福建富商云集江南城市，是江南城市繁华的另一个原因。江南名城苏州最繁华之地是阊门外的一段街道，而此地恰是闽粤商人聚集之地；再如浙江的宁波港有来自闽粤的大商，"闽广之地，富商远贾，帆樯如栉，物货浩繁"。可见福建的商船使当地经济日益兴盛。

五、商通渤海

从唐宋时期开始，福建与渤海沿岸港口之间就建立了贸易关系。随着福建纸张、茶叶对北方市场的输出，以及北方大豆、棉花对福建的输入，这种商贸联系日趋稳固。

元朝后期，江南地域大多都被红巾军控制，元朝与福建的海上联系越来越重要，黄镇成《秋声集》载有《直沽客》一诗："直沽客，作客江南又江北，自从兵甲满中原，道路艰难来不得。今年却乘直沽船，黑洋大海波连天。顺风半月到闽海，只与七州通买卖。鸣呼，江南江北不可通，只有海船来海中。"有一年，大都闹粮荒，朝廷令福建行省以盐赋收入买粮食，"由海道转运给京师，凡为粮数十万石，朝廷赖焉"。其后，罗良等福建行省官员曾多次运粮至大都。在有些年份，大都不缺粮，福建行省便以"盐赋十之六，杂易一切供上之物"。在京师派来的户部尚书主持下，行省官员"严法以防奸市，平估以通懋迁，远近闻之，商贾交集，不数月得绫、絁、紬、锦、绮、缯、布、丝、枲十数万"，随后运至大都。元廷的海运船队十分庞大，行省官员曾向朝廷报告："三月中当先发一百船，赴都呈报。"

明朝海禁时北方的港口大都封闭，诸如著名的登州港长期寂寞，商贸寥落。明朝实行海禁后的 200 多年，北方沿海的海洋贸易基本衰退。清朝开放沿海港口之后，给予北方海洋商贸复活的机会，但因航海传统的流失，当地民众一时无法再现鼎盛时期海洋商贸的繁荣。然而，福建人很早就看到了北方港口的贸易机会。在清初有两件福建人远航北方港口的事例。其一，福建官员向康熙皇帝揭发：明郑台湾政权在山东半岛的口岸设立侦察据点，每当朝廷有重大事件发生，就会派船从山东半岛出发，直航台湾港口，将信息通报台湾主政官员；其二，施琅收复台湾之后，为了避开福建总督姚启圣，独揽平定台湾之功，便从澎湖派船直航天津，将告捷奏疏直接送到北京，从而得封靖海侯，将姚启圣晾在一边。这两件事都说明，清初福建人对往来北方港口的航道已经很熟悉。因此，当清朝开放沿海港口之后，闽商人、渔民纷纷来到北方港口，他们的来到，复兴了当地的海洋贸易。

清代北方人开始流行喝福建的花茶，而福建人也喜欢上北方的商品。孟超然的《福州竹枝词》："满街竞赏牡丹花，估客舟回得价奢。北味近来都领略，高粱烧酒菜黄芽。"南北的物质交流促进了福州市场的繁荣。清末民初，南台专做花茶生意的人很多。"闽省花香茶商的习惯。茶商所业，为买卖红、青、绿茶及烘制珠兰、茉莉花香，都是运往各埠销售的，帮名甚多，有天津帮、烟台帮、奉天帮的分别，总名叫作花香茶商帮。而茶商在闽，有独立经营的，有各股东组合的，但是都有牌号为凭。其在外省，有派人设庄专理的，有不设庄而托人代理的。又有托行东代为收售的，然而对外都以牌号信用为主。各号资本多寡不定，除独设商号，盈亏归于独认之外，其股东组合的商号，股分大小不一，各照股约合同所定，盈则照分，亏则照摊。其交易情形，出闽口，以花香茶为大宗，而土产、药材、杂货次之；回闽口，以各外埠土产、药材、杂货为常。茶商在闽，买货有过印可凭，卖货有批票可据。其货银，或期或现以及市现应如何扣折，各于批票注明，彼此习惯，骤难更改。""茶商凡有茶叶杂货，多归招商局轮船，装运天津、烟台、营口各埠销售。出口时，由洋关报税，交洋驳船转送轮上，并于载字注明：'如有残破当即剔退'的华文。"陈文涛记载："京东帮，福州茶商之属于该帮者，有三四十家，计分两派，曰京徽帮、曰直东帮，均系北京、安徽人所设。以运售绿茶于平津各埠为业。"

土纸也是福州售往北方的主要产品。福州是福建省最大纸张出口口岸，《闽县乡土志》记载："据商家报告，光绪二十一年出口二万余担，三十二年增至五万余担，得银二百二十七万两有奇。本境所出有目红纸，每篓一千二百张，年约二千三百篓，价银四两余至五两余，年约一万一千余两。海运销售上海、天津、牛庄、胶州等处。"

福建的木材也向北方输出。"由福州运往青岛、胶州、牛庄、烟台、天津者，凡有百分之二十。""北省之价，如牛庄、烟台等地，其值又比福州贵三分之二。"

北方向南方输出的货物以大豆、棉花为主。福州每年要从北方港口输入大豆 30 万担。

对北方港口妈祖庙的调查发现，她的建立大都与闽粤商人有关。如福

◇ 烟台福州会馆

◇ 福州海商因时常往来山东，他们的海船也称为"山东船"

建的延平府建宁府的纸商从海路到天津、北京贸易。"延邵二郡纸商每岁由闽航海，荷神庇得顺抵天津。"他们在天津和北京都设有会馆。清末民国时期，福建与东北的贸易十分兴盛，福建商人运去蔗糖、烟草、纸张等南方商品，运回大豆、棉花、豆料等东北商品。在辽宁沿海，福建商人建立许多会馆，因而，在沈阳、丹东、营口、锦州等城市，都有福建商人的会馆。这些会馆气势宏大，大都成为港口最有名的建筑。

北方港口大都有天后宫，如天津、营口、烟台、庙岛天后宫，都是当地著名的建筑。这些港口天后宫的建造，与烟台天后宫有类似之处，大都是福建渔民与商帮共建的。其中，庙岛天后宫位于渤海与黄海之间的海口，北方往来船只经常在此地停靠。北方船民的习俗是：到庙岛天后宫停靠时，将自己船只的模型献于天后像前，以求天后的保佑。至于天津港，则以天后为主要保护神。据文献记载，天津的天后宫始建于元代中叶，其时是为了漕运。清代的天津已成为北方大港，各地来天津贸易的大船甚多，由于天津一直是靠贸易成长起来的城市，所以，当地人对航运与商业之保护神天后十分尊崇。天津传统节日中规模最大的皇会，即是拜天后的节日。清代的皇会要连续好几天，其中有一节目，抬天后像巡游之后，要请天后像驻跸闽粤会馆数天，名曰"天后回老家"，由此可见闽粤商人在天津商业中的地位。据文献记载，直到鸦片战争之后，每年七八月间，总有一二百艘闽粤洋船到天津港口停泊。

六、商情履痕

古代福州和江南之间的贸易特别盛行。福州有不少商人专跑这条线路。由于江南城市是中国商贸市场的中心，福建与许多省份的贸易都是通过江南的交通及市场网络，而许多外地商人也通过江南网络进入福建市场。

晚清时期的福州海关报告："下面几个省在福州设有会馆或同业公会：湖南、陕西、山西、广东、广西、江西、浙江、湖北、四川、安徽、河南、奉天和吉林，其中江西有两个会馆，浙江有四个会馆，陕西和山西合建一个会馆。有一个会馆只有官员才能当会员，其他会馆有官员也有商人。福建人在以下数省建有会馆：吉林、浙江、江西、山东、广东、广西、湖南和湖北。"从会馆的设置来看，江南两省在福州所设会馆最多，而长江内陆的一些省份能与福建进行贸易，主要是经过江南商业网络进行的。福建商业研究所报告指出："海运商之习惯。进出口各货，概由轮船载运，向来照常完税，到口后内地完厘。汉口帮进口，以水烟、麻为大宗，出口则各色笋货；上海帮进口，以米、麦、豆，为大宗，近年申江禁米出口，因此进口之米，断绝数年，但米麦进口，免完厘税，只有麦捐，每包一分而已。其余油腊各货，一概要完厘税。香港帮出口，以香菇、李咸、白笋、白果、泽泻、莲子为大宗，进口则洋糖、洋冰及各色洋布、洋纱。凡进口各货售出者，除米麦现价外，其余都是期理；其期，或六十天，或七十天不等，各帮都有规例，到期才可收银，如果到期不能应理，这就是倒账。载运轮船生理，于国家税厘报效最大，每港每月都有三四轮。"

◇ 江南福建会馆

1. 苏州闽商

《闽都别记》中的重要角色之一林保，原为木匠，后来"得工资回来，遂与妻计议改图别业，帮搭乡人行商船往苏州作客。"他"往来江苏贸易十余年"，积有万贯家资。又如第三三一回记载，某人的母舅"手中做有数千家当"，其侄说他"舅自失明后，苏州不能去，生意去若干？"可见，他也是个专跑苏州的商人。再如二六六回，刘鹤龄的兄弟亦是专跑苏州做买卖的。《闽都别记》记载了台江的大行商吴光，他从国外输入无数的珍宝，仅一条船上即载有"奇楠香五百斤、人参六百斤、燕窝一千斤、珍珠大小三斛、珊瑚长短二十四树，其余珍奇珠宝无数"。这么多的珍宝当然不是福建本省市场所能消费得了的。因而，他的商船一年跑国外进货，一年跑国内各码头推销。在国内诸名城中，他特别重视淮扬各城市，派了"次子鸿济、三子鸿韬，四子鸿略在淮安坐庄，料理十六间行务"，投入了家族的主要经商力量。

苏州有许多福建会馆：三山会馆，位于苏州万年桥大街，福州商人建于明万历年间；霞章会馆，位于苏州阊门外南濠街，漳州商人建于清康熙三十六年；邵武会馆，位于苏州阊门外南濠街，邵武商人建于清康熙五十六年；汀州会馆，位于苏州阊门外上塘街，汀州纸商建于清康熙五十七年；兴安会馆，位于苏州阊门外南濠街，兴化商人建于清康熙年间；泉州会馆，位于苏州阊门外张家花园南，泉州商人建于清康熙年间；延建会馆，位于苏州曹家巷，延

◇ 苏州三山会馆

平、建宁二府商人建于清雍正十一年。这众多会馆均建于商贸繁华地段，可见其对往来商贸的极大影响和推助作用。

2. 上海闽商

上海作为中国的主要商贸港口，约始于清初。清朝平定台湾之后，在东南沿海设立四个海关，即云台山、宁波、厦门、广州。云台山所在地即为连云港，因其开放之初可供贸易的商品不多，后改为同属江苏省的上海。上海在清代初年即为中国南北海运的中心，福建商人当然不会放过这个航海基地，福建商人一向有经营北海贸易的传统，他们的船只来到上海运载棉花、丝绸等商品南下，也给上海运去蔗糖、纸张、蜜饯、木材等各种南货，因而上海有了南货店之名。上海还是通向日本的重要贸易中心，福建商人多要到上海申请赴日本的许可证。基于以上理由，当上海开放之后，福建商人很早就来到这一发展潜力巨大的港口。其时，由于清朝的海禁，中国沿海多地居民几乎都"忘记"掌握航海技术，而福建人在郑成功、施琅时

◇ 上海"福州路"

代起，由于闽台两地的频繁海峡交往，一直是中国水师的主力，延续了中国人航海的技术传统。所以，上海一开放，闽南和福州海商、潮州海商一起进入上海，垄断了当地的海上贸易。据清代大儒张伯行的记载，清康熙年间，上海最大的海商是一位名叫张正隆的福建海商，他有数十条大船行走南北洋进行贸易。张正隆还想将自己的船队扩充到一百条大船。其后，上海的海运业一直掌握在闽籍海商的手里，著名的小刀会起义时，有两万多个闽粤水手参加，很轻易地掌握了上海城，这都说明福建水手、海商在上海的绝对势力。

福建与江南一带"船去棉花返"的贸易形式仍在延续。王韬的《瀛壖杂志》说："黄浦之利，商贾主之。每岁番舶云集，闽粤之人居多。土著之远涉重洋者不过十之一二。皆于东城外列肆贮货。利最溥者为花糖行，当秋深时，木棉空野，碾去花核者曰花衣，行中代闽粤诸商贱值售之。""闽粤大商多在东关外，粤则从汕头，闽则从台湾运糖至沪，所售动以百万金，于沪则收买木棉载回。"闽商自上海运回棉花后，主要在福州及闽南沿海销售，1892年前后，闽浙总督卜宝第说："即棉布一项，贩自苏松者，约二十万束，值银一百二十万两，其从浙江、江西来者尚不在此数。"当地民众纺花织布，兴起了棉织业。由于江南与福建的贸易兴盛，上海东关外的闽商势力强大："其地闽粤会馆六七所，类多宏敞壮丽。"康熙年间，上海的闽籍巨商张元隆被巡抚张伯行查处。张伯行说："今见查出元隆自置船只皆百家姓为号，头号赵元发，二号钱两使，三号孙三益，四号李四美，五号周五华之类。则其之意要洋船百只之说不虚矣。又经臣新审华亭县经承，据开出元隆在该县冒领照票之船有杨日升等廿八只，俱非华邑民人。一处如此，其在别县移甲换乙冒领照票当又不止百只矣。"

上海的福建会馆有：
泉漳会馆，位于上海咸
瓜街，泉州漳州三县商
人乾隆二十二年建；建
汀会馆，原在上海董家
渡，后移翠微庵，建州
汀州二府商人道光五年
建；三山会馆，位于上
海福州路，福州建宁二
府商人光绪二十三年建；
沪南果桔三山会馆，位
于上海火车站旁，福州
果桔商人光绪末年建；
花糖洋货公所，位于上
海豫园，汀泉漳三府花

◇ 上海"三山会馆"

糖洋行商道光初年建。这些会馆同样建于人员密集商贸繁华处。

3. 福州江南商人

在福州也有许多江南商人深入福建采购商品。"张沛，徽州休宁人，大贾也。财本数千两，在瓜州买棉花三百馀担。歙县刘兴，乃孤苦茕民，一向出外肩挑买卖，十馀载未归家，苦积财本七十馀两，亦到此店买棉花。二人同府异县，沛一相见，乡语相同，认为梓里，意气相投，有如兄弟焉。棉花各买毕，同在福建省城陈四店卖，房舍与沛内外。"明代的福建是国内主要铁产地，且质量相当有名，"铁产上府尤溪为盛，贡课之外，转市他省，以利器用。甚伙"。许多外地商人到福建购买铁，"游天生，徽州府人。丰采俊雅，好装饰。尝同一仆徐丁携本银五百馀两，往建宁府买铁"。"通州有姓苏名广者，同一子贩松江梭布往福建卖。布银入手，同至半途，遇一姓纪名胜，自称同府异县，乡语相同，亦在福建卖布而归。"

五口通商后，福建对外海路货物贸易往来更为频繁。旅闽的两浙木商，俗称"北商"，兼营买卖、运送二业，帮名有：宁波、上海、乍浦、长江、大北、小北、岱山、大碇头等。北商各号，有独设与各股东联合组织二种，都不用姓名而用牌号，其资本，多少不等。从福建出口的，以木材为大宗，纸、碗等次之；进口福建的货物，以米麦为大宗，杂粮、饼、油等次之。买卖的各类货物，一般在每月的初三、十七，分两期付银，等货船到台江一带后，便完成出口交割手续。福建杉木主要产区在延、建、邵、汀四府，木材纹理好，在天津、烟台、上海、宁波、乍浦等处十分畅销，一直是福建大宗出口货物。"北商"购买福建木材，一般是看定后即付银两，每次所购，数千根、万余根不等。

七、再启新篇

经过明清易代激烈的战争之后，清初社会经济得到稳定，福州南台又迎来一个繁荣的阶段。

当时的南台是福建最大的贸易中心。乾隆年间潘思榘的《江南桥记》说："南台为福之贾区，鱼盐百货之薮，万室若栉，人烟浩穰，赤马余皇，估艑商舶，鱼蟹之艇，交维于其下；而别部司马之治，榷吏之廨，舌人象胥蕃客之馆在焉，日往来二桥者，大波汪然，缩毂其口，肩靡趾错，利涉

◇ 清初荷兰人所绘制南台地区地图

◇ 闽江边的码头集市

并赖。"《大清会典则例》提到福建海口的税收："系南台、厦门、泉州、涵江四口各号海船，每尺科税银五钱，一年两次征收。"这说明南台是当时福建最重要的海港，其贸易额远胜厦门、泉州、涵江等海口。

为了维护福州的治安，清朝在南台驻军："同城南台营参将一人，中军守备一人，千总二人，把总四人，兵九百名驻扎南台。"北京故宫所藏福建地图上，清晰地绘出了南台的区域。

◇ 荷兰人所绘制清代福州南台地图

从清初荷兰人所绘福州地图来看，清代福州城区北至屏山，南达闽江的南台，已经具备了 20 世纪福州城的基本规模。鼓山住持曾说："福州为八闽省会，人物殷盛，车马骈阗。"清代中叶林雨化说福州，其城区人口"不下数十万家"。道光年间，一个外国人评说："就福州筑有房屋的地区而言，大约比宁波大一倍，比上海大两倍，比厦门大四倍。据我所知，福州人口最低估计在 500000 人以上。我个人认为可估计为 600000 人左右。"

虽略有些夸张，不过从人口数量来看，当时福州相当繁荣是可以肯定的。

　　清代的南台人声鼎沸、熙熙攘攘。清初诗人许旭说："福州自城南还珠门抵南台二十里，百货填集，珍奇充

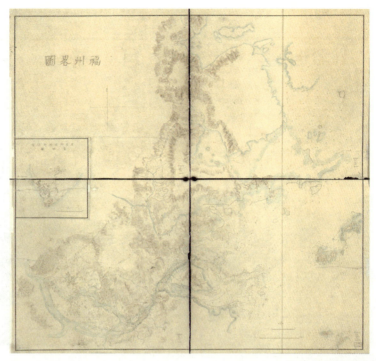

◇ 清初福州地图

牣，触目灿烂。比之阊门，何啻几十倍！闽中子女玉帛，羽毛、齿革，无不甲于天下。""闽中千家万户，烟火相望，庶富如此。"阊门是苏州最繁华的地方，当时福州的南台要比苏州还要热闹，许旭这样说是有原因的。清代前期，朝廷实行海禁，大多数城市没有对外贸易，商业萧条。唯有福建的城市仍然保持着时断时续的对外贸易，所以，福州的南台一时间能比苏州更为繁荣。

　　清朝统一台湾之后，开放海禁，沿海各城市都获得发展，福州"城南十里台江路"的南台也进入了一个新的繁荣时期。梁上国的《南台十咏》："江上居人三万户，同时敲彻玉堂宫。""三桥暝色罩层江，万点灯光簇钓艘。"吴玉麟的《钓龙台登高》："士女如云集，笙歌送日斜。"均是南台繁华

◇ 台江内河撑排的女子

喧闹的写照。南台的节日尤其热闹："南台神庙之盛，过于会城。元宵，乡人醵金设宴赛会，名曰乐神，又曰伴夜。烟火连天，笙歌达旦。""五保三街浑热闹。"从这些古人的诗文中，可以想见当时南台繁荣的情景。

　　清代的南台一方面汇集了全省各地丰富的物产，另一方面也吸纳着海内外四方流入闽中的各色商品，借助成熟便捷的水陆交通枢纽，成为闽江流域及辐射沿海各地，甚至是海内外的商品交汇之地。南来北往的远近客商将福建各地的产品运至福州，而后输往海内外。同时又为闽省各地提供了取长补短、各不相同的商贸产品，丰富了福建社会经济的繁荣和生活形态的进步，从不同的社会生活层面，奠定了福建进入近代商贸文明的新时代。

第四章　近代繁荣

清道光二十二年（1842），福州被开辟为通商口岸。到了19世纪60年代，福州建立了与伦敦、悉尼、开普敦、纽约之间的直接航线，各国商船云集福州港。此时的台江汇聚众多洋商、买办、洋行，成为著名的洋货集散地，进口商品由福州转往中国各地。上下杭商铺、钱庄林立，闽江商船熙来攘往，台江码头人潮涌动，台江商贸业进入历史黄金期。

◇ 近代，闽江上的商船熙来攘往

一、商船四海

马尾不是福州的终点港口，海运抵达福州的人员及货物，都要在马尾换小船，然后上溯闽江运到台江。同样，来自闽江上游的各种货物顺流在台江上游码头登陆，而后在下游码头换上海船，再运往海外各地的港口。东连大海、西接内陆的闽江，使得台江码头成为福建各地商品集散中心，成为中国东南地区繁荣的货物贸易码头。

1. 国内三大茶市之一

福建产茶在唐代即声名鹊起，宋代的北苑茶更是朝廷士大夫钟爱的御茶。福建茶不仅产区广、产量大，且品种齐全、名茶多。明清时期的武夷

◇ 武夷山茶道

茶"水浮陆转鬻之四方"，蜚声海内外。福州是清代全国三大茶市之一，本省著名的武夷岩茶、福州茉莉花茶、政和白茶等大部分都是经过福州的台江销往国内外。

福建茶叶产地绝大部分分布在山区，福州茶市的茶叶主要源自省内各产区，茶市的"茶业一方为接受产茶地初制之毛茶，加制后运出，一方为各地已制茶叶，假道于此以出口，前者多为绿茶，后者则大部分为红茶，次为青、白诸茶"。其中毛茶主要源于省内产茶量最大的北路产区，据统计，北路茶叶占福州茶源的 53.5%。北路各县江河交错、水运发达，除部分直接由三都澳运至上海一带之外，其余大部分茶叶皆通过水路运往福州再转销到其他省份或海外，其中寿宁因与政和相邻，其茶叶多就近由政和经闽江下运至福州。东路是福州毛茶的另一茶源产区，古田、罗源两县茶叶经水路运往福州，闽侯、连江两县离福州近，茶叶运输则几乎全赖人力。

福州茶市的成品茶主要来源于西路产区，该区各县处于闽江流域，除由产地运至地方市场均用人力外，其由市场运出者皆有赖水路。特别是通汽船后，各县茶叶先是运集南平，再用汽船沿闽江下运经水口运往福州。南路产区由于地理位置的影响，大多经由厦门、泉州出口，但也有相当部分茶叶运往福州。

此外，福州茶市还有来自外省的毛茶，如安徽的毛峰、烘青、大方、炒青、三角片、六安瓜片，浙江的浙绿等。福州郊区及闽侯、长乐二县所产的花香茶亦通过福州销往各地。由于交通便利，各地茶叶或沿闽江而下，或沿海而至，即便不通航之附近各县亦可赖人力由陆路到达，因此福州成为省内最重要的茶叶中心市场。特别是五口通商后，福州与汉口、九江并称为全国三大茶市，在中国近代茶叶贸易史上写下辉煌的一页。

2. 世界茶港

五口通商后，以香港为据点的英国商船即来福州寻找商机。福州在19世纪60年代成为中国主要茶市之后，英国、美国、德国、澳大利亚、南非等国的商船都到福建来寻找贸易机会，各国的商船云集马尾港，船上商人购得茶货之后，便向本国驶去。由于最先到达的茶货可以卖到最高价钱，所以，各国商船之间展开速度竞赛，购得茶货的商船以最快速度驶向母国，一时成为各国新闻界最关注的景象。

英国的轮船首先出现在福州。1865年，有4艘轮船定期航行于福州和香港之间，3艘小轮定期航行上海和宁波，所有轮船均悬挂英国旗，由于它们每月平均至少往返两次，因此增加了英籍轮船的吨位。这些所谓的"小轮"，载重300吨位至600吨位，一年往返多趟，往来福州与上海之间的82趟轮船共创造47505吨的载运量。往来于福州与宁波之间的轮船9趟，共有3012吨位。

还有一些轮船定期在南台与外地的港口之间跑运输。1904年，英国籍273吨的"哥伦比亚号"一直航行于上海和南台之间，它吃水仅8英尺，使之能直接开到台江码头，无需停泊在马尾罗星塔锚地。而在香港和福州之间，先有日本的"安平丸"，后有德国的"胜利号"。1908年闽海关统计，进出福州港的船舶共有1289艘，载货量达108.3161万吨。除此之外，还有一二百艘中国传统帆船往来于中国沿海。

福建产茶历史悠久，闻名海内外之佳茗亦多，梁章钜在《归田琐记》写到英国人很喜爱"中国之茶叶，而崇安所产尤为该夷所醉心"。但在福州开埠以前，由于清政府实行海上封锁政策，福建茶叶出口，不能就便由海路运输，必须绕道由陆运至广州出口，颇费周折。驰名世界的武夷红茶，主要产于崇安境内的武夷山麓。每当茶季之时，本地茶庄或外地茶商先是在星村、赤石建立临时采购点，收购毛茶，并加以甄别，烘焙、调和及包装后，再雇挑夫，翻山越岭，运至江西河口镇。然后再由此南运广州或北运上海。

武夷山茶通过陆路运往广州、上海销售，路途遥远、税卡林立、运费昂贵，从时间和经济上来说都很不合算。从星村出发需要 50 天到 60 天才能到达广州，这就大大增加了茶叶的成本。当时武夷山茶在上海的售价，一般每担在 11 两至 12 两银上下，而成本就要近 10 两，茶叶的利润微薄。与上海、广州相比，福州离武夷山要近得多，水路交通也比较方便，从星村装船沿闽江顺流而下，少则 4 天多则 8 天的时间就可抵达福州。因此，对于急剧增长的海外茶叶市场来说，开辟一条由福州出口的新茶路势在必行。

在福州正式开埠之前，西方商人已对武夷山地区的产茶情况和福州口岸的可行茶路作过周密的调查。据他们的估算，"仅就运茶到广州与福州之间的费用的差别来说，一年每担可节省四两，那么每年十五万担，就是节省六十万两"。开辟新的茶叶运输路线绝对有利可图。

福州开埠后，福建的茶叶可从福州出口，但在五口通商初期，由于茶商一般都不愿意改变他们贸易的老习惯，福州并没有马上成为茶叶出口的中心。这一情况在 1853 年迎来了一个重大转折。由于洪秀全领导的太平军攻占南京，战火燃遍江南各地，武夷茶陆运到广州和上海的通道被切断了。清政府"深恐借茶糊口之人，失业生事，奏准暂弛海禁，各路茶贩，遂均运茶至省售卖"。解除了海禁，就便于茶叶从福州出口了。

福建茶叶海运出口禁令解除后，英、美、俄等国立即在福建开设的洋行，攫取福建茶叶出口的经营权,福建茶商收购的茶叶只能卖给洋行经营出口。英、美洋行甚至通过买办直接到福建茶叶产地,向茶农贷款,控制和剥削茶农。这一时期福建茶叶出口的九成在福州,福州有 5 家外国洋行垄断茶叶出口贸易。美国的旗昌洋行率先行动,该洋行派遣其中国买办在茶季携巨款到闽北产茶区广为收购茶叶,并沿闽江运至福州出口。同时,该行还包租船只往福州装载这些茶叶。旗昌洋行此举大获成功,于是,第二年,其他洋行群起效仿之,"各国船只驶闽运茶者,呈争先恐后之状"。1855 年 5 家洋行在福州抢购茶叶,竞争日剧。福州由是成驰名世界之茶叶集中地。此后二三十年间,福州茶叶的出口量增加了好几倍。除原来的英、俄及欧洲大陆、美国等茶叶市场外,又开辟了澳大利亚、新西兰、南非等新市场,福建茶叶在国际市场上供不应求。

据统计,1853 年以后,从福州输出的茶叶值占全国茶叶输出值的百分比呈持续上升趋势,1853 年仅占 5.7%,至 1859 年已经达到 42%。在 1871—1873 年,中国年平均出口总值为 11000 万元,其中茶叶出口值为

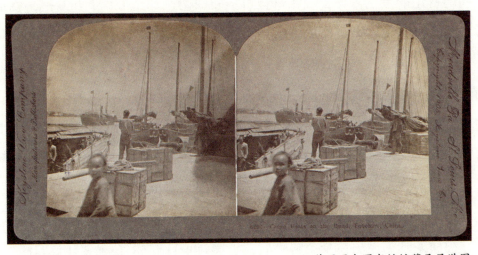

◇ 美国国会图书馆馆藏马尾港图

5797万元，占52.7%，而福州口岸输出的茶叶价值又占全国茶叶的35%—44%。也就是说，福州仅茶叶出口一项就占当时全国出口总值的20%上下，福州港成为名副其实的"世界茶港"。

福州茶港的发展如此迅速并后来居上的原因，除了太平天国运动导致福建往广州等地的茶路中断之外，还有两个重要原因。一是福建是著名的产茶区，茶源丰富，而且福州靠近茶山，尤其是与茶山有水道交通，使它在茶叶贸易上享有很大的优势。1853年茶叶从福州水路输出后，人们再也不愿意走翻山越岭那条艰难、漫长而费用较大的通往广州的陆路。所以开埠之初，西方商人就对福州抱有很大希望，希望它能成为一个取代广州华茶出口的口岸。1853年美国旗昌洋行深入茶区办茶的成功之举使各国洋行大受鼓舞，因此争相涌进内地茶区，直接收购茶叶，使福州港的茶叶出口量急剧上升。二是福州海上交通便利，吸引外商来此贩茶外运。"自开海禁以来，闽茶之利，较从前不啻倍蓰。盖自上游运省，由海贩往各处，一水可通，节省运费税银不少，是以商利愈厚。"不到几年时间，福州的茶叶出口便迅速增加。1856年以后，就将广州抛在它的后面了。1859年福州茶叶出口近4700万磅，超越上海居全国茶叶出口量第一大港之地位。

随着印度、锡兰红茶的崛起，福州港逐渐失去了昔日的繁荣。少量的海外市场供应主要由福州本地的船只将进出口货物运销各地，多数在上海、香港转运，少数由福州的船只直接运到中国沿海的其他港口。

3. 茶帮

19世纪60年代至20世纪初叶，是福州茶市最盛时期，每年出口有70多万担。除供应国内市场外，还远销到英、德、俄、荷等国。其红茶、绿茶、青茶、白茶、砖茶等皆有出口。当时福州港出口货物总值中，茶叶占 80%，而这些交易大部分都在台江完成。

当时，茶商大部分集中在上、下杭一带，且多是资金雄厚的富商大户。仅台江下杭街、下靛街一带就有"生顺""明兴""宏春""富春""恒元堂"等茶帮、茶栈 10 余家。其中生顺茶行规模最大，年高峰批售量达两万担左右，称为"毛茶帮之王"。油巷下张德生茶行规模也相当大。该行自置锚缆船 (大型木帆船)，水运山东等地销售。台江苍霞洲、福全社、荔枝树下一带也是茶商集中地，茶行最盛时多达 70 家。苍霞地区负有盛名的茶行有洪怡和、洪春生、福茂春、庆林春、协右隆等多家，所产花茶畅销于京、津和烟台、青岛等地。福州的花香茶始产于 19 世纪末 20 世纪初，以茉莉花窨制为主，亦有用珠兰、水圭、柚花、木兰、白玉兰等花窨制的。其中洪怡和、福茂春为南帮洪家所开设，居苍霞茶帮之魁，时有"刀

◇ 生顺茶栈

牌烟仔洪家茶"之说。

随着茶叶贸易的繁荣，茶栈、茶行发展很快，到 19 世纪 80 年代，福州已达 100 余家，并形成各种茶帮公所，依采买茶类与性质的不同而分为广东、天津、平徽、毛茶、洋行、茶庄六大帮别。

广东帮，历史最久。早在福州茶市开辟之前，广州已经有 13 家茶行，专门采办崇安之红茶。1853 年后，这些茶行迁号福州，在采办红茶的同时又兼办青茶，因红茶与青茶均以木箱包装，故亦称为"箱茶帮"。据 1935 年调查，该帮茶栈有 19 家，其中专营红、青茶者各 9 家，兼营者 1 家。除两家不知所在之地，在台江者有 8 家。

天津帮，创立者为长乐的欧阳家族。其族人在天津经商，兼运少许茶叶到津零售，因销路好，便大规模经营，并在福州设厂精制茶叶，其后继设者日多，乃自成帮。以其市场在天津，故称天津帮，又因其所制多为薰花香茶，故亦称为"花香茶帮"。据 1935 年调查，该茶行共有 19 家，有两家不知其住址，余 13 家在台江，4 家在仓山。

毛茶栈帮。起初，福州虽有茶店，因需用毛茶有限，故无毛茶栈帮之设立，至天津帮设厂制茶，毛茶之销路日佳，后平徽帮入闽，毛茶业则更为发达。该帮之营业，多为代客发售，抽取佣金，间亦有兼营采办，自负盈亏之责。据 1935 年调查，计有毛茶栈 15 家，除 1 家在桥南，3 家地址不详外，余皆在台江。

平徽帮。原先在广东设厂，运皖茶到该地薰花，后与当地茶工发生矛盾，遂移厂于福州，被视之为客茶帮。该帮之家数最多，又因籍贯不同，分为直东、平徽两派，前者凡直隶（河北）与山东两省人所开设者属之，安徽人所开设属于后者。据 1935 年调查，该帮茶行计有 44 家，但在台江者仅 1 家。

茶庄帮。福州有茶庄之历史虽然悠久，但在 1923 年以前，极少有茶庄运茶至省外。自 1923 年后，情况渐有改变，先后运茶销往河北、河南、山西、陕西、汉口、江西各地。其中以汉口与江西两处销量最多。除几家规模较大者之外，其余多为售卖茶叶与水烟之茶叶店，规模较小，与茶叶庄联合组成茶庄帮。据 1935 年调查，该帮计有茶号 25 家，在台江的有 5 家。

洋行帮。此帮系随广东帮而来福州，因为箱茶须经由洋行转往外国，而洋行又须由茶栈代为采办，两者互相倚赖而经营茶叶。在福州共有办茶洋行 9 家，怡和、太兴、裕昌、德兴、乾记、天祥、协和为英商，祥臣、同亨两家为德商。

二、贸誉东南

福州开埠后，各大洋商、买办、洋行汇聚，成为著名的洋货集散地，棉纱、布匹、煤油、面粉、火柴等进口商品由福州转往中国各地。从南台万寿桥（今解放大桥）往东至义和码头一带，茶叶输出商铺，市布、斜纹布、棉纱、煤油、糖等输出商铺，以及电话公司、银行、运送业、杂货商铺、旅馆鳞次栉比。处于福州经济中心"金三角"的上下杭地区，既是洋货倾销的市场，也是省内外农副土特产品销售的市场，这里的贸易批发、零售兼有，内贸、外贸兼营。其商品对内销往全国各地，对外远销东南亚和欧洲许多国家。贸易的繁盛极大地促进了近代福州工业的发展，面粉、烟草加工，染布、颜料业兴盛。同时，为商业服务的汽车运输、海洋运输业也随着繁荣起来。

1. 商品集散中心

五口通商以后，台江商品经济日益繁荣，成为近代福州的商业中心，特别是上下杭地区成为福州最繁华的商贸中心。

南台是福州最重要的水运码头。清人谓之"南台为福之贾区，鱼盐百货之辏，万室若栉，人烟浩穰"。街市、商行、邸店、囷仓、货栈、酒楼、学塾、庙坛等比比皆是，闽江上下游各县的农副土特产品多于此集散，人来人往，江船穿梭，热闹非凡。

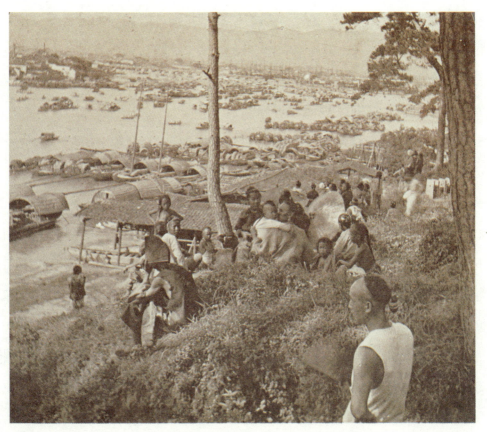

◇ 苍霞码头

　　清末的《闽县乡土志》较详细记载了福州市销售的主要商品和各地土特产：茶，武夷等处由溪运来本境；笋干，多由上游各府运来；香菇，上游各府多由溪运本境；木料，宁化等处溪运来；纸，尤溪等处溪运来；煤炭，邵武溪运来；薯莨，永安溪运来，销银一千两；红柴，永安溪运来，销银二千两；桐油、茶油，多由永安、浦城、松溪、政和溪运来；泽泻，多由建、邵溪运来；莲子，多由建属溪运来；竹丝，崇安来；筒朴，由浦城溪运来；棕、茯苓，政和溪运来；滑石，泰宁溪运来，年销六七百两；条烟丝，永定或溪运或海运来，年销最多；鲜鱼，沿海各属船运来；咸鱼，有自霞浦来，有自长乐、连江、福清船运来；糖，兴化等处海运来；桂圆、荔枝干、蜜枣、柿饼，多由兴化等处海运来；花生，长乐舟运来；茉莉花，长乐舟运来者较多；蛏、蛤、蛎或鲜或干，有自长乐、连江船贩来；紫菜，福清海船运来；红曲，古田、屏南溪运来；竹，永福溪运来；靛，多由永安溪运来，年销一万余两；蝉蜕，由永安溪运来，年销二千两；花竹，永安溪运来，销银数百两；牛皮，永安溪运来；蛏干，连江海船运来；李干，永福溪运来；剪刀，清流溪运，宁德海陆运来；皮枕，延平溪运来；印泥朱砂，漳州海运来；香料，泉州海运来；神曲，泉州海运来；鲜果，多由下游等处海运来；漳绒、漳纱、水仙花，漳州海运来；燕窝，厦门海运来；寿板，宁化溪运来；兰花，永安、龙岩溪运来；纸织字画，永春海陆运来。这些从省内各地运来福州的商贸品，以手工业原料及食杂商品为主。

　　还有些货物来自闽江上游，经福州转销四方：茶叶，运往外洋者，据海关报告，1900年26.59万担，1904年17.95万担；运往外省者，1900年1.93万担，1904年7.64万担。往外省者，每年持续增多，往外洋者至1905年仅得银234万两有奇。木业，清光绪末年输出得银170万两。纸业，1895

年出口 2 万余担，1906 年增至 5 万余担，得银 227 万两有奇。

其他杂货：福桔，年约出 300 余万斤；桂圆，年约出 3000 箱；青果，年约出 100 余万斤；荔枝干，年约出 10 余万斤；

笋干，年约值银 40 余万两；杨梅，年约值银数千两；桑叶，年约 10 万斤；烟叶，每年多寡不定；红糖，年得银数千两；

锡箔，年约 3 万箱，多行销江汉各处；纸伞，年约 10.3 万把，多行销南洋各岛；茧丝，年约值银二三千两；藤漆器，多寡无定。

福州每年从闽东、闽西北各县输入大量商品，然后转销外省及外洋各口岸。福州平衡对各县的贸易之途径为：向各县运销本地土产；向各县转销进口货；用出口所得货币由商人带到山区采买。

福州本地的特产比重不大，主要是角梳、牛皮箱等。进口洋货数额较大，清末已每年 700—1000 万两，就地消费额有限，大多转运各县。这些洋货包括棉纱、布匹、煤油、糖、面粉、火柴等。

除洋货外，福州还输入外省土货：皮货，关陇等地海运来；参茸，各省转运来；绸缎，上海轮船运来；药材，川、广、浙等处海运来；玉器，苏、粤、滇海运来；烧料器玩，津广各处海运来；笔墨，湖、徽海运来；笺扇宣纸，苏、杭、皖海运来；棉布，上海运来；夏布，江西陆运来；瓷器，江西海运来；绸，温州海运来；锡，广东海运来；水烟袋，汉口海运来；鱼翅，温州海运来；海菜诸品，南北洋海运来；兰州烟，上海、汉口海运来。

上述商品中，皮货、棉布、丝绸、药材、海产等在闽江上游有相当广的销路。但福州除个别年景外都是出超口岸，转运洋货填补不满各县输入的货资。因此有必要支付从出口贸易所得货币，来冲销闽江上游各县运来的货物之价值。每年都有许多商贩到闽江上游各县采购茶、木、纸、笋等大宗出口货。他们往往先到钱庄息贷现款，赴山采买，转运至省城售给在榕各洋行、庄号。这些洋行、庄号再通过将货物出口赚钱。闽海关的报告说明，1901 年 7 月 26 日南台的一场大火，有 10 家外国商行被烧毁。可见当时的南台既是福建对外贸易的中心，也是福建商品的集散批发中心。

以豆类批发为例，台江的下道街就是豆类商品批发地，"全市摊贩多来此进货。老板系长乐人，有大和、益和、同和等七八家"。他们的商货来自四方，"豆商的习惯。豆为最普通的食品，其销场以酱油为最，豆干店次之，酱园多用青豆，豆干店多用黄豆，到了冬天，才有用青豆的（因为青豆容易变味）。福州豆帮运销这两种豆，每年约十八九万石，从南北船向牛庄、胶州、天津、烟台、锦州等处运闽售与本帮的商品，每年十余万石。其他如蚕豆销量不过万石，绿豆销量才几千石而已。以上所述，系指向外省运豆而言，至于本省的豆，也有运销的，例如建宁西溪的豆，但是要看它收成如何，遇歉收之年，不但不能运省，而且要由省运到闽江上游接济。福州府属的豆，以福清、长乐两县为出产地；二县中，福清最多，而且所出的一概是黄豆，运售尤多"。

2. 客商云集

福州是洋商购买华茶的重要据点，"福州之南台地方，为省会精华之区，洋行茶行，密如栉比。其买办多为广东人，自道咸以来，操是术者，皆起家巨万。""八闽物产，以茶、木、纸为大宗，皆非产自福州也。然巨商大贾，其营运所集，必以福州为的。故出南门数里，则转移之众，已肩属于道。江潮一涨，其待输运之舰帆樯尤林立焉。"民国时期英商的太古洋行、永昌洋行、太平洋行等 16 家，俄商的顺丰洋行、阜昌洋行，德商的禅臣洋行以及日商的三井物产会社，丸一洋行、日东洋行等都设在台江，可见台江洋行商市之繁华。

南台的行商常能控制全市乃至全省的行业。以皮箱业为例，福州皮箱历来有名，"市集向在市中心杨桥巷，有'十万家皮箱店'之称，其牌号多用'万'字，有'万福兴''万源''万全''万宝''万利''万成全''万福利'等 10 家。……别有'瑞华''成兴''茂实''金华昌'诸家，多世其业者。"这些皮箱所需原料，由南台的牛皮行从台湾购取，而其销售至外省外府，也由南台的皮箱行负责。

当时福州的制烟业也十分有名，《闽县乡土志》记载："太原王，明季时有王朋兄，自莆田贩烟来，遂以创售炒烟为世业，族聚最盛。""朋兄姓王，莆田人，贩烟到此，逢霉以油炒之，转变芳美。销售最广，今兴义境王大盛炒烟庄是也。"南台的义洲为木行聚集之地，晚清著名的"林太和木行"即发迹于此。随着木材业的发展，民国初年，义洲的木行已经有 20 多家。行商的经济实力雄厚。《闽都别记》记载了台江的大行商吴光，他从国外输入无数的珍宝，仅一条船上即载有："奇楠香五百斤、人参六百斤、燕窝一千斤、珍珠大小三斛、珊瑚长短二十四树，其余珍奇珠宝无数。"

近代福州最著名的行商还是属于茶叶、纸张、木材、笋干、干果等五大领域。1853 年以后，广州茶市转到福州，"海禁既开，茶业日盛，洋商采买，辐集福州。""自开海禁以来，闽茶之利，较从前不啻倍徙。盖自上游运省，由海贩往各处，一水可通，节省运费税银不少，是以商利愈厚。""福州之南台地方，为省会精华之区，洋行茶行，密如栉比。其买办多广东人，自道咸以来，操是术者，皆起家巨万。"翁时农的《榕城茶市歌》详细描述了茶市贸易的情景："头春已过二春来，榕城四月茶市开。陆行负担水转运，番舶屯市屯南台。千箱万箱日纷至，胥吏当关榷茶税。半充公费半私抽，加重征商总非计。前年粤客来闽疆，不惜殚财营茶商。驵侩恃强最奸黠，火轮横海通西洋。西洋物产安是宝，流毒中原只烟草。洋税暂能国帑盈，座耗民脂悔不早。建溪山水流延津，武夷九曲山嶙峋。奔赴灵气钟吾闽，奇种遂为天下珍。乌龙间投徒饰色，名花虽馥失其真。天生特靳泰西土，销售唯视泰西人。此亏成本彼抑价，一语不合夷人瞋。独不闻夷人赖茶如粟米，一日无茶夷人死。"

在南台岛设置的洋行有：英国的裕昌洋行、协和洋行、卜内门洋行、颐中洋行、怡行洋行、天祥洋行、复兴洋行、太古洋行；美国的美孚洋行；日本的三井洋行、铃木洋行；德国的禅臣洋行、德士古的洋行、东亨洋行等等。中国商人开的茶庄也不少。"福州茶业有恒元堂毛茶帮，其毛茶栈（即茅茶栈）均开设在下杭街和下靛街一带，约有十余家，如：生顺、明兴、宏春、富春等。而生顺可称为茅茶帮之王。据调查，生顺行高峰批售量，年约两万多担。

约在 19 世纪末 20 世纪初，随着花香茶的产生，福州也形成以精制花茶为主的花茶帮，以茉莉窨制为主，亦有以珠兰、水圭、柚花、木兰、白玉兰等花窨制。花茶运销于京、津、烟台、青岛等地。最盛时期约有六七十家，大部分均分布于苍霞洲、福全社和荔枝树下一带。因地近闽江码头起卸便利。现在支前路尚有一个地方叫茶道，就是当年装运茶叶的码头。较出名的茶行有：福茂春、庆林春、协顺隆等。而当时最大的三家则是洪怡和、福胜春、洪春生，是南帮洪家开的，为苍霞洲茶帮之魁。衷幹的《茶市杂咏》云："下府帮籍晋江、南安、厦门等处，而以厦门为盛。

汕头属潮州帮，广州帮则统香港而言。首春由福州结伴溯江而上，所带资本，辄数十万。"

◇ 福胜春茶庄

◇ 洪家茶

笋纸是福建的土特产，由当地商人就地向生产者廉价收购，运来福州投行售卖。这等行栈简称"溪行"。溪行又称"九八行"，多集中于帮洲一带及后田、河下、宫前社、万侯街（主要闽清帮）、石狮兜、下靛等处。在五口通商后渐移至下杭街、潭尾街以及苍霞洲等地。其原因是适应水陆交通，便于装卸、囤放。当年在上下杭街比较有名的有张德生、罗坤记（曾当旧商会长的罗勉侯所开）、乾和记、记兴顺等家，资金雄厚，都置有山东船。还有下杭街的"聚源发"溪纸行，初期是靠投客为主，采取吃进来的办法，以低价买进，雇匠加工选货，印上"林聚美牌号"，自运出口，盈利甚丰。老板林沛然，曾当福州旧商会的会长。上下杭街和潭尾街的溪行，有的以货客投行为主，有的自采自销，如"方成记"，也有兼营其他杂货。知名的有：谢慎余、合长春、裕来昌等家，还有在延平路的泰生行，专营李干果装运香港。另一家是李泰源（原址在石狮兜）绍兴酒、棉花等生意做得很大。以上这些行栈均是搞批发，不搞零售。

南北杂货、糖、药材、颜料。从小桥头至下杭街一带，还有经营南北货、杂货、糖等商行多家，较有声望的有德发、元隆、新隆、万隆、蔡大生、义美、义成、源泰等家，后起的尚有建东、华南、捷兴等家。糖行在上杭街至油巷下一带，以中药材、纱布，洋颜料行为主的药材大户有：元昌、咸康、广芝林。其中元昌和怡兴，早年都是大户中的大户，资金雄厚。

福州的许多商品都是从台江批发到全城。例如，中亭街聚集的咸、鲜鱼行有：元丰华、协丰、聚记、德源、长合泰、春茂隆、海丰等十余家。他们夜半进货，凌晨卖鱼，使中亭街透夜光明，人声喧嚣，摩肩接踵，十分热闹。"潮船到后正斜阳，压担横山（鱼名）赶市忙。一带中亭街闹甚，钱分铜铁价低昂。"咸鱼商的种类，可分为船头行、贩店、鱼货摊三种，其营业方法，由鱼客而船头行，而贩店，而鱼货摊，船头行有卸卖、小卖两种方法，而贩店与货摊，单纯采小卖方法。市场以南台中亭街为中心点，其交易时间，上午三时至九时止，商品皆为鱼类。其交易制度，船头行对于鱼客，须先期缴纳压柜银，或二三百元，或五六百元不等。鱼客领收压柜银后，其商品不得别投他行，如买卖关系结束时，此项压柜银，鱼客当即交还于船头行。至船头行与贩店交易，其账目则以账簿为证明，定期收取；其与非商人间的交易，则一方引渡物品，他一方同时即付与金钱。

清末民初，福州商务总会和 14 个会馆集中在上下杭地区，经营物资达 500 多种，土特产业、茶业、国药业、西药业、绸布业、京果业、糖业、颜料业、百货业、金融业、进出口业等应有尽有。其中最主要、交易量最大的是笋、纸、茶叶、纱布、南北货和药材等。

◇ 上下杭　（台江区委宣传部 供图）

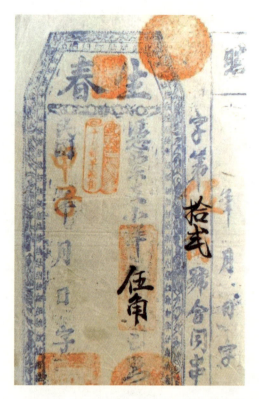

◇ 台伏票

3. 金融业兴起

福州古代最早的"银行"是做打银生意的。明代，白银流通，和铜钱一起成为主要货币。在福建市场上，各地流行的铜钱不一，有些地方流行宋代古币，有的地方流行私铸的货币。到福建的商人带着白银购货，但他们在各地消费，都要将其换成铜钱。所以，福建各地城市都有钱桌，经营白银换钱的生意。此外，当铺作为地方的金融中心，是普遍存在的，省城中的金融业，也主要由当铺承担。

典当业盛旺时期在清末至民国十九年之间，最盛时全市当铺达 30 多家。在台江当铺有庆春号（经理杨心时），在田垱；恒生号（经理陈洽成），在中亭街；公祥号（经理沈立生），在上杭街；瑞成号（经理郑衡苏），在中亭街；常原号（经理陈贞吉），在靛街；恒孚号（经理罗承猷），在横山铺；泰来号（经理陈鑫），在大庙路；敦铺号（经理陈九告），在铺前顶。当铺的押息定为一分六厘，押当期为 3 个月。它比民间高利贷要低得很多，所以，福州民间人士多愿从当铺取钱周转。不过，民国末期，法币及金融卷贬值过速，几个月贬值一半以上，取当时，押金已经不值钱，因而在 1949 年前，福州所有的当铺都破产了。

　　清代中叶以后，各地钱庄兴起，福州也开始流行。据来到福州定居14年的美国传教士卢公明1856年所记，当时福州已经有了许多钱庄。他说："福州钱庄为数众多。钱庄的经营活动完全没有政府监管，任何人只要有资本，就可以开个钱庄发行钱票，不需要从官府获得任何形式批准注册。""有些老字号的钱庄信誉良好，它们发行的钱票在商业流通中被广泛接受。钱票多种多样，分别代表铜钱、银圆或银两，各种面值的都有。代表铜钱的钱票有四百文、五百文、六百文、一千文甚至几千文的各种，代表银圆的番票有一元的到几百上千元的，代表银两的银票有一两的到几百上千两的。经验证明钱票交易中极少发现假票，一般商人除非等着使用零钱买小商品或付工钱，一般都更愿意接受钱票。"1857年施鸿保的《闽杂记》也有钱票的记载："闽中钱多用纸票，自四百以上至千万，或总或分，听人自便。其票皆以厚白棉纸，不可刮补翻揭者。"从卢公明和施鸿保所记的情况看，咸丰年间的福州的钱票业已经相当成熟。

　　钱庄主要集中南台，使南台成为福州金融业的中心。福州殷实资本家开设钱庄，最早的要算下杭街的"奭余"钱庄，闽北人开设，号称资金二百万元。次为崇安人朱积斋，人称朱百万，传闻曾以十三万元捐福建道台，在下杭街开设"裕大"钱庄。因晚清的福州是中国三大茶市之一，对茶叶贸易十分兴趣的山西票号纷纷到南台投资。1891年闽海关税务司的英籍官员法来格调查了福州的钱庄票号后说：福州大的钱铺有6家，蔚长厚、蔚太厚、新泰厚、协同庆、协和信和源丰润。前五家是山西银行家办的，后面一家是浙江人办的。这些钱铺与中国较大的商业中心都有业务往来，但是大批的外汇业务只在福州与北京之间办理，在非条约通商口岸支取的汇票的汇率尽可能接近，固定在5%。在开放口岸，特别在那里有外国银行时，汇率比每日外汇储备行情稍低。它们不发行钞票，但是办理商品抵押贷款，或其他可以接受的抵押。每年利息从 8% 到 25% 不等，根据抵押商品的完善可靠而定。它们也帮助期望贷款的官员，在这种情况下，利率是根据可能遇到风险的程度，以及资金和利息偿还日期的长短而定。这六家大钱铺，每家每年营业额四百万元，它们的收支如此平衡，以致很少从一个地方调拨钱币到另一个地方。它们接受现金汇票，送交省的高级官员汇去北京，由北方商人在那里兑领。这些被外国人称之为"钱铺"的民营金融机构，其中名字是钱庄或是票号。大约由山西人开办的叫票号，而浙江人开办的叫钱庄。

　　另一位在闽海关奉职的英国人李华达说：福州有四家银行，在外省都设有代理处。其中三家是山西人办的，第四家是浙江人办的。因为办理大量的外汇业务，所以叫"汇兑局"。它们接受其他地方的汇票为公众账务，将款汇往北京。当金库空虚，北京需要钱时，它们就汇款去，期待以后的偿还。抵押利息的年利为 4%，借款利息是 12% ～ 18%。以期票作抵押向钱铺借款的，如果款到期未能偿还——通常以四个月为限——就得以地契作为抵押。在外国银行是用支票向银行支取现金，但在这里是以银行存折为代替。每次需款要送上银行存折，记下款额。这里有各种银行、钱铺三十多家，其中七八家是第一流的。大多数银行根据自己的财政情况印发纸币，银行发行纸币的金额达 20 万元，小钱铺发行 6 千元。

　　南台的典当业、钱庄及票号，都是福州最发达的。它们发行的钱票常可通行全市，也可办理与大城市的汇兑，所以说，当时南台的金融业控制了全市的经济命脉。进入民国时期，国家所有的中国银行、交通银行都进入福建，逐渐取代了传统票号及钱庄的作用。

4. 手工业发达

台江自古以来就是福建手工业集中的地方。对手工业者来说，在这里开一个店，商品可以售往全省各地，乃至外省外国，是一个很好的地方。不过，台江商圈的租金较贵，一定要名牌商店才能在这里站住脚。例如，陈永盛于清光绪六年在南平的延福门码头开设漆枕店，很快打出名号，有"延平枕"之称，成为南平市著名特产之一。1900年，陈家将店铺迁到台江的小桥头，生意更为兴隆。其时，福建人结婚，多要在陈家老店购买"龙凤枕"。

台江商圈传统名牌手工业有：增金利厨刀、宝剑牌小刀、恭字剃头刀、永字号剃刀、谢太剪刀、祥泰镰刀、王彩桶刀、义源号铜钴、李和记犁剪、观岐巷斧头、利一号斩锯、广和兴钢锉、迎新号鱼钩、茶亭街系列响器店、杨常利雨伞、复和祥号富贵花伞、河口嘴泥塑、坞尾街的甑、后洲桶街各家的木桶、小桥华兴街的镜箱、苍霞洲的竹筷、中亭街的"大同北烛"、下杭街的蔡大生鞭炮、中平路的邱德康黄条烟等等。这些店大多是前店后坊，一边制造，一边出售。以桶街的制桶业来说，店约十余间，都在靠东一边，西边均是住宅，前店后坊，老板绝大多部分都会制造木器，边做边售。产品有木制厨房用具，如厨柜、桌、椅、锅盖、鼎盖、缸盖……福州手工业多为加工业。"福州纸坊三四十所，以扣纸染花笺，砑腊则成腊笺。"有一些商品随着市场的扩大，发展很快。民国初年，福州制伞厂达92家，总资本为14.31万元，最大的冯光记资本达5万元，年产值为10万元左右。民国十五年（1926），福建输出的纸伞产值为130余万元。其后遇到日本洋布伞的竞争，输出值逐年下降，民国二十二年（1933）为22万元，民国二十三年（1934）为15万元，民国二十四年（1935）降到13万元。

　　福州传统手工业的主力还是制茶业。福州一直是茶叶的重要加工地，"茶商在省设庄，由山上贩来粗幼统庄毛茶，须雇工分筛，用珠兰花或茉莉花烘制香味，方可装发外埠销售。""茶商所营茶叶，必须买珠兰、茉莉鲜花烘制，才能成为花香茶。"这些茶厂都要雇佣许多工人，王廷俊的《台江竹枝词》写道："三月春风卖乳花，广东市栈闹繁华。三三两两贫家妇，大半生涯是拣茶。"有时会发生罢工事件。"因拣拾梗蒂，须藉女工，以拣茶女工，往往藉众撒泼，稍不满意，彼等即故意蹦跳，甚或率众罢工。"

　　从产业链的角度看，茶业还促进了南台其他手工业的发展。例如制篓。"凡茶叶装箱后，要网以竹篾，以期坚固，而免残破"，这就促进制篓业的产生。台江的浦西村民专以制造茶箱钉子为业，福州茶业之盛，养活了当地数十户制钉专业人家。

　　五口通商之后，由于市场的变化及海外市场的开拓，福州兴起了一批新兴手工业，其中以棉纺织业最为著名。英国人在打开福州市场之后，从这里采购了大量的茶叶，每年都要支出数百万两的白银，他们很想通过倾销纺织品来平衡贸易。福建沿海口岸一度出现"民间之买洋布、洋棉者，十室而九"的情况。但是，人们很快就发现，洋布外表好看，实际上不如中国传统的棉布耐用。当时的福建人生活水平低下，一生中，他们难得做几套新衣服，因此，经久耐用是他们选择消费品的主要标准。英国兰开夏的棉布虽然好看，但在洗衣女的棒槌下，很快变成一堆烂布条。只有中国传统的手织棉布，才经得起岁月的捶洗。此外，棉布的花式一直有很强的民族特点，万里之外的英国人是很难生产出福建妇女喜欢花样的。因此，英国棉布在福建市场上一度红火之后，很快又停滞不前。据福州海关的报告，福州口岸所售洋布每年仅在一百万匹上下。对这一数字英国人是不满意的，尽管英国人想尽办法，但是英国棉织品在福建市场上一直未能有大起色。

虽说英国人的棉布未能征服福建的市场，但他们在棉纱输入方面却取得了很大的成功。机制棉纱的价格略高于棉花，却大大低于棉布，福建民众很快发现：用印度的棉纱织布，利润相当不错。这类布虽不像传统棉布那么耐用，但在城市中等收入的阶层中，却有一定的市场。过去，闽东的妇女一般不涉足棉纺织业，正如郭柏苍《闽产录异》所说："省会妇女不蚕不织"，但在纺织业利润的吸引下，棉纺织业在福州等地兴起。闽浙总督卞宝第支持福州士绅在城中设局织布，以进口印度棉纱为原料，每年约生产棉布 40 多万匹。至清末，福建省自织棉布已有相当规模，据《闽县乡土志》记载，清末福州每年销棉纱 3.5 万担，价值关平银一百万两有奇。棉纱是纺棉的原料，从当时福州进口的棉纱数量，可知当时福建沿海各地的手工棉纺织业是相当发达的。除了福州外，许多棉布经南台发售周边各县，例如永福（今永泰）县，"光绪中，明经张定远倡设织局于县垣，不数年，机声轧轧遍邑里。福布遂驰名省郡间。"这些布匹销售全省各地，是福建棉布市场的一大变化。

5. 榕台港市联系

福州是闽台区域的中心城市，自古以来和闽台区域的各港市都保持密切的经济关系，双方互通有无，促进发展，闽台各地的城镇因而繁荣起来。

早在明代初年，中国去琉球招抚中山国的使者，须路过台湾北部的海面。其后，琉球国向明朝进贡，明朝使者到琉球敕封，都在台湾北部岛屿穿行。明代末年，西班牙人占据台湾北部之后，以高价吸引福建商人前往贸易。因此，当时闽江口的商人，经常到台北的淡水及鸡笼二港贸易。其后，因荷兰人占据台湾，而其据点主要在台湾南部，影响了台湾开发，汉族赴台居民主要在南部定居，以后逐渐向北部发展。大致在清代中期，台北平原逐渐得到开垦。台北的兴盛吸引了新的投资方向。台湾民谣："一府二鹿三艋舺"，其中的艋舺即为今日的台北。也就是说，台湾的发展，以台湾府城（即安平镇）为先，其后是鹿港，再后是艋舺。

台北的发展，肯定需要自己的港口。淡水的八里坌港，是台湾西部最好的港口之一，在台湾府内，它很早即作为台湾北部与南部交通的主要港口发挥作用。据《平定台湾纪略》的记载，福康安在平定林爽文事件时，便从福州五虎门发兵，到台湾北部的淡水八里坌港登陆。而后，他向清廷建议：可以开放八里坌港与五虎门对渡。嘉庆十五年（1810），清朝开放八里坌港口，允许它与福州的五虎门对渡。福州与台湾的关系开始加快发展。清朝派驻台湾北部的水兵，大都由闽江口的五虎门直渡八里坌港口。当时有人描写淡水镇："循北岸东行二里许，居民街约二三百家，即沪尾街也。由此东行，水程三十里，及至艋舺，为淡水最大村镇。巨商富户，皆萃于此。艋舺参将兼辖水师营在焉。"姚莹的《台北道里记》云："艋舺居民铺户约四五千家，外即八里坌口，商船聚集，阛阓最盛，淡水仓在焉。同知岁中半居此，盖民富而事繁也。"

五口通商之后，宝岛台湾引起了美国、英国及法国的注意。经过二次鸦片战争，英法迫使清朝答应增加口岸，其中台湾北部的淡水港与南部的安平港，都是开放港。后来又在北部增开基隆港。其时，福州的茶市兴起，有人将福建的茶叶引入台湾北部，台湾人"乃改植茶树，凡高陇平壤，多艺此焉"。其时，台湾茶多运入福州港销售。因台湾茶质量不错，售价较高，制茶业在台湾发展很快，整个台北都因而富裕。"估客辏集，以淡为台郡第一。货之大者莫如油米，次麻豆，次糖菁。至樟栳、茄籐、薯榔、通草、籐苧之属，多出内山。茶叶、樟脑，又惟内港有之。"其时，福州与台北港口之间的贸易十分兴盛。"台湾船航行于台北与福州之间，它们装走软质原木，运来大米和食糖。每艘民船根据船只大小配备船员，小型的一般为20人，大型的约30人。""开往台湾的船叫'台湾船'，约有七艘。它们运进食糖、樟木、牛皮、煤、鹿皮和西药，运走原木、厚木板、纸张、笋和柴火。每艘载货物价值约2万元。""夫福州省垣，为根本重地，而与淡水呼吸相通，福省民食不敷，每资淡水商船接济。木料、煤炭又无论也。"清代后期，福州的马尾船政需要大量的煤炭，主要来自台湾的基隆煤矿；台湾的茶叶要运到福州港输出，而台湾方面需要福州生产的各种日用商品，所以，两地间贸易十分兴盛。台北市便在与福州的贸易中迅速成长起来，成为台湾最重要的城镇，最后成为台湾的首府，台湾省长官的驻地。

清代的福州是省会，而台湾府的府治设在南部的安平镇。在台湾府任职的官员为了方便与省会福州的联系，大多从福州带一批幕僚到台湾府(今台南市)，而福州的驻军也常被调驻台湾府，所以，早期台湾府的军政人员大多来自福州。受福州军政人员的影响，台南市的港口被称为"台江"。清代的许多福州人就是从福州的"台江港"出发，然后在台南的"台江港"上岸。两港同名，反映了两地间割舍不断的历史联系。

大批福州师父进入各府州的衙门，便形成了当地的师爷文化。师爷在古代社会是很有影响的一群人，他们是官僚的助手，在很大程度上决定当地政策的施行，甚至左右官司的判决，从而对当地社会产生很大的影响。

福州师爷的到来，会在当地形成一个小小的福州人圈子，连带其他福州人得益，有利于福州人在当地的发展。

在服务业方面，福州人的"三把刀"历来是有名的，它就是以厨刀为代表的福州烹饪业，以剃头刀为代表的福州理发业，以剪刀为代表的福州裁缝业。福州师爷不论到什么地方，都会将这些人带到各个城市。事实上，在清代民国时期，福州人就几乎垄断了福建省各府州城市的烹饪业、理发业、裁缝业，即使是厦门、泉州这类闽南城市，也是由福州人主持上述三个行业。在台湾的城市中，台南作为台湾府所在地，三项服务业受福州人影响很深。迄今为止，台南人做菜爱加糖，这一习惯便起源于福州菜，台湾其他地方都没有这一习俗。究其原因，是因为当年台湾府的幕僚们爱吃福州菜，由于这些福州籍幕僚在台南市的地位，福州菜成为台湾上流社会的流行菜，所以，台南市保存了福州人爱吃甜的这一习俗。

1895年甲午战争的结果是日本人侵占台湾。其时，台湾人所需各种商品仍要从福州等地运来。《台湾日日新报》说："台北城乡及淡水、基隆等处，内地商家，居集最盛。而苦于本岛屋宇洞暗，不通风气，殊为郁闷。现在各处建房屋均照内地风气规式，希图敞亮，四面通气以便乐。所需材木板料颇多。而台北山林，本不产杉材，皆仰给于对岸福州者居多。但内地材木宜于合用，只奈相隔太远，运费甚大，而价稍嫌昂贵，建筑家不免望洋之叹。"台湾的林木都生长于东部的深山中，台湾虽有溪流，但这些溪流过于湍急，无法像福建的闽江一样用于木材漂流，所以，台湾虽有林木，却无法运输。直到森林小火车开通，才解决了这个问题。此前，台湾沿海城市所需木材，不得不依赖福建的杉木。除了杉木外，台湾民众的日常消费品大都来自福州、泉州等城市，所以，清末的台湾，每年都要从福建输入大量木材和日用品。

　　日本占据台湾后，台湾民间的大帆船仍与福州保持联系。台湾船头商的习惯。凡业台湾船头生理的，或自己开张，或招人合伙，或自行建置船只，或招揽客货，代其发售，资本多寡不等。由台湾运闽之货，以煤炭为主，有兼及生苎者，也有以空船入港，专装去货的；至由闽运台之货，以杉木为大宗，船中或兼载甲纸、或箱板、或茶坻杂货等。1910 年，由台湾驶抵福州的商船计有 99 艘，而由福州返回台湾各个港口的船只有 105 艘；1911 年，由台湾各港驶抵福州，又从福州返回台湾的大帆船共有 83 只。其时，一艘台湾帆船的载重量约为 36 吨上下，统计 1911 年台湾大帆船总载重量为 3780 吨，1912 年为 3000 吨左右。而其运回台湾的商品，仍以杉木、土纸及各种日用品为主。台湾船航行漳州、台湾者约三四十艘，宁波船、漳州船载重两千余吨，每艘价一万余金。可运木材八九千元至一万元。每次运费约合货价十分之三。福州出口的木材有 20% 是运到台湾的。

三、近代勃兴

1. 交通改良

　　从晚清的地图上看，当时南台与福州城之间，还有大片的水稻田，两地实际上是分开发展的。福州城偏重于文化和政治，各级机关衙门多在城内；而南台偏重商业和手工业，来自上游及沿海各地的商人、工人，大多在台江定居。福州消费的商品，大多来自台江。这一局面，不利于福州的发展。近代以来，南台与福州的交通、福州与闽台各地的交通大有改良，这都成为南台发展的关键要素。

◇ 晚清南台街市

　　晚清的福州与南台交通，两地的街道大多是鹅卵石铺成，坎层是常见的。一般情况下，人们只能步行，或是坐轿。较重的货物靠小船运输。清代初年，耿精忠率清兵进驻福州，发现城内道路根本不可通行马匹，便将王府设置于城外的校场附近，所以有了耿王庄，即今日的南公园。其时，福州城与南台之间的联系，除了茶亭的道路外，主要依靠水路。小船由福州水部门出发，南下到河口的新港，再沿着白马河等水道抵达南台。交通十分不便。

　　为了改良交通，民国三年(1914)，福建巡按使许世英倡建新式"马路"。马路，即马车可行驶的道路，它要求路面平直，不能有凹凸，古老的鹅卵石路完全不可用。马路之旁，还要设置电灯、下水道和人行道，沿途的桥梁都要重修，所以，修马路是个很大的工程。在许世英的督促下，福建省筹置了 10 万元经费，于民国四年（1915）开始了修路工程。这条马路始于福州水部门，而后经王庄、金墩等地，直到台江汛的坞尾新码头。再从台江汛向西延伸两条路，一条到万寿桥的桥头，一条通到南台的双杭街。

民国六年（1917），福州进口了三辆汽车，总值 3426 块银圆。民国七年（1918），福建督军兼省长李厚基发起组织汽车公司，经营汽车运输业。福州最早的公共汽车开始营业，从福州水部门到台江汛设置了三个站，每小时对开一班。汽车开通后，福州人很高兴地乘汽车到南台购物，所以，汽车运输一时十分红火。由于新开的马路偏东，而且弯道多，"民国十七年（1928），又辟通吉祥山，拓宽大桥头至南门兜的线路，使之与鼓楼前连接成为一条公路，北起鼓楼前，南至大桥头，全长 5120 米，是福州南北主干道之一"。

1928 年以后，市区主干道马路才逐渐兴建。当时政府决定将原有狭窄不能通车的旧街道加以拓宽改建，以便都能够行驶公共汽车。1929 年至 1930 年间，由绅商陈培琨、黄占鸿等联合组织了"复兴公共汽车公司"，承办本市公共汽车事业。他们征集股份后，又改名为"福州复兴第一公共汽车股份有限公司"，还添购了新车，修整了旧车，车辆增至二十多辆，这些车分别行驶于西门至大桥、西门至洪山桥和大桥至马尾三线。其后，汽车公司渐有发展，抗战前已经有 40 多辆汽车。1931 年闽海关报告，"福州交通颇形进步，城区及南台各大街宽度，均已展至四十八尺。人行路亦由十八英尺展为三十八英尺，所有新筑各路均可行驶汽车，出在西门至台江汛、南门至洪山桥、江南桥至峡兜均有公共汽车往来。统计交通工具现有人力车四千辆，公共汽车四十辆，普通汽车五十辆，及马车多辆。江南桥及万寿桥，横跨闽江，为通南台之津梁。且历史悠久，建筑宏伟，第以面积狭窄不足以应交通之需，原将其拆除而以铁筋混凝土改造之，面积由十二英尺展至三十二英尺，以利汽车行驶焉。"与此同时，福州邮务颇称发达，其收发邮件，民国十一年（1922）共计940万件，二十年（1931）则为1770万件。

2. 水运繁荣

据历史调查，清末闽江流域的各种船只约有3000多艘；而到了抗战初期，福建省政府调查闽江上下游的船只已达9000余艘。如此规模的水运交通和船只往来，对南台商业是一个有力的促进。

从清末开始，蒸汽机在船上的使用展现出很好的效果。蒸汽船的动力来自蒸汽，而不是人力，所以，使用汽船可以突破潮流的限制，随意往来于闽江之上。闽江最早民营汽船出现于1903年，它是由曾任奉天巡抚的张元奇出资购买，当时名为江甲号，后来又有江乙号，载重约20吨。其装备简单，就是在木船上安装了一台蒸汽动力机，以此驱动螺旋桨。这艘船投入闽江的客运及货运，主要航行于南台和闽江下游的马尾、琅岐、琯头、潭头各码头之间，效果很好。于是，各商家起而仿效，很快就有了"万安""吉祥""信裕""福长""永益""福昌""永泰""建安""新安"等轮船出现，下游航运业得到很大发展。

有英人记载："从福州沿闽江到海只有30英里，那里有许多小轮通航。沿江有7条较浅的支流，每天有小汽轮来往。经常来往的小汽轮约有20艘，都是属于一家中国公司。"福州的台江码头满潮时可停200吨的蒸汽轮船，清末民初台江有驶往沿海各地的商船，去闽东三都澳的船，每周一次，但若是夏天或是产茶季节，隔天一至二艘；去兴化的船，一个月三次，不定期；福州至沙埕的商船也是不定期，春夏之间，一周一次或两周一次。

　　清末福州台江至马尾之间，每天都有一班小蒸汽船来回，约一小时可到达。福州到水口之间的蒸汽船是从洪山桥码头出发，每天有两艘船往来

◇ 近代闽江上的客轮

◇ 轮船公司印制的船票

两地间，来回要 10 个小时。台江与连江的琯头之间，每天有两艘小蒸汽船来往，往返约 5 个半小时。福州与长乐之间，每天有一艘小蒸汽船往返，约需 4 个小时。福州与坵屿之间的蒸汽船要经过尚干，每天一艘往返，共需 5 个小时；福州与阮田之间，每天一艘船往返，约需 4 个小时；福州与长乐磹头之间，每天一艘船往返，约需 6 个小时；福州与长门之间，每天一艘船往返，约需 6 个小时。以上这些船都是客货两运的蒸汽船。除此之外，闽江福州段及福州内河的大小木船有 2000 多艘。可见，蒸汽轮船的引进，改善了当时闽江下游的交通。

为了让在马尾停泊的船只直接靠到台江的码头，1927 年开始，在福建省建设厅的主持下，在台江沿岸填江辟地，建成 6 个新码头和 6 个"洋灰道"，使台江装卸货物的能力大大加强。这些码头从天华戏园南面起至鸭姆洲（后改称瀛洲）排尾止，每日都有许多船只停靠，形成了相当繁荣的市区码头。

为了让较大的轮船直接靠上台江码头，民国八年（1919）成立了"修浚闽江总局"，此后十年，该局在疏浚台江航道方面出了很多力。使台江码头可以停靠 3000 吨以上的船只。1929 年吃水 13 英尺、长达 265 英尺的轮船"甬兴"号进驻台江码头成功，标志着台江码头发展的一个新阶段。从此，中小轮船不必在马尾转驳，而是直接停靠台江码头卸货。这对台江商贸的发展是一个有力的促进。"不特闽江流域所辖二十余县之货物皆集散于此，即国内外各大市场之货物亦可吸集，货物之吞吐自如，贸易自亦繁盛。"然而，在罗星塔码头担任卸货的码头工人怕从此失业，阻止该船在台江卸货。船主不得不白付其一半工资。其后，码头工人又以石头扔于江中，使大船无法进入。结果，台江码头一直未能正常使用。

蒸汽船在闽江上游的使用略迟一些，其原因在于明代修建的洪塘大桥桥梁较低，成为船只往来的障碍。从南平下来的木船一般停靠洪塘，船上的人货登陆，而后从陆上道路进入福州西门。只有一部分小船穿过洪塘桥洞，一直驶到台江苍霞洲一带的上游码头。这种状况限制了台江西区的发展。

受天然条件的限制，在蒸汽船引进之前，闽江中游的交通主要靠木船。闽江是一条湍急的河流，顺水航行较容易，逆水行舟困难。当时的办法是用竹篙撑船，或是请船夫拉纤。不论撑船还是拉纤，船只上行的速度等同于步行，由福州通向南平的二百里水程，常常要走几个星期。这种困难的交通状况，大大限制了福州与闽江上游内地的交通。1907 年，张元奇和刘鸿寿建造新型的"江庚""江申"两艘蒸汽船，可以穿过洪山桥的桥洞，于是，在福州与古田水口镇之间出现了轮船水运。水口镇是闽江中游最重要的一个口岸，在水口之上，闽江水流湍急，只能航行小船；在水口之下，闽江水流平缓，可以航行较大的船。因而，"江庚""江申"能够直达水口镇码头，已经是一个了不起的进步。

从水口到闽江中游的南平市，江流湍急。其时闽江最重要的航线是福州与南平之间的河段。南平是福建中部的一个山城，南平的上游，有建溪、沙溪、富屯溪等支流，联通闽江上游的几十个城镇。因而南平与福州之间的运输量较大。其时，水口到南平之间的河段极为曲折，夏天河水下落，由南平出发的船只基本上是在剑溪的礁石林中航行，大都是走"之"字形的航道，而且只有小船才能通行。普通大船不敢走这条线。不过，"江庚""江申"能够抵达水口，已经大大节约了船运成本，上游下来的船只不必在洪塘码头停泊，而是从水口镇直接抵达台江上游码头，这是促进南台码头繁荣的一个重要因素。其后，闽北来的各类商品不再经过洪山桥转运，而是直接在台江三保街装卸。运往闽北的商品也由三保街装载：如红糖、咸鱼、桂圆干等土产，以及各大城市运来的各种棉布、日用品以及外国进口的煤油等。

3. 近代商业街市形成

三保街。清末，官府建立了警察制度与户口簿制度，对人口调查有了较为准确的统计数据。据统计报告，清末十年，"福州城里人口据云有14.3万人，南台14.35万人。"可见当时南台区域的人口与福州城内人口相当。尹继美《闽游纪略》提道："南台，地为海舟泊处，百货妓女丛集。"李家瑞的《上钓龙台》："八郡河山残照外，万家城郭暮烟中。"王式金《咏福州》："只今山水多明秀，十万人家住画图。"百一居士的《壶天录》说："闽省城南隅十里许曰南台，烟户繁盛，茶行鳞次，洋粤商人集贾于此，街道错综。有上杭街、下杭街、后洋里、田中街之名。皆阛阓崇宏，熙攘接踵。"均野《宿南台》一诗："榕垣繁富纪南台，海错山珍一市开。十里长街人簇簇，乌山脚下渡关来。"李兆龄的《榕城竹枝词》："香柑文旦与仁裁，道是新从下路来。晓起鱼虾腥满市，帆樯无数泊南台。"这些诗句都描绘出清代台江人口众多、商业繁荣的景象。清代台江的贸易之所以集中于三保街一带，三保街位于台江的西部，闽江下游的北岸边，这里有得天独厚的水陆交通优势，每天停泊在这里的货运船只就有200多艘。三保街是由几条小巷组成的街市。巷中有横直两街，直街总长300多米，横街总长180多米。历史上福建闽西北各县的土特产、中药材和各种山货都是由闽江上游顺流而下在三保码头一带集散，然后批发各地。比如浦城的红米、薏米，连城的土纸，汀州的笋干，建瓯的黄花菜，古田的香菇、秫米、红粬，沙县的烟叶，光泽的泽泻，闽江的芒扫，尤溪的斗笠，闽侯的红糖板，闽北各县顺流而下的木排、毛竹排等等。民国时期三保街及其台江的繁荣正如郑傥所咏："吾州台江江岸壮，廛市纵横密如织。工贾作活各因时，蒸蒸乐业匪朝夕。"

中亭街。因楞岩洲设"中亭"而形成街市，历代人们就称楞岩洲为"中亭街"，随着时代历史的变迁，逐渐发展为热闹、繁华的商业老街。五口通商之后，中亭街商埠规模空前壮观、繁荣。中亭街靠近台江码头，又是通往城区的交通要道，水陆两便，四通八达，是全省各类土特产、水产品等的集散地。中亭街商品以批发为主，兼有零售，巨商辐辏，顾客云集，车水马龙，人潮如涌，成为商家顾客首选之地。

茶亭街。从清道光年间至20世纪30年代，手工业作坊在茶亭街兴起。天华斋乐铺、郑祥太镰刀店、利一斩锯老铺、谢太剪刀店、增金利厨刀老铺、王彩号桶刀、"杨常利"雨伞、"李厚记"和"润光厚"角梳、"李和记"犁剪、"陈永盛"皮枕、"张立培"铅筛、"老恩利"酱鳑桶、"观音头"和"手掌牌"镰刀、"宝剑牌"小刀、"魏南林"皮鞋等，数十种传统手工业品作坊商铺聚集于此，产品蜚声海内外。

4. 近代工业

福州的工业最早以马尾船政的造船最为著名，然而随着清末财政困难，拨给船政的经费越来越少，船政越办越衰，民国时期，马尾船厂就没怎么造船。此后福州的造船业造机器动力船，数十家造船厂分为台江"上游"及"下游"二帮，各自造航行于闽江不同水域的船舶。

从清末开始，福州有了一些近代工业。1910年，福州著名的刘氏家族代表刘健庵筹资十二万银圆，开办耀华电气公司。该公司以电业为基础，逐步向其他行业扩张，有铁工厂、精米厂、炼糖厂、冰厂、油厂、面粉厂等工厂。

另一福州巨商张秋舫在福州拥有厚坤、厚馀钱庄，仁馀、德馀当铺，他于1910年投资罐头厂，取名为"迈罗罐头厂"，是为福州有名的食品工业。

福州的机器工业也有初步发展，1949年，全市大小机器厂共有82家，其中78家在南台，其他工业还有锯木、火柴、印刷、肥皂等，构成了初步的工业体系。

据1947年版的《福建经济概况》，全省工业分布集中于福州、厦门、晋江、龙溪等四个沿海城市。其中福州有大小工厂2565家，资本总额668万元（平均每家资本2600元），其中资本10000元以上的只有75家。工业门类以木材加工、食品、机械、金属制品多。最大的福州电气公司资本130万元，占福州工厂总资本的19.5%，其他还有耀华电厂、建华火柴公司、迈罗罐头公司等。

民国时期福建的工业大都分布在沿海的福州、厦门、泉州、漳州等城市。福州约占总投资的一半。而福州的工业，大半聚集于台江。中华人民共和国成立初期统计，"1950年福建工农业总产值中农业总产值占74.2%，轻工业占24.7%，重工业仅占1.1%。其中农业总产值较全国66.8%为高。轻工业总产值则比全国平均水平的23.3%略高。重工业则远低于全国平均9.9%的水平。"可见，当时福建经济中，最有特色的还是轻工业。实际上，这些轻工业中，有一半以上的工厂是分布在台江的。

第五章　百业复苏

　　1949 年 8 月 17 日福州解放前夕，福州市商会贴出告示——"全市商民通告"，要求全市商民务必照常营业，遵守市场秩序。当时福州商会下属有 74 个各业公会，1 万多家工商户，为新中国建设事业留下一笔宝贵的物质财富。千年商埠台江，在开启新时代的福州经济社会发展舞台上，开始扮演崭新而重要的角色。

◇ 1949 年 10 月 2 日，福州市工商界人士集会庆祝福州解放

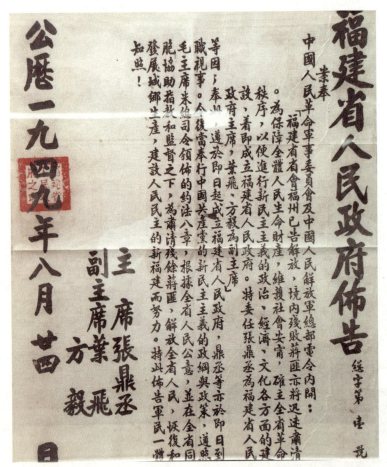

◇ 1949 年 8 月 24 日福建省人民政府发布的公告

一、经济复苏

20 世纪 30 年代以后，由于国内战乱不断，社会经济不稳定，营商大环境受到破坏，台江地区经济不复早年繁华。抗日战争爆发后，海路通道受阻，加上日寇两次占领福州，工商业内迁南平、永安，台江商业陷入低潮期。台江地区在民国初期隶属闽侯县，1945 年 5 月划归福州市，建制为台江区、小桥区。1956 年，两区合并，我们今天熟悉的台江区大致形成。

1. 万业待兴

1949 年 8 月 17 日福州解放时，万业待兴、百事待举，党和政府最紧迫的任务是恢复发展生产，保证军需民食，稳定物价，安定人心。当时，由于一些群众和工商业者对中国共产党和人民政府的方针政策不够了解，加上港口受美国和台湾当局的外部封锁，社会上投机商人乘机兴风作浪，抢购商品，囤积居奇，哄抬物价，扰乱金融。从金银价格上涨开始，引起粮食紧张和物价的全面暴涨。

◇ 刘永业代表福州商界慰问驻守东山岛解放军　　　（福州市工商联 供图）

为此，福州一解放，中国人民解放军福州市军事管制委员会财经部工商处，于 8 月 25 日与私营工商户"同和行"店号合作，收购闽江上、下游的粮食；与"郑合顺"店号合作，在台江码头收购闽江下游来的粮食。

◇ 1948年福州商界领袖合照　（福州市工商联 供图）

同时，采取了一系列行政和经济措施以加强市场管理。到1950年初，基本稳定了物价，物资供给开始步入正轨。对于当时较为混乱的市场环境，人民政府在发展国营商业的同时，对私营商业采取扶持政策。在"发展经济，保障供给"方针的指导下，除接管福州电力公司与几个小型肥皂厂进行公私合营外，对私营个体经济采取鼓励、支持、扶植政策，私营个体工业企业得到很大发展。当时除福州电力公司及其铁工厂、广福兴、广福利机器厂、福州玻璃厂、蔡大生鞭炮厂、邱德康烟丝厂、美打、松茂、建德肥皂厂等几家小规模的近代私营企业外，私营个体手工业共有1496家，从业人员5341人，资金24.5274万元。

从1950年冬季开始，党和政府在全国各级市场上大力开展物资交流活动，各级工商联组织积极协助政府搞好物资的城乡交流和内外交流活动，提高劳资双方的积极性。1951年5月，福州市政府组织成立了"福州市物资交流指导委员会"，在指导委员会指导下，市工商联筹委会积极配合各行业公筹会开展城乡物资交流业务福州工商联组织参加福清县城乡物资交流会，推动和组织本市各行业工商户参加福州市及省内外举办的土特产会议或物资交流会、展览会等。从1951年5月至1952年底，由市工商联筹委会组织，参加各地规模较大的物资交流会即达数十起；有的组织各业较齐全的大型代表团，有的组织交流小组或推派首席代表参加。物资交流的范围广泛，在省内达泉州、漳州、厦门、福清、长乐、福安、南平、莆田等地，省外则远及东北、北京、天津、上海、杭州、温州、江西、广州。福州市参加交流的物资除工业、手工业产品外，主要为土特产，如木材、茶叶、桂圆、柑橘、糖、纸、笋干、荔枝干、香菇、橘饼、文旦、橄榄、厚朴、泽泻、薏米仁、松香、松节油、雨伞、角梳、脱胎漆器、竹筷、竹

◇ 福州工商联组织参加福清物资交流会　　（福州市工商联 供图）

篾、竹器、瓷器、鱿鱼、蛏干、海蜇、水仙花等。随着物资交流活动日趋活跃，福州工商业者更加认识到物资交流的重大意义与作用，提高了营业信心，生产经营的积极性大大提高，促进了福州市场的繁荣发展。

2. 经济复苏

1952年上半年开展"五反"运动(反行贿、反偷税漏税、反盗窃国家财产、反偷工减料、反盗窃国家经济情报)后，私营商业曾经一度发生逃资、消极经营、停业和解雇工人等现象，以致劳资关系紧张，商品流通不畅。同年11月，中共中央开始调整商业政策、改革税制，使得私营商业经济业务日趋好转。随着人民购买力提高、市场兴旺，全地区私营商业得到很大发展，许多商号营业额上升，利润增长。如良友茶庄、百龄百货棉布店等商号的年盈利超过了一万元。至1953年12月，全地区私营个体工业、手工业户达到3590户，比解放初期增加1.4倍，被当时的工商业者高兴地称为"满堂红""难得的1953年"。

除此之外，人民政府还在福州解放初期就号召并组织成立了一批台江地区手工业失业工人、手工业者为主要成员的生产供销小组。他们有的以家庭成员为主，有的由同行业成员或烈军属自愿结合，开展以工代赈的自救性生产活动，为商业部门加工定货，生产毛巾、土纱、小五金、棉被、竹器以及植物代乳（饮料）等产品。这种初期的集体经济虽然规模不大，但是在当时解决工人失业、恢复生产、支援前线和满足人民生活需要等方面都发挥了很重要的作用。1951年，福州市人民政府为恢复发展国民经济，安排广大劳动人民就业，在全市首批组织18个手工业生产合作社，其中台江和小桥两个区就有角梳、毛笔、染纸、染布、玻璃、第一伞骨、第二伞骨、第一雨伞、第二雨伞、纺织、妇女纺织、牙刷、毛巾、铁器、农具铸造、机器等 17 家。

这一时期，福州市人民政府还投资组建了福建上游船舶造船厂、福建机器厂、福州第二碾米厂、福建粮油进出口公司鳌峰洲加工厂、福州肥皂厂等首批国营企业。这些企业是由福州市人民政府接受部分私营企业并直接投资组建的，虽然数量不多，但是在解放初期恢复国民经济中发挥了积极作用。

3. 爱国贡献

为了解决国家财政困难，支援国家建设，中央人民政府于 1949 年 12 月 2 日通过了《关于发行人民胜利折实公债的决定》，1950 年 1 月 5 日开始发行。工商联筹委会响应人民政府号召，专门成立福州市推销公债委员会工商界分会，设常委 26 人，陈培锟任主任委员，蔡友兰、史家麟任副主任委员。在该委员会下设各行业推销小组，并按工商户大、中、小的具体情况，发动公债认购。市工商联筹委会发表告全市工商界书，代表全市工商界，把本市购买胜利公债 30 万份的任务承担下来。全市绝大部分工商业者均踊跃认购，于 4 月下旬全部完成入库。福州市先于全国绝大部分地区完成折实公债的认购任务，为国家筹措工商联组织工商界人士开展形势和前途教育资金、援助国家经济建设发挥了重要作用。

1950 年 12 月朝鲜战争爆发后，各地工商联纷纷组织工商界开展了各种形式的拥护和支援抗美援朝、保家卫国的运动。1950 年 12 月 13 日，福州市工商联筹委会发动并组织全市工商界举行了声势浩大的拥护抗美援朝保家卫国决策及庆祝平壤光复万人示威大游行，并召开全市工商界抗美援朝保家卫国代表会议，坚决表示要加紧生产、改善经营、节约消费、完成税收，加强开展爱国主义、国际主义教育，增强民族自尊心，贡献一切力量支援抗美援朝运动。至 1951 年 2 月底，轮船、颜料、出进口、侨汇、下游民船、茶、酿酒、屠宰、木、面、饼、火柴、粮食、电影、照相、线面、生漆、脚踏车、莳果、图教、建筑等 20 余个行业捐献数量达 13753.3 万元。一些人数很少的公会捐献也多在 400 万元以上，可见工商业者爱国热情之高涨。

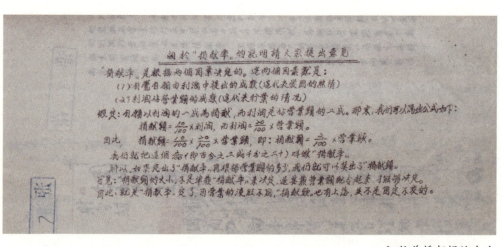

◇ 抗美援朝捐献办法

1951 年 6 月 1 日，中国抗美援朝总会发出了"关于推行爱国节约、捐献飞机大炮和优待烈属军属"的三大号召。为了响应总会号召，进一步推动支援抗美援朝运动的开展，福州市工商界于 6 月 12 日组织成立了"福州市工商界抗美援朝爱国捐献运动委员会"，会议通过了福州市工商界爱国捐献的初步计划，每月最低捐献额为 5 亿元，最初的半年内，即自 1951 年 7 月至 12 月，争取捐献 2 架战斗机，必要时加以突击号召。7 月 1 日，全市各行业公会会员 1.3 万余人在人民体育场听取中国人民赴朝慰问团代表报告后，工商业者捐献热潮不断高涨，各行业自动提高捐献比例，预定目标由原来的 2 架增长至 6 架，随后又再次增长至 8 架飞机。
12 月 15 日，在各级捐献委员会的组织下，全市工商业者发扬爱国主义精
神踊跃捐款捐物。

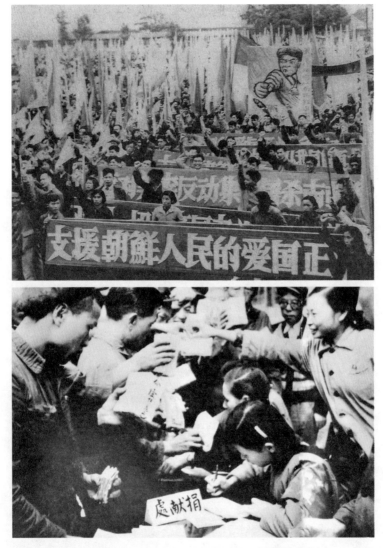

◇ 福州工商界踊跃捐款，购买飞机大炮，志愿抗美援朝
（福州市工商联 供图）

二、商业改造

1953 年初，中共中央酝酿提出过渡时期总路线，把对资本主义工商业的社会主义改造提上议事日程。

1. 公私合营

实行粮油统购统销是台江区实行社会主义改造工作的开端。1953 年 11 月，台江区将私营粮油店改为国营代销店；棉布、食糖、食品、百货、文教用品等行业也通过为国营代销、经销、联销等方式，纳入国家资本主义轨道。

1955 年 12 月，全国工商联发出通知，要求各地工商联积极配合政府有关部门推进对资本主义工商业实行全行业公私合营工作。全国各大中城

◇ 公私合营凭证

市纷纷加速对私改造的步伐，资本主义工商业社会主义改造进入了新的发展阶段。在此形势下，福州市初步制定了对资本主义工商业社会主义改造的全面规划。

1955 年 12 月 31 日，福州私营粮食业全行业改为国营粮店；机器、印刷、玻璃、蜡纸、棉布、百货、颜料、新药、木材等 9 个行业申请实行全行业公私合营。当天，由何萍副市长主持的批准大会在市工人文化宫举行。1956 年福州市各行业的经济改组工作是按计划逐步展开的，1956 年 1 月 7 日，市人民政府批准本市私营薪炭、猪肉、羊肉、鸡、鸭、蛋品和鼓楼区杂业等 8 个行业零售商贩全行业分地区组织合作商店，批准大会在市工商联大礼堂举行，由福州市商业局局长武雷代表福州市人委会宣读批准书。实行经济改组后，福州市的公私合营企业除 51 户已分别并入国营工

◇ 在社会主义改造高潮中福州市私营美厂长王则礼等向银行兑售黄金增投企业合营资金　（福州市工商联 供图）

厂或老合营工厂外，其余工业、手工业、交通运输业批准合营户合并改组为 22 个公私合营工厂。

在商业网的调整方面，结合原有商业网与市场经济特点，考虑到经济发展变化远景、市政建设规划及经济核算原则，采取"全面规划、分批进行、一般不动、个别调整"的方针做好商业网调整工作，以达到有利于商品推销和便于群众购买的目的。同时，在现有商业网分布的基础上，设置两个主要商业区，即大桥头及八一七北路（南街地段），两个次要商业区，即仓山区的观井路、仓前路及火车站。另外，根据统筹安排原则及郊区商业特点，对郊区的商业网也进行了初步合并调整，合并供应点，但增加供应品种，并延伸到偏僻村庄，组织流动供应点，群众基本感到满意。

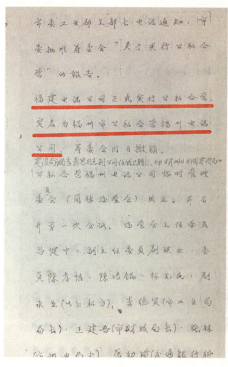

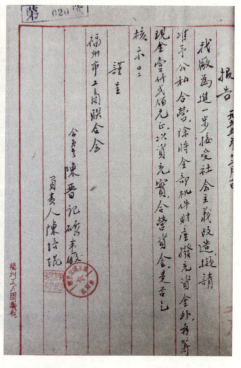

◇ 电光刘刘氏电话公司公私合营记载　　◇ 陈晋记碾米厂提出社会主义改造申请

1956 年初，通过社会主义改造和全行业公私合营，区内私营商业基本消失。

"电光刘"创办的刘氏电话公司是福州市全行业第一家实行公私合营的企业。福州解放后，虽然电话公司业务量迅速增长，也获得了多方的支持，但是依然面临长期亏损的情况。为了扭转这一情况，电话公司于 1954 年 1 月 1 日正式实行公私合营，改名为"福州市公私合营福州电话公司"，并于当年 11 月改归市邮电局领导。到 1958 年，先后经历两次隶属关系调整，最终电话公司并入福州市邮电局。

私营商业改造完成后，区内开始出现集体所有制商业。当时全区的百货、钟表、食品、日用品、建材、蔬菜、理发、照相、废品回收、副食品等行业通过改造，组成统一经营、共负盈亏的集体商店 212 家，而后又对

◇ 1956 年 12 月 20 日，出席全国工商联会员代表大会福建代表团合影　　（福州市工商联 供图）

◇ 1956年福州体育场庆祝社会主义改造胜利

分散经营的小商贩按行业和地区组织自负盈亏的合作小组。人民政府对集体商业采取积极扶持的政策，充分调动了从业人员的积极性，经营活动十分活跃。1955年底，台江区队棉布、百货、颜料、新药、木材等私营商业企业实行公私合营，社会主义改造迎来了高潮。1956年初，又有食杂、建材、五金、交电、文教用品等18个行业、219家私营商店走上全行业公私合营的道路。次年底，全区共有223家企业实行公私合营。

2. 国有企业

经过1953—1956年对私营工商业进行社会主义改造以及1958年"大跃进"，台江地区国营工业企业的数量和规模得到迅速发展。

这一时期，有福州市人民政府投资组建的福州电厂、福州冷冻厂、福州禽蛋加工厂、福州发电设备厂（原为福州通用机器厂）等，并在现有工业路两旁的上河、长汀等村新建福州玻璃厂、福州保温瓶厂、福州罐头厂、福州味精厂、福州香料厂、福州灯泡厂、福州搪瓷厂（上海迁入）等新型企业；有从手工业集体所有制企业转制为国营企业的福州雨伞厂、福州小刀厂、福州第二塑料厂等；同时，原是公私合营的福州铅笔厂、邱德康烟厂、福州华南服装厂等也改为国营企业。

这一时期，台江的出口贸易也逐步恢复。当时经由福建省各进出口公司出口的产品有特艺行业的木刻、脱胎漆器、漆筷、石雕、牙雕；纺织业的抽纱制品；手工业的热水瓶壳、泥玩具、锡箔锡锛等。台江地区生产的皮鞋、"宝剑牌"四开小刀还在 1958 年广州召开的中国出口商品交易会上首次获得外商订货。1965 年，仅台江区属工业出口产品就有牙刷、篦梳、鸡毛拂、毛笔、蜡烛、算盘、纱灯等，出口总额人民币 36.85 万元。

3. 手工业名品

近代以来，台江地区一直以手工业门类广、品种多而闻名，诞生了许多名优特产品，畅销海内外。

杨常利双喜牌纸伞由杨大坤创于清嘉庆十三年（1808）。其后人杨荫梓继业后在台江中亭街设门市经营，与福州脱胎漆器、角梳并称为"福州三宝"，多次荣获福州市人民委员会授予的名牌产品称号。

童牛牌、航海牌角梳。润光厚"童牛牌"角梳于清光绪二十九年(1903)由蔡存德始创。李厚记"航海牌"角梳系由李元琛创于民国二十一年(1932)，后由其子李林钧继业。两家角梳除行销全国各地外，还远销亚洲各国和美国，并多次获奖。
1956 年两家合并为
公私合营福州角梳
厂后，主要工序实
现机械化生产，并
设计生产半月形"京
梳""鸳鸯梳""带
柄汤发梳"和古典
乐器形和动物形系

◇ 角梳制作

列套梳等新产品。1956 年和 1963 年同时分别获福州市人民委员会名牌产
品奖。

永宇牌陈永盛皮枕，原系陈耀春于清光绪六年（1880）在南平延福门
开店生产，故又称"延平枕"。清光绪二十六年（1900）迁址台江小桥头
崎顶下，由其子陈万栋主持生产经营。由于选料考究，做工精致，漆色鲜
艳，设计合理，经久耐用，用时舒适，产品曾盛销于省内外及香港、澳门
及东南亚一带。民国时期陈永盛龙凤枕还成为福州民间嫁女的必备嫁妆品。
1957 年公私合营后称陈永盛皮枕厂，1958 年并入福州皮鞋厂。1956 年、
1963 年分别获福州市人民委员会名牌产品奖。

观音头牌、手掌牌镰刀。其共同特点是：用钢好、刀齿匀、刀刃薄、
刀面有四槽、礼在齿在，越用越利，轻快而用不卡草。产品除行销省内、
江西、湖北等地外，还出口东南亚各国。观音头牌镰刀由郑号基创于清嘉
庆九年（1804）。又称郑样大镰刀；手掌牌镰刀又称正本利镰刀，由郑仁
森包于清嘉庆十年（1805）。两家原系个体手工业户，1955 年同时加入福

州市镰刀生产合作社。

正谢大剪刀。由谢龙恩（福州人）创于清道光二十八年（1848），二传至其孙谢天发时，提高化锅技术并采用刀页外斜内四的工艺操作，刀刃锋利，使用年限可达 10 年以上。产品行销福建台湾及南洋群岛。解放初期在江西工业品展览会获一等奖，1963 年获福州市人民委员会授予的名牌产品奖。

利一斩锯。由林朝官的伯祖父(名字不详)创于清道光二十六年(1846)，因后代分业，茶亭街一带先后有九家利一斩锯铺，同出一宗，其产品共同特点是钢精、枕薄、齿厚且齐，经久前用。由其后人林依奕创于清同治八年（1869）的利一旧记斩锯，1957 年曾获江西物产展览会甲等奖，1956 年、1963 年分别获福州市人民委员会名牌产品奖。

◇ 老天华乐器店

老天华、老天和乐器，洋头口天华斋乐器铺由王仕全创于清嘉庆七年（1802）。清宣统二年（1910）天华斋乐器参加南洋第一次劝业会文庙乐器展览后，被农工商部评为优等奖，荣获金牌和银牌。清宣统三年（1911），在柏林万国卫生博览会上获特佳优等奖。民国四年，其礼、乐、舞三类乐器参加美国巴拿马万国博览会，经中华民国农商部评为二等奖。民国九年，礼、乐舞三种乐器参加台湾劝业共进会展览时又获银牌奖。翌年10月各种乐器、祭器被福建省实业厅评为一等奖。1956年、1963年获福州市人民委员会名牌产品奖。老天和乐器系由林学富创于民国10年，其历史虽然比老天华短，但产品却和老天华乐器一样有音调区分多规格、发音清晰、音质公允、音色优美等共同特点。1956年、1963年获福州市人民委员会名牌奖。以上两种名牌乐器不仅畅销国内，且远销南洋一带。1956年合作化以后曾先后建成台江乐器社和福州市台江乐器厂。

宝剑牌小刀，由李松皋创于1946年。1956年联合26户小刀生产个体户建立台江区小刀生产合作社，同年转为地方国营福州市小刀厂，随着设计与工艺不断更新，生产有两开、四开、六开甚至十一开等各种多用途的小刀，外光装饰用料有青铜、黄杂铜、电镀、牛角、桔红木、有机玻璃刻花、赛路洛浮花、塑料胶合和铝合金等多种花色。其特色是用料优良、设计美观工艺精细、轻巧实用。产品远销新加坡、泰国、英国、澳大利亚、新西兰、加拿大、阿根廷、美国等46个国家和地区。1963年在省第一次名牌产品会议上获名牌产品奖，同时获市名牌产品奖，1965年1月在上海全国同行业比质比价会上荣列一类产品，1981年经全国19家同行业质量评比获第一名，同年被评为省优产品，1982年被轻工业部授予部优产品称号。

李和记三角牌犁剪，店址在台江洋头口，由李松涛创于民国二十六年（1937），只生产经营理发剃刀。当时国内不能生产理发犁剪，主要靠日本进口。民国三十六年（1947）其子李文溪在仿制进口双手犁剪的基础上，又创单手犁剪新产品，并以三角牌作为注册商标，产品具有电镀明亮、齿齐锋利、不漏发、不拔发、操作轻便等特点，从而闻名各地。产品除行销本省、山东、浙江、江西、广东、广西、台湾外，还出口南洋群岛各国。1956 年、1963 年分别获福州市人民委员会授予的名牌产品奖。

三圈牌铅筛。民国九年（1920）张立培创造粮用铅筛，能分别筛出米、谷、砂，日筛米达 1 万斤，是手工筛米效率的 20 倍。民国十一年，又改木框为竹框，克服木框变形、易损的缺点，延长产品使用寿命。三圈牌铅筛设计合理，筛眼准确，1951 年获江西省首届物产展览会优良产品奖，1956 年、1963 年又获福州市人民委员会名牌产品奖。

梁锯。茶亭街制作木工梁锯的店号很多，有由尤春波首创于清嘉庆二年（1797）的尤森波火箭牌、由郑善省首创于清光绪二十六年（1900）的森记双剑牌和有百年历史的利一老铺等 3 家梁锯，其特点是选材优良，分齿均匀，齿锋锐利，不易钝损，锯板光滑，轻快耐用，连续使用 8 小时不需修铣。产品备受闽东、闽北一带林区人们所欢迎，1956 年、1963 年分别获福州市人民委员会名牌产品奖。

三、基础建设

1. 路桥建设

台江区在建国初期的主干道建设主要围绕支前、抗灾和发展新工业区展开，先后修建了支前路、台江东路、工业路、五一路等。其中工业路的修建对台江区的工商业发展产生了重要影响。

工业路是横贯福州西工业区的交通干道，东起洋头口，西至西洪路，全长 4500 米。过去，这里被称为"十八洋"地区，每当闽江上游山洪暴发，这里就变成一片汪洋。民间俗语就说："水淹十八洋，饿死爹和娘，早稻没收成，糠菜半年粮。"1953 年，为发展福州西部工业区，工业路开始修建，次年即竣工，因计划在沿路两侧兴建数个工厂，故命名工业路。

解放初期，福州仅有的电厂、火柴厂、气锤厂等几家工业企业，其余的制造业严格意义上都还是手工作坊。为了快速发展现代化工业，1958 年福州与上海市开展友好合作，上海将一批工厂迁至福州工业路，并动员大批职工支内建厂，涉及搪瓷、保温瓶、皮革、日用五金、木材、食品、造纸7 个行业，协助福州兴办了福州保温瓶厂、福州搪瓷厂、福州发电设备厂、福州机器厂、福州罐头厂、福州塑料厂等 21 家工厂。随着工业路的发展，道路逐渐向外延伸，于 1965 年和 1973 年进行了两次拓宽改建。

◇ 闽江大桥

◇ 1983 年解放大桥

　　桥梁建设方面，这一时期台江地区的桥梁建设主要根据战备和马路建设需要，择要修建、改建和加固旧桥。伴随城市交通事业的发展，桥梁建设的质量有很大提高。1970 年，连接福州南北主干道六一中路和南路的闽江大桥修建完毕。同年，福州市政府投资 45 万元将万寿桥和江南桥联成一体，成为今天的解放大桥。解放大桥桥身高 13.69 米，保证了洪水期交通畅通，增设的通航洞也可以保证 300 吨以下的船只顺利往来，极大增强了桥梁的通航能力。

2. 航运码头

　　台江是全市乃至于全省的重要交通枢纽。闽江航道四通八达，向上游可达闽清口、水口、尤溪口、南平、建瓯、洋口；从台江码头向下游可从魁岐、马尾出闽江口，而后向北至三都澳、温州、宁波、上海、山东、天津，向南至平潭、厦门、广州、香港，向东入台湾海峡。

　　解放后，闽江北港通航能力有所提高，台江至水口可通行 60 吨轮船，台江至马尾可行千吨轮船。台江地区的内河航道纵横交错，航道通畅，这

◇ 福建省轮船总公司内洋房

一时期又在宋代护城河基础上开挖纵贯台江地区东北部的晋安河，进一步提升了内河航道的运输能力。因此，这一时期大多交通运输企业选择落户台江，如福建省轮船总公司、福建省闽江航运总公司、福建外运集装箱公司、福建省汽车运输总公司、福建省汽车运输总公司福州客运站、福州市公共交通总公司、福州第二汽车运输公司、福州市水运公司等。

为了满足水陆交通的需要，从 50 年代起，台江港区就陆续新建了多个客运和货运码头。1950 年，在解放大桥东侧的 6 个码头的基础上建成 4 个泊位的台江客运码头和 5 座沿江的木质浮码头。次年又将台江港区和内河的 40 个码头、道头纳入管理，吞吐总量达 6.5 万吨。1960 年后，码头建设向鳌峰洲发展，新建了 500 吨级混凝土质浮码头两座；1975 年，又在鳌峰洲建块石岸壁 50 吨位级泊位 9 个。

3. 国营百货

福州百货业始于清光绪三十四年（1908）前后，当时以经营绸缎为主，而后逐渐扩大到纺织品、日用工业品。社会主义改造时期，通过全行业公私合营，百货业迎来发展机遇，经营范围越来越广，不仅有原来的服装、布匹，还新增了五金、电器、文化用品、工艺品、玩具、食品和保健医药商品等，品类多达上万种。

台江百货大楼位于台江路 118 号，前身是官僚资本与方代椿、卢仲礼等私人资本联合经营的中国国货股份有限公司。1949 年 10 月，市人民政府没收官僚资本部分的股份，改称公私合营国货公司，属福州贸易公司领导。该大楼一层经营苏广百货，二层经营丝绸、棉布。1951 年 10 月，对

◇ 台江百货大楼

私人资本的股份，按赎卖政策全数退股，改称福州市百货直属门市部国营饮食业。1956 年迁入台江路，是当时全省最大的国营零售商店之一。1958年被商业部授予"为人民服务尖兵"称号，并改名为福州市台江百货商店。

◇ 百龄百货

　　百龄百货是福州"台江汛"建筑群中的标志性建筑之一，原址位于万寿桥头十字路口西北侧、中亭街和中平路路口。长期为福州商业巨子尤德铃、尤德锜家族控制，历史悠久，曾经深深影响了几代福州人的生活。百龄百货 1956 年"公私合营"，1961 年后又完全转为国营企业。1966 年曾改名东方百货商店，后又恢复原名。

4. 集市贸易

　　台江在民国时期有过青年会、大公路、白马桥、太平山、一保街、二保街等集市，群众习惯称之为"菜市场"。20 世纪 50 年代初期，台江地区除了保留传统菜市场外，先后建立灰炉下（今台江广场）、坞尾、台江码头、排尾、南公、和平、达道、瀛洲等多个市场，其中和平市场占地面积达 2000 平方米，是当时福州最大的室内集市贸易场所。1952 年，为了促进城乡物资交流，发展生产，福州人民政府组织了秋季物资交流会，分别在三保街、大庙陆、下杭路一带和台江汛设立零售市场。

1956 年以后，因实行商品统购统销，作为自由市场的集市贸易被取缔，市场副食品，特别是肉类、家禽、蛋品、蔬菜四大类物资短缺、供应紧张。中共八大以后，在台江码头附近以道为市，建立了台江自由市场，允许部分农副产品进场交易，同时陆续恢复和新建了三保、河口咀、马口、南公、白马桥等市场，一定程度上满足了人民生活的需要。

◇ 20 世纪七八十年代的台江码头市场

第六章 盛世繁华

改革开放伊始，福州先后被列入全国首批 14 个沿海开放港口城市之一、全国金融体制改革试点城市、全国综合改革试点城市、全国土地使用制度改革试点城市，成为享有最多"特殊政策，灵活措施"的省会城市之一。

一、改革春风

1979 年，随着首家三资企业——香港金港有限公司与福州华侨塑料厂联合创办的福建省建侨企业公司的批准成立，对外开放进入新的历史阶段。1985 年 11 月，国务院批复《福州市进一步对外开放方案》，批准兴办福州经济技术开发区；1987 年 5 月，省政府批准兴办福清融侨工业区；1988 年 1 月，国务院批准福州所属 8 县全部辟为沿海经济开放区。

福州抓住这一千载难逢的大好机遇，充分发挥具有港澳台侨的地缘、人缘优势，以土地成片开放为突破口，积极有效地开展吸引外资工作，加强外资投向引导，鼓励发展生产型、技术先进型和出口创汇项目。灵活采用"官办、民办、侨办、联办"等模式，以筑巢引凤、引凤筑巢、借巢引凤等多种形式，沿闽江、沿交通干线有计划地先后开发福州经济技术开发区、融侨工业区、台商投资区、保税区、高科技园区、元洪投资区及十多个外商投资区。

党的十一届三中全会后，中共台江区委提出"一商二工、工商相辅、全面发展"的方针，台江区乘着改革的春风进入了欣欣向荣的建设商贸区的新时期。

◇ 改革开放初期的福州市工商联领导班子合影　　（福州市工商联　供图）

1. "三资企业"

在政策的引导下，台江区开始大力发展"三资"企业，引进资金、技术、设备。1980 年底，全国电子工业首个中外合资企业——福日电视机有限公司在台江五一路南段落户，拉开了台江区引进外资的序幕。随着对外开放的发展，外商在台江区开办企业的数量迅速增加，诸如福新显像管有限公司、福州电冰箱有限公司、华日电容器有限公司等一批"三资"企业如雨后春笋般涌现，1980——1990 年 10 年间就有 36 家"三资"企业在台江成立，总投资额达人民币 7777.91 万元、美元 4805.07 万、港币 260 万元，区出口产品交货额达人民币 1641.55 万元。

　　福建日立电视机有限公司。简称福日公司，该公司于 1980 年 12 月由福建投资企业公司、福建电子进出日公司、株式会社日立制作所、日立家电贩卖株式会社东荣商管所等 5 家中日企业投资创建，合营时间为 15 年。公司引进"日立"生产设备、设计技术、制造工艺和全面质量管理方式，选择国内外优质元器件，进行福日牌电视机制作，生产多种型号黑白电视

◇福日公司

机等系列产品。产品行销世界 92 个国家和地区，质量例行试验合格率为 100%，黑白电视机平均无故障工作时间为 8400 小时以上，彩色电视机为 20000 小时以上，产品性能达国内外同类机型先进水平。1983 年国家经委授予福日牌电视机"优秀新产品"称号，1985 年全国消费者协会授予福日牌电视机"金鸥杯"，1987 年福日公司荣获"福建省外商投资先进技术企业"称号，1988 年福日牌彩色电视机 82C 机型荣获省优、部优称号。

福建电子计算机公司。一家全国生产电子计算机及其外部设备的大、中型骨干企业，包含科研、生产、销售和技术服务的经济实体，地址位于交通路。公司设 2 个研究所、2 个生产厂、4 个技贸结合的公司、4 家中外合资公司、1 家内联企业，其中工程技术人员 622 人，从国外引进的先进生产线，生产百灵微型机、中华学习机、工业控制机、16 位微型机系统、32 位微型机系统和工业站、打印机、硬盘机、电子计算机、录像带和印刷板等产品。

福州无线电仪器总厂。即福州无线电厂，厂址位于台江交通路 96 号。福州无线电厂前身是 1958 年广声、新华两家公私合营商店筹办的福州市第一家国营无线电厂，下辖福州无线电一厂、福州电子仪器厂、福州传感器厂、福州无线电五厂、福州电子配件厂 5 个分厂，主要是生产收音机、收录机和电子测量仪器的整机装配厂。1987 年福州无线电仪器总厂与香港海洋精密机材工业公司共同投资 350 万美元，创办中外合资企业——福州福海电子精机有限公司，中外双方资金占比为 7∶3，是机电部机芯定点专业生产企业，于 1989 年 3 月正式开工投产，生产各类型盒式磁带录音机芯。1990 年产量达 100 万卡，完成工业产值 5692.4 万元，产品 9 成为外销，出口创汇 231 万美元。

　　福新显像管有限公司。地址在先进路 35 号，为国营福州电子管厂与菲律宾新利工业公司合资经营企业。公司成立于 1984 年 6 月，合资前是生产军工产品电子管的老厂。1984 年 7 月引进日本先进的显像管制造技术和设备，生产黑白显像管，仅半年时间创产值 668.1 万元，利润 155.6 万元，做到当年引进、当年投产、当年出效益。1987 年又增资生产 47CM 彩色显像管新产品。1988 年产值 7248.4 万元，利润 1063.3 万元。1989 年至 1990 年向外向型发展，1990 年产值 1.19 亿元，利润 1688 万元。其中 35CM 黑白显像管"H"管获省优、部优、全国同行业质量评比一等奖，为国内许多用户厂家免检产品。公司获"省外商投资先进技术企业""双文明（物质文明与精神文明）先进单位""省先进级企业"称号。

　　福州电声器材厂。位于工业路，该厂前身是建于 1966 年 12 月的台江区无线电元件二厂，原址设在中亭路。随着生产的不断发展，1983 年和 1988 年，自筹资金在工业路新建厂房和引进日本生产线关键设备，成为制造扬声器的专业化工厂。1990 年工业总产值 1313.92 万元，利润 227.69 万元，固定资产净值达 500 万元，是建厂初期的 153 倍。主要产品有各种电动式纸盆扬声器，除为福日电视机、星球收录机等名牌优质电子产品整机配套外，还销售全国各地和出口美国、港、澳、东南亚等地。1990 年出口创汇额达 204 万美元，1986 年以来连续被评为福州市出口创汇先进单位，YD100-8、YD58-1、YD100-10 等 5 种纸盆扬声器先后荣获省优、部优产品称号。该企业 1986 年获国家经委"六五技术进步先进企业"单项奖，1987 年国家经贸部授予"扩大外贸自主权单位"、1988 年福建省人民政府授予"省级先进企业"以及连年荣获福州市、福州电子工业系统授予"先进企业"称号。

2. 名店复兴

美且有糕点厂。地址在八一七南路。该厂原名福州美且有糕饼店，创建于清咸丰年间，店前营业，店后生产，厂店不分，核桃雪片糕是该店的名牌产品。1956 年，私营工商业社会主义改造中，改名为公私合营美且有糕点厂。福州美且有糕点厂 1983 年投资 200 余万元，拆掉旧厂房，改建为 7 层的美且有商业大楼，一至三层为商场，四层为包装和饼干车间，六层为办公楼，七层为生活区，大厅附楼一层为厂属面点厅，二至三层为中西餐厅。1987 年先后引进日本包馅机及豆沙机，提高广饼的质量。实现全程生产半机械化，产品中雪片糕、麻芝、寸枣、炒米等深为港、台地区群众喜爱，远销港澳及东南亚等地区。1990 年产值 322.3 万元，实现利润 25 万元。

福州蜜饯厂。地址在竹排埕。该厂创建于民国三十二年（1943），前身为赛园橄榄厂，1958 年改名为福州蜜饯厂。当时，福州蜜饯厂拥有东德、捷克产汽车罐装全自动生产线 2 条、国产软包装饮料包装机、聚脂瓶饮料生产线及先进的糖浆二氧化碳净化、水质处理消毒、制冷系统等配套设备 106 台，年生产总能力 1.3 万吨，其中蜜饯 3000 吨，碳酸冷饮 1000 吨。蜜饯产品的制作技术、工艺配方、产品结构、质量花色，都保持传统的地方名牌特色，生产各色蜜饯 53 种，构成不同规格品种 120 余种。大宗出国产品有化核加应子、芙蓉加应子、果汁加应子、蜜李饼、橄榄球、十香果、蜜山楂、马蹄糖、迎金桔、糖莲子、蜜李片、七珍梅、化皮橄榄等53 种，产品畅销亚、美、欧 50 多个国家和地区，内销网点遍及 15 个省、市、自治区。

德余南北京果行。设立于清同治四年（1865），是台江地区有百余年历史的老字号。1956 年实行公私合营后，转为国营企业，隶属于福州市副食品公司。1987 年，该行自筹资金 40 万元，将店铺改建成三层半钢混结构的大楼，同时改名德余京果行。1988 年以后，通过改革，坚持薄利多销宗旨，开拓经营，扩展业务，直接向山东、陕西、广东、北京等地采购货源，在下杭路开设批发部，同时实行优质服务，取得良好经济效益和社会效益。

3. 商业兴旺

　　1981 年，台江区商业网点仅有 592 个，营业额 30.17 万元；到了 1990 年，这一数字猛增至 3622 个，营业额达 29703 万元。这些私营商业所涉及行业门类广泛，活跃于全区的每个角落，在促进商品流通、服务生产生活、繁荣城乡经济等方面发挥了积极的补充作用。

◇ 华联商厦

　　福州华联商厦。建成于 1986 年，位于台江路，紧靠台江第三码头。商厦楼高 15 层，总建筑面积 21879 平方米，是福建省最大的综合性内贸骨干企业，也是中国商业部对沿海开放城市投资和统一命名的全民所有制经济实体，1990年销售额高达 13654 万元。商厦经营日用百货、针纺织品、工艺美术、五金交电、装饰材料、黄金首饰、文化用品、服装鞋帽、烟酒罐头、旅游产品等 24 大类 4 万多种商品，同时设有批发商场、横向联合商场、宾馆、餐厅、舞厅、纳凉茶座等，开辟了全省首家国货精品商场。被国务院授予"投入产出先进企业"；中共福建省委、福建省人民政府授予福建省"商业先进单位""政治思想工作先进单位""扩销增效益先进单位"；中共福州市委、福州市人民政府授予"双文明单位"等荣誉称号。

台江百货大楼。前身是国营福州市百货公司直属门市部，1973 年为改善经营情况进行整顿，采取了严格规章制度，实行定额管理，开展"五定一分析"（定销售、劳效、库存、差错率、经营品种，分析经济指标执行情况）等措施，当年年营业额首次突破千万元大关。1982 年更名为福州市台江百货大楼。大楼设 4 个专业门市部，经营百货、文化用品、针纺织品、家用电器等 10 大类 2.7 万多种商品。大楼坚持"信誉第一"，完善售前、售中、售后服务，实行大件大宗商品送货上门，家用电器上门维修，对 6 种商品实行一周试用期，形成整套优质服务制度。其家用电器维修部被轻工业部授予"全国轻工业维修优秀单位"。大楼还与美国千里马国际礼品公司合作经营跨国送礼业务。

江滨大厦。位于台江江滨路，靠近闽江下游码头和商业繁华地带，占地面积 25011 平方米，主楼 22 层，1986 年建成开业。第一层设门厅、服务总台、商场、舞厅、桌球场、服务部。二层设文娱休息厅、贵宾商店、小会议室、理发室。三至十六层是客房层，共有客房 220 间，分为高、中低三个档次，第十七层有大会议室 1 间，可容纳 200 人；小会议室 4 间，每室可容纳 50 人。地下室上层还设有商业网点。

华清楼。坐落于台江区达道路东向路口，面临五一路。1983 年 2 月开业。全楼建筑面积 5500 平方米，楼高 8 层。主营澡堂、旅社，兼管商场、饮食。大楼为适应开放城市、港澳台同胞来榕旅游或探亲日益增多的情况，充分发挥福州得天独厚的地下温泉的有利条件，改变福州澡堂数十年来的老模式，使澡堂由单一洗澡变为不同档次、多种服务的综合性企业，在三层男雅座增设"桑拿浴""芬香浴"，并配套按摩、擦背、吹理以及擦皮鞋等服务项目，浴客花钱不多，却能得到健康、舒适、实惠的享受。

南星澡堂。位于福州解放大桥北端江滨路。由东南银行经理吴南山和福星保险公司老板沈子敬于民国二十一年（1932）10 月合资兴建，其牌号是取"东南"和"福星"的第二个字，定名为"南星"。当时澡堂为砖木

◇ 南星澡堂

3 层结构，营业面积 2545.6 平方米。"七七事变"后，南星澡堂被日本飞机炸毁，后由福清籍邮电工人施神章联络华侨投资入股重建，除原有浴池、旅行社外，增设餐饮、理发等服务。澡堂服务周到，浴客进堂，员工即礼请上座，送上热茶和点心，帮浴客宽衣。洗罢，员工还为浴客擦身，修脚服务等。到了淡季，澡堂聘请评话、伬唱艺人现场献艺助浴，一时顾客如云，门庭若市。1956 年，南星澡堂实行公私合营，成为福州市服务公司管辖的国营企业。1985 年福州市人民政府投资近百万元人民币，对南星澡堂进行扩建，打井、铺设管道，把澡池与休息室分隔，使澡堂兼有江南茶楼的韵味。

上海照相馆。位于台江路 87 号。初建于民国三十四年，原为杨桂官、连培坤、蔡依谋、朱海春 4 人合股兴办。1955 年曾遭台湾国民党飞机空袭，店房被烧毁，后在原址重建。1956 年公私合营后，转为国营企业，隶属福州市服务公司。该照相馆是台江地区开业最早、技术水平较高、较为著名的照相馆，1987 年由福州市服务公司拨款 5 万元、自筹资金 5 万元，装修门面，购进国产彩色扩印机 1 台，开始彩色摄影冲洗，营业额成倍提高。1989 年又自筹资金 13 万元引进柯达 QSS-701 自动扩印机，1990 年投产同时，还引进先进的灯光设备，使彩色摄影技术更臻完美，企业信誉更高，经济效益更好。

在道路建设的基础上，台江区根据传统商业布局，结合旧城区改造，国营、集体、私营一起上，在聚行成市的不同地方，陆续孕育出多个不同特色和行类的商业街市。

台江路商业街。濒临闽江北岸，是福州水上客运、货运的重要窗口。除原有的台江百货大楼、华来药店、大华钟表店等商号外，台江路中段在

50 年代还陆续建起台江电影院、文艺电影院、上海照相馆、华南服装店等一批商业网点和名店，沿江码头附近还建立大型农贸市场和蔬菜批发市场。改革开放的到来使得台江路发生了更大的变化，福建省最大的综合性内贸骨干企业——华联商厦就坐落于此。台江路东段全场 760 米地带经过扩路、改建后，批发和零售商店云集，著名的室内农贸市场台江集贸市场设在这里。

八一七南路商业街。又称中亭街，南起解放大桥，北至小桥头。中亭街曾经销售水产品为主，此外还有一批名牌和独具特色的老字号，如百龄

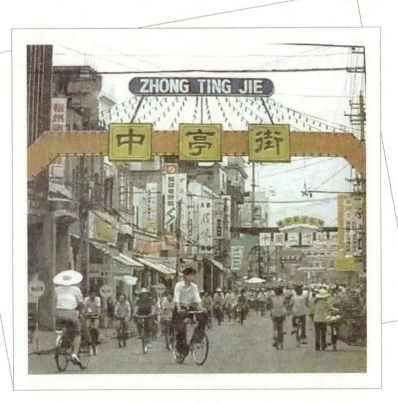

◇ 20 世纪 80 年代的中亭街

百货商店、同成碗行、大同北烛店、美且有糕饼店、春光怡糕饼店等，东升百货商场也坐落于此。改革开放以后，中亭街作为福州市城市总体规划的重点建设项目和福州市最大的商贸中心，实施了大型改造工程，形成了集购物、商贸、休闲、美食、旅游等功能为一体的福州市最大的室内购物城，号称当时东亚第一室内商业步行街。

万象、宝龙商业圈。过去，工业路是福州西部工业区的核心。改革开放的不断深入，实施"退二进三"工业路上的各个工厂通过搬迁、关停、改造等方式移至郊外，工业路渐渐退去了工业区的色彩。2003至2004年，万象城与宝龙城市广场这两个集购物、餐饮、休闲、旅游等功能为一体的大型商城先后开业，使这一地区在当时成为福州新商圈的核心地带。

达道路商业街。西接小桥头，东与五一路相通，早期是水果、猪牙、茹苗的主要集市。80年代后，随着人们对装饰装修材料需求的

◇ "请用国货"石碑，现位于南公园门口

日益增长，经营室内外装修装饰材料、卫生洁具成为新兴行业，达道路逐步形成了装饰材料一条街。街间还有华丽宫酒家、小桥风味小吃市场等。

国货东路商业街。原本道路狭窄，两侧以低矮的居民楼为主。1987 年扩建改造后，成为台江区新兴的商业街。沿街商店多以经营机械电器设备为主，同时还兴建一批装修考究的酒楼、旅社和服务业场所。国货路的定名，有一段动人的爱国故事。20 世纪 30 年代，洋货充斥福州市场，导致民族工业纷纷破产，一批爱国之士号召大家"支持国货抵制洋货"。爱国商人吴养贤先生在南公园内集资建立了"福建国货促进大楼"用以陈列国货，同时在路边树立了一座"请用国货"的石碑，这条路的名字便由此得来。

茶亭商业街。南起洋头口，北至南门兜，是福州市区南北走向的主干道之一，是福州市历史悠久的典型手工业一条街。1979 年，台江区有关

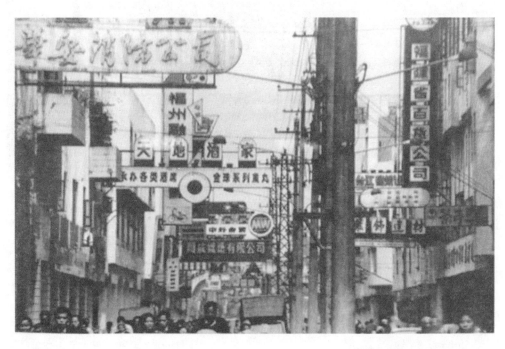

◇ 20 世纪 80 年代的茶亭街

部门组织对茶亭街的古老木屋进行"修马面、加楼层、卸撑柱"工程，但道路狭窄、居住条件差等状况依然存在。1990 年，茶亭街再次改建，一改两侧的简陋木屋为 3 至 5 层的骑楼房，形成了一条商住两用的商业街。茶亭街沿街各类店铺达 380 多家，既有传统特色手工业商铺，也有百货、服装、电器等现代商业，是远近闻名的繁华闹市。

福州台江步行街。位于台江东路，东起尾垱街，西至瀛洲桥，北临台江集贸市场，南临元洪城和江滨路，全长 500 米，是一条集娱乐、休闲、购物为一体的综合性步行街，也是全省第一条步行街。2000 年 9 月 28 日，与"榕城美食街"同时开街，称"两街"，曾设立"两街管委会"。福州

◇ 福州台江步行街

台江步行街在开街 8 年间人气旺盛，周边商业全面繁荣。

◇ 榕城古街

　　榕城古街。又称"榕城美食街"，位于台江区瀛洲路，南向毗邻台江路，北与五一南路相接。民国时期，这里是临江沙洲，后建路成街，长293 米，宽 7 米，其间商业摊点密集，交通拥挤，危屋连片。1990 年台江区人民政府集资改造，将路面拓宽至 18 米，路长增至 360 米。两旁统一兴建 3 层砖混结构，具有明清风格仿古建筑，屋檐翘角鹊尾、琉璃瓦、悬钟、水柱、绘梁画栋，形成富有福州地方特色的商业街。沿街开设手工艺品、日用百货、烟草、饮料、食杂、鞋类及日用品等商店。古色古香的仿古建筑以及荟萃了 1500 多种福州乃至全福建省、全中国及东南亚各国的风味美食及闽菜特色，展示了台江区历史悠久的美食文化和地方民俗特色。

　　除此之外，台江区还有主打销售家具的五一路南段商业街、达江路商业街和位于瀛洲路的台江风味美食街等特色商业街区，无不凝聚了当时台江繁荣的商贸景象。如，乐福楼地址在台江路 35 号，前身为四海楼，是福州市饮食公司所属企业，经营传统名菜 400 余种，特色菜有罗汉钱、软燴草、椒盐瓜、生煎排、素菜等 10 余种。自 2000 年起，台江区连续举办了 6 届"福州美食节"，推动了美食文化的传承与创新。

二、繁荣重现

1984 年 3 月 22 日，福建省厂长（经理）研究会成立大会在福州二化召开，与会 55 位厂长、经理面对改革形势各抒己见。当时的经济环境下，企业任务重，"婆婆"多，没有生产经营自主权，企业家苦不堪言。特别是中外合资企业福日公司的总经理游廷岩应邀在会上交流经验，介绍公司实行外企管理模式，自己拥

◇ 1984 年 3 月 24 日福建日报头版头条刊登《请给我们"松绑"》

有各种经营权，企业有活力，职工有积极性。他这么一说，大家激动起来，纷纷倾诉自己被"五花大绑"之苦。两种体制相比较，压力动力相摩擦，撞出火花，火花就是要权，把企业应有的自主权要回来。成立会变成"诉苦会"，企业家诉说无权变成了伸手要权。

之后，一封紧急呼吁信直送达时任福建省委第一书记项南办公室，厂长、经理们联名呼吁为企业家"松绑"。1984 年 3 月 24 日，福州 36 位厂长（经理）与省内 19 位工业企业厂长（经理）联名在《福建日报》发表《请给我们"松绑"》的呼吁信，在全市、全省乃至全国引起极大反响，掀开了中国国企改革的序幕。以增强企业活力为核心的国企改革在全市展开，企业改革从"松绑放权"发展到普遍推行多种形式的承包经营责任制。

◇ 2001 年福州工商联合影（背景为旧工商联礼堂）　　（福州市工商联 供图）

当时，福州市在全省率先全面推行国营和集体职工退休养老、待业保险基金统筹、"三资"企业职工退休养老基金统筹，为建立社会保障体系进行了有益尝试。计划、流通、外贸、财税、劳动、科技、教育、住房以及股份制等改革全面推行。在农村，农产品价格和流通体制改革也全面推行。福州市认真解决农民买难卖难问题，积极慎重地改革农产品统购派购制度。取消粮食统购派购制度，实行合同定购，并逐步放开对菜、鱼、肉、禽、蛋等副食品供应，实行自由上市、自由交易、随行就市，形成了城乡改革相互促进、协调发展的局面。素有"工商之都"和"南台商都"美誉的台江，步入全面发展的快车道。

1. 水陆交通

改革开放以来，台江区的道路、桥梁、码头等基础设施和现代陆运、水运业迅速发展，面貌日新月异，为台江的商贸发展提供了坚实的基础。

水运方面，改革开放以来，台江港区的范围延伸至鳌峰作业段下游的魁岐作业段，同时加强了这两个作业段的基础建设，一批水产、面粉、木材等专业码头陆续建成。到1985年，台江港区吞吐量突破100万大关。值得一提的是，10年前这一数值仅不到十万。此后，台江港区先后与上海复兴装卸公司、闽江航运公司等单位结成友好港区，成立港口联运服务公司，开展多层次运输服务，开办"合同运输""包干运输"等服务，并加入了上海国际核心班轮行列。

1980年，台湾海峡开始通航，福州港海上交通得到迅猛发展。台江港区作为福州海上运输的必经之路，省内外海运船只多在此停靠。从台江地区沿江码头至鳌峰洲码头、魁岐码头均成为海运轮船的泊位，江滨路还设有港口作业区，航线从福州（台江）北至上海、芜湖，南至厦门、广州。

陆路交通方面，随着经济迅猛发展，台江区的道路建设也在紧跟时代的步伐，先后拓宽、改建、新辟了六一中路、江滨路、国货路、工业路、白马路、广达路等主干道，缓和了台江区交通拥挤的情况。

福州汽车南站始建于 20 世纪 50 年代初，其前身为福建省福州汽车运输总站，原站址在今天福州市东水路。60 年代迁至福州市古田路。1969 年底，福州市修建五一广场，福州客运站搬迁至五一中路国货路口，1970 年站房设施竣工投入使用。福州客运南站自建站以来，在相当长时期内，居于全省最大的汽车客运站位置。站区占地 15436.4 平方米，拥有比较完整配套的站房设施，包括长途、快客候车厅、售票厅，旅客行包收运处、营运车辆停放、发车场地，车辆安全检验和洗车台等设施。1995 年，福州客运站在全省率先实现站务作业、行政管理电脑信息化操作。

2. 集市繁荣

随着改革开放政策的逐步深入贯彻和实施，集市贸易迎来了蓬勃发展的时期。这一时期，为了大力发展集市贸易，鼓励农、副、渔产品上市，台江区多次组织商品交流会、商品展销会和物资交流会，引进了多种异地特产，成交金额节节攀升，并开设了多个专业性的商贸集市、购物中心。这些市场的繁荣，既满足了人民的生活需要，又促进了省内外、甚至海内外的商品交流。

台江集贸市场。是当时最大的室内农副产品集散地，其前身是台江自由市场，经过三易场地、四次改名，最终于 1987 年落户于台江路 184 号。市场面积达 2.3 万平方米，开设商店 473 家，可容纳一万人入场交易。台江集贸市场销售的产品包括水产海鲜、肉禽蛋品、粮油食品、干果杂货、蔬菜水果、服装衣料、日用工业品、糖烟酒等九大类、数千个品种，其中

◇ 台江农贸市场

70%～80% 来自省外，福州市郊县 85% 以上的各类农副产品也在此集散。1987 年以来连续获得"全国文明集贸市场"称号。

福州水产批发市场。建于 1998 年，地址设在鳌峰路 135 号，是当时福州地区唯一的水产品定点专业批发市场。水产品批发市场占地 16 万平方米，其中交易中心占地 8.7 万平方米，由冰鲜、活鲜、淡水、冻品、美食品等 8 个交易区、368 个摊位组成，能满足大批量水产品在同一时间、同一区间交易需要，并配有相应的服务机构。1999 年市场成交额达 18.5 亿元，名列中国农副产品批发市场 30 强中第 10 名。

农副产品批发市场。位于江三路闽江第一码头附近，是福州蔬菜批发中心。1981 年，由人民政府出资搭盖，使用面积 400 平方米。市场白天经营咸鱼、虾米、四季水果。夜市从晚上 12 点到次日凌晨 5 点为蔬菜批发交易时间。高峰时段，从南星澡堂门口到第一码头、江三路到台江电影院门口、江滨公园一带布满 800 多个摊位、月成交金额可达 463 万元。市场蔬菜数量多、品种全，使得参加交易的不仅有郊县的农民，还有蔬菜专业户和经营蔬菜批发的大户，更有许多国营、集体蔬菜零售店也到这里采购。上市时汽车、板车、单车、木船、轮船各种运输工具一并出动，呈现出一派繁荣景象。

西营里市场。位于南门乌山支路，1985 年正式开放使用。初建时面积 1000 平方米，1985 年 9 月扩建乌山支路，市场面积扩大到 3160 平方米，是全区第二大全日制农贸市场。

花鸟市场。开业于 1980 年，初期位于小桥头河边，后因建设小桥风味小吃市场，市场迁往达道北路，是当时全省唯一的花、鸟、鱼专业市场，设固定摊位 70 个，临时摊位 40 个，星期天高峰期达 200 个摊位。经营品种有花、草、鱼、鸟、虫、猫、狗、兔和各种盆景假山等，具有品种全、数量多的专业市场特色。由于场地有限，无法满足日益发展的交易需要，1990 年，该市场迁至南公园内。1994 年又搬迁至鳌峰洲。2014 年，台江花鸟市场又从鳌峰洲迁至仓山齐安村和马尾大名城。

大利嘉电子电器城。位于五一中路，是福建省家电专业市场、海峡两岸品牌家电集散地和辐射区，汇集世界名牌家电、通讯、音响及音像制品、电脑等各类电器。

台江服装世界。位于台江路 184 号台江集贸市场二层，是服装批发、零售场所，经营国内外各类高、中、低档服装上千种，实行服装加工、批发、零售一条龙的"前店后厂"经营模式，与广州、深圳、上海、石狮等服装生产基地有直接营销关系，并同日本、韩国、新加坡及港、澳、台、东南亚地区建立服务经贸网络。

光明家具城。又称光明桥家具市场，位于六一中路光明桥附近。该市场以仿古建筑大楼为特色，交易大厅总面积 6000 平方米，按居室形式摆设家具，经营彩色蜡克、柚木、小曲柳仿古家具和各式沙发、办公桌、椅、藤椅、竹桌椅、大理石制品、床上用品等上千品类，汇集了福建、广州、珠海、深圳、浙江、东北和意大利、香港、澳门等地的新颖名牌家具。

福州特艺城。位于六一中路 378 号，为福州十大类工艺品定点交易市场，也是全国特艺品交易市场，经营寿山石刻、田黄石、脱胎漆器、牛角梳、纸雨伞、紫砂壶、名人字画、红木古董、根雕、金银首饰、瓷器等珍品。

福州鞋城。位于国货东路象园路口，是福州市最早的鞋类专业市场，与石狮、厦门、广东、浙江、上海、深圳等直销厂家有业务往来，并与全国各大城市建立起了鞋业信息网络。2015 年，鞋城业态转型后，成为携程茶都。

福州批发市场走廊（福建省生活资料主要批发走廊）。1996 年区划调整新成立鳌峰街道后，台江区开始实施台江农贸市场（台江集贸市场）及周边市场业态调整提升，将该市场及周边市场陆续搬迁到鳌峰街道鳌峰路两侧及辖区，连同已于 1991 年开始建设的蔬菜、水产、食品、贝类四大批发市场，形成了鳌峰批发市场走廊。这是台江商贸发展史上的一件大事。至 2000 年，市有关部门在鳌峰洲光明路 11 号建有占地面积 6.4 万平方米的福州水果批发市场，鳌峰路 168 号占地面积 4.7 万平方米的亚峰蔬菜批发市场，鳌峰路 135 号占地面积 16 万平方米的水产批发市场，鳌峰路 133 号占地面积 5.33 万平方米的牲畜批发市场，亚兴路占地面积 2.67 万平方米的家禽批发市场、蛋品批发市场，东滨路 31 号占地面积 0.33 万平方米的食用油脂批发市场，鳌峰路 218 号占地面积 7.2 万平方米的海峡糖酒食品批发市场，鳌峰路 218 号北侧占地面积 2.67 万平方米的海峡日用百货批发市场和农副干货批发市场、食用菌批发市场，东滨路 36 号占地面积 0.18 万平方米的贝类批发市场等十大生活资料批发市场。承担福州市主要副食品供应、中转任务。其中蔬菜批发市场、水产批发市场、海峡糖酒批发市场是 2005 年福建省最大的专业批发市场，家禽批发市场是福建省的大型家禽批发市场。2009 年起，随着"东扩南进"的实施以及福州木材厂的搬迁，批发走廊十大市场也陆续搬迁至闽侯、马尾。2010 年起，福州金融商务区开始建设。

3. 旧城改造

民国时期，福州有首民谣：金崇安、银浦城，纸褙福州城，深刻揭示了福州，特别是台江地区木屋易受风灾、洪灾和火灾侵扰的现实。

20 世纪末期，福州市棚屋区面积在 0.67 公顷以上的有 48 片，其中台江区 27 片，11 万平方米，占全市棚屋区总面积 56.3%，居住着 2.70 万户，近 9 万人。1985 年，对国货路东段改造开始，其后又对中亭街、达江路、达道路西段等进行较大规模改造，拆除旧屋建设新房，拓宽道路，改变旧城面貌。20 世纪 90 年代，改造棚屋区成为市、区党委和政府刻不容缓的大事。

时任福建省省长的习近平十分关切苍霞棚屋区居民的生活，亲自推动了苍霞棚屋区的改造。2000 年 7 月 2 日，习近平同志到苍霞棚屋区调研，并召开了棚屋区居民座谈会，一周之后，苍霞棚屋区改造工程正式启动。

2000 年 6 月 20 日成立福州市苍霞棚屋区改造指挥部。7 月 9 日，区召开首次实施新拆迁办法的动员大会。市、区政府对苍霞棚屋区改造制定 11 条优惠措施，另将 5 个等级的拆迁补偿金额调整为 7 个等级，对建筑面积只有一层或两层的再给予 30% 和 10% 的优惠等，同时，组织拆迁工作队深入各户做思想工作。全区实行大协作，组建棚改工作队，纪检、监察部门也介入，设立 11 个举报箱，3 条举报热线，实行 "六公开"（拆迁面积、家庭人口、住房、搬家顺序、补偿安置方案、安置房朝向公开），拆迁过程中没有钉子户问题，没有群众上访，没有干部违规，苍霞拆迁创造了 "苍霞速度、苍霞精神、苍霞效应"。2001 年 5 月 23 日，习近平同志专程前往苍霞察看棚屋区改造工程进展。至 5 月 30 日，除异地安置和准备住廉租房的部分苍霞人外，所有的回迁户都办好购房手续，2847 套安置房均被苍霞人所选购。

除苍霞新城外，天华地块、义洲地块、帮洲地块、横街地块、江九路地块、江十路地块等地的旧屋区、棚屋区改造工程也在这一时期陆续完成并交付使用，极大地改善了这些地区居民的生活质量。

4. 疍民上岸

连家船民上岸，是一段将被载入历史史册的伟大脱贫事件。

福州解放前时局动荡，附居于闽江村社洲田一带的福州疍民，仍然较多维持着传统依附世家大族的状态和社会关系，在生计上仍以佃耕洲田、佣工蚬埕兼内河摆渡采捕为主；而聚集于闽江内港的福州疍民，则更多依靠港市商贸与城市生活所提供的机会为生，或渡客输货、装卸过驳，或捕鱼为生。尽管他们已经逐步融入城市经济生活，但依然处于被歧视、被边缘化的窘困境地。

福州解放后，福州疍民和岸上居民一样，翻身做主人。部分有佃耕的疍民，还分到了土地，参加互助合作运动。据《福州市志》记载，1952 年 7 月，福州市公安局公布《福州市公共户口管理暂行办法》，对工厂、企业单位

◇ 福州疍民

集体户口实行建立集体户口管理制度。福建省公安厅颁布《福建省船舶户口管理暂行规定》和《福建省船舶户口管理暂行内务通则（草案）》后，福州市对在水上船舶从事生产运输和以船舶为家的人，作为船舶户口登记管理发给船舶户口簿。

从 20 世纪 50 年代开始，福州市政府在居住条件、教育、医疗、就业等方面对疍民均予以照顾。先后在闽江沿岸和沿海一带兴建了许多疍民聚居村落，不少以"×墩""×垱"为名。1979 年，福州市政府还拨款建了一座渔民新村。在台江区域上岸定居的水上居民，则由政府安置，多集中在义洲的彬社、新北兴，帮洲的同德、长寿，苍霞的正义、蓬埕，新港的路通、庵里等建房居住。他们的子女也从扫盲开始，普及九年义务教育，有的还上了高中和大学。

　　党的十一届三中全会之后，农村和渔区实行了"联产承包责任制"，调动了渔农生产积极性，他们的生活水平日益提高，居住条件开始也得到很大改善。

　　1991年3月7日，时任福州市委书记的习近平同志带领有关部门的领导视察疍民生活情况。在现场办公会上，市委市政府决定，把为水运公司船民解决住房难列入今年20件实事，由财政拨款，集体和个人出一点建房，"让104户船民年内搬进单元新居"。有关部门予以积极配合。市房地产开发总公司出资30万元并承担建设任务；建委减免管理费；经委出资10万元并负责电力安装、供应；郊区接受了修路任务。同时，建委和计委在产品销路和柴油供应上也给予了倾斜。

　　习近平在现场办公结束前讲了话，他说，都解放40多年了，还有人住在船上，必须尽快改变。我们的领导干部要想一想，如果我们也住在船上怎么办？我们要学习焦裕禄同志精神以同情心和紧迫感，为最困难的群众雪中送炭。他说，今天会上定的事情仅仅在口头上，要发扬马上就办的

◇疍民生活

精神，把它落实到实处。同时，还要举一反三，在调查研究的基础上，做出规划，努力解决五区乃至八县的"连家船"问题。不到一年，这批 104

◇ 船民上岸

户疍民家庭结束了"上无片瓦、下无寸土"的生活，搬进了台江红星新村56、57平方米的新居，不仅实现了"住房梦"，而且子女户口、读书等问题也陆续得到解决，生活水平和教育质量得到极大改善。

在习近平同志的亲力亲为推动下，1997年，连家船民上岸问题被列为福建省脱贫的重要任务；1998年12月，习近平主持召开连家船民上岸定居现场会，专门研讨连家船民上岸定居政策。

在2017年2月24日《人民日报》海外版，专题刊载《决不能让乡亲们再漂泊下去了——习近平总书记的扶贫情结》。习近平总书记深情地回忆道："连家船"上的渔民终生漂泊在水上，世代以小木船为家，居无定所，是一个上无片瓦、下无寸土的特殊贫困群体。我印象很深的是，那些渔船大都是破败不堪的，没有电、没有水，低矮、昏暗、潮湿，一家几代人都住在里面。"一条破船挂破网，祖宗三代共一船，捕来鱼虾换糠菜，上漏下漏度时光"，说的就是他们的生活。有的渔民连船都没有了，只好在岸上用油毛毡、编织袋搭一个窝棚，夏热冬寒，难挡风雨，还不如黄土高原上的农民住的窑洞。因为常年生活在这样的环境里，渔民们普遍身材矮小、两腿内弯，生活的贫困加上社会的歧视，使他们怀有很强的自卑心理。看到他们这种处境，我心里感到很不安，就想决不能让乡亲们再漂泊下去了。

三、十年飞跃

党的十八大以来，台江区时刻牢记嘱托、感恩奋进，全方位推进高质量发展超越，经济社会发展取得了丰硕成果。

商通四海话台江

◇ 苏宁万宝商圈

◇ 台江数智港　　叶诚 摄

1. 综合实力再上台阶

10年来，全区GDP连跨"4个百亿"台阶，从279.44亿元增长到659.25亿元，年均增长8.5%；财政总收入从1.45亿元提高到25.55亿元，

◇海峡金融商务区　　叶诚 摄

年均增长 37.6%；城镇居民人均可支配收入实现翻番，从 2.75 万元增长至 5.85 万元，年均增长 8.55%。

台江深入实施三产强区战略，加快产业现代化，三产增加值占 GDP 比重从 78.3% 提升至 85.3%。

现代商贸做优做强，拥有 160 多家年销售额亿元以上企业，"苏万宝"等 7 大商圈日趋繁荣，海峡电子商务产业基地成为全国首批国家电子商务示范基地。

数字经济快速发展，百亿级台江数智港正式揭牌，拥有国家级高新技术企业 240 家、省科技型中小企业 155 家、市级以上双创平台载体 18 家。

平台经济规模壮大，去年朴朴等 36 家市级龙头平台企业纳统销售额达 409.4 亿元，正打造海荣大厦超千亿的供应链平台经济产业园。

◇ 闽江北岸中央商务区　　叶诚 摄

◇位于"闽江之心"的青年会、青年广场、青年桥　　　叶诚 摄

　　总部集聚效应显著，海峡金融商务区、闽江北岸中央商务区于 2014 年列入省政府批复设立的海西现代金融中心区核心区，共引进总部楼宇等项目 51 个。

　　金融业集聚发展，落地金融总部 29 家，与 13 家金融机构达成战略合作协议，打造了台江基金港等一批金融特色楼宇，金融业年税收占全省四分之一，是全省金融业态最集聚、产业链最完整的区域。

　　文旅商加快融合发展，"闽江之心"核心区正在打造展现省会国际化现代化形象的新地标，滨江步行街、青年广场、青年桥等已向市民游客开放。上下杭街区获评国家首批夜间文旅消费集聚区、国家级旅游休闲街区，正加快建设苍霞全省首条"福"文化街区、福州"三宝城"非遗工艺美术城。

2. 城区面貌日新月异

　　10 年来，台江累计实施红星排尾等 110 片、3000 多亩旧屋区改造，

◇ 苍霞新城全景新貌　　叶诚 摄

◇ 迎接第 44 届世界遗产大会，《有福之州迎世遗》主题灯光秀和无人机表演。

◇ 红星排尾片区征迁安置房　叶诚 摄

整治老旧小区 399 个，惠及居民 14.2 万户。

高质量完成苍霞新城改造提升一期工程，获评省级地市老城更新样板项目第一名，列入全国老旧小区改造联系点，建成"苍霞人家"新思想实践基地，新一届省委常委班子第一次集体活动在苍霞新城开展。

大力实施城市品质提升工程，新改扩建市政道路 116 条，全面消除 14 条内河水体黑臭，新建、提升公园 125 个，12 公里滨江景观带初具规模，海峡金融商务区灯光秀成为"夜福州"的闪亮名片。

3. 群众幸福底色更足

10 年来，台江每年拿出超过 75% 的财政用于民生社会事业发展。

新建、扩建公办校（园）18 所，新增学位 9400 多个，成立 6 个教育集团，省级教育"两项督导"获评双优秀。

侯德榜故居被中国科协、教育部等 7 部委授予"科学家精神教育基地"荣誉。

社区卫生服务中心实现街道全覆盖，2015—2020 年连续 6 年在国家基本公共卫生服务项目市级考核中获评第一名。

建成各类养老服务机构（站点）50 家，投用长者食堂 15 家，五星级医养一体化的区社会福利中心即将投用。

"五事工作法"入选全国优秀社区工作法，群众安全感率保持省、市前列，获评省第四轮第一批平安县（市、区）。

◇ 侯德榜故居　叶诚 摄

　　台江区将坚持"3820"战略工程思想精髓，加快打造活力商都、滨江福地，高水平建设现代化国际城市核心区。做好"商"的文章，争创区域性金融中心、国际消费中心城市核心区，打造服务业高质量发展示范区；做好"江"的文章，实施优质化旧改、城市品质提升工程，争创教育强区、社会治理示范区，打造人民城区。凝心聚力、拼搏实干，努力交出更加精彩的高质量发展答卷！

◇上下杭幼儿园　　叶诚 摄

商通四海话台江

◇ 居民为长者食堂点赞　　叶诚 摄

◇ 后洲街道汀洲社区长者食堂　　叶诚 摄

第七章　台江商帮

　　古代福州商业开拓者，跨越重山阻隔，打造出以福州为核心的闽江流域商业圈。他们还以舟为车，东出大海，扬帆远航，商通四海，使福州成为声名远播的海上丝绸之路中心城市。历经多个历史朝代的叠加推进，明清时期福州的海陆商业贸易达到鼎盛，城市发展被推向一个高峰。台江繁荣的商业既吸引来不同时期各具特色的外来商人，也孕育出福州本土商人群体。

一、商贾云集

　　宋元时期福建地区的海外贸易极为发达，借助马尾天然良港的优势，福州出现了大批的阿拉伯、波斯商人，南门兜的清真寺就是这段历史的最好见证。明代，中央王朝将专管对外贸易的福建市舶司移到福州，还在台江设立琉球馆驿，将其指定为官方对琉球国贡货贸易的机构，加上郑和七下西洋驻泊闽江口所带来的辐射效应，台江地区出现千舸辐辏、商贾云集的商业繁荣盛景。

　　历史发展到清中后期，尤其是 1844 年福州作为五口通商口岸之一正式开埠后，台江地区成为重要的洋货和粮、茶、纸、木的集散地，洋商、买办、洋行汇聚台江码头周边，福州十邑、福建上下四府的商户和各省商帮遍布上下杭。此时的福州商人群体已稳定成型，并涌现出众多的商界巨子，"榕商"声名鹊起。

1. 行商行帮

商以帮聚，业以行分，为了共同的商业利益，台江商人建立了各类商业组织。

行商。明洪武（1368—1398）年间，福州是官方指定的与琉球国贡货贸易的港口。明成化（1465—1487）年间，福建市舶司移至福州。朝廷在福州设立官方商业贸易机构，对福州海外贸易产生了积极的影响，促进了福州地区贸易地位的提升。此时的福州台江地区已经出现商贾云集、千舸辐辏的繁荣景象。

明清时期，南台地区形成全国性的木材、茶叶、纸张、菇笋四大市场，名闻海内外。据明代福建巡抚许孚远的《敬和堂集》记载，当时南台有22种行商，计有行商116人。许孚远在《酌免商税福州府》一文里，记录南台行商中纳税最多的是白糖商人，每年要交纳1800两白银的税款；黑糖商人、木商、棉布商、生猪商都算大商人，交纳税收从200两到400两白银不等。南台的行商控制着福州乃至全省的诸多行业。福州皮箱历来有名，在市中心的杨桥巷，号称有"十万家皮箱店"，其牌号多用"万"字，有万福兴、万源、万全、万宝、万利、万成全、万福利等，还有瑞华、成兴、茂实、金华昌诸家。这些皮箱所需的原料，由南台的牛皮行从台湾购取，而将其销售至外省外府的过程也由南台的皮箱行负责。

福州还输入外省土货，例如，皮货，关陇等地海运来；参茸，各省转运来；绸缎，上海轮船运来；药材，川、广、浙等处海运来；玉器，苏、粤、滇海运来；烧料器玩，津广各处海运来；笔墨，湖、徽海运来；笺扇宣纸，苏、杭、皖海运来；棉布，上海运来；夏布，江西陆运来；瓷器，江西海运来；绸，温州海运来；锡，广东海运来；水烟袋，汉口海运来；鱼翅，温州海运来；海菜诸品，南北洋海运来；兰州烟，上海、汉口海运来。上述商品中，皮货、棉布、丝绸、药材、海产等在闽江上游地区有相当广的销路。

行帮。早期分为本地帮和客地帮，安徽、浙江客商另立平徽帮，继而按经营茶叶种类分为红茶、毛茶、香花茶、市茶等商帮，后又组织了福兴长、福泉兴、恒元堂、公义堂等公帮。著名商号有生顺、明兴、宏春、富春、恒元堂、福茂春、庆林春、协顺隆等。主要由闽清帮经营。经营纸行的分为福州帮、江西帮、沙县帮、洋口帮、连城帮、建阳帮、浦城帮等。著名商号有张德生、罗坤记、乾和记、记兴顺、聚源发等。在乾嘉年间有天津、闽南、江浙、台湾、长江、福州等帮口，后又分为本地籍与客籍（包括买办、洋行），最著名的是义洲的林太和木行，八兴境的林日茂木行，还有长春木行。

按照经营种类，福州木帮分作杉行、松木、杉木贩等帮；依销售渠道的不同，分为天、南、福、台、长等帮。销售地域输往英国的红茶，输往美国的乌龙茶，输往非洲的绿茶，运销京、津、烟台、青岛等地的花茶。皮货、棉布、丝绸、药材、海产等在闽江上游地区有相当广的销路。晚清民国时期的福州土纸市场所经营的福建纸，不仅供本省所用，而且远销国内外。天帮销往天津一带，又分为青岛、烟台等帮；南帮销往闽南漳、泉各地；台帮专销台湾；长帮销往长江流域各口岸；福帮转售原木给本地。

鸦片战争后福州开埠，地处福州经济中心的台江上下杭地区，既是洋货倾销的市场，也是省内外农副土特产品销售的市场，洋行、钱庄、批发商行、名店铺、货栈、会馆、商会、金融公会、商事研究所等星罗棋布，商贸文化气氛极浓。在这里，商行鳞次栉比，达百余家，且规模宏大，资本雄厚，少零售，多大宗批发。商户按经营商品的不同，组成不同门类的"行帮"，垄断和控制着福州乃至全省的市场，主要有木、茶、油、笋、纸、米、糖、纱、布、钱、船、南北货、国药等行帮，这些货物均与国计民生息息相关。

当时台江地区的茶行、溪行、木行是具有全国性影响的重要商业行帮。

茶行。19 世纪中期以后，福州与汉口、九江并称为全国三大茶市。19 世纪 60 年代至 20 世纪初叶，是福州茶市最兴盛的时期，年贸易量最高曾超过 70 万担。除国内市场外，还远销到英、德、俄、荷等国，红茶、绿茶、青茶、白茶、砖茶等皆有出口。当时福州港出口货物总值中茶叶占80%，这些交易大部分在台江完成。据闽海关报告，福州外销茶叶 1900 年为 265900 担，1904 年为 179500 担；运往外省的数量 1900 年为 19300 担，1904 年为 76400 担。福建每年出口的各种茶叶中主要是输往英国的红茶。印度阿萨姆红茶崛起之后，福建红茶出口直线下降，至 1905 年仅得银 234万两。之后福州茶叶的对外贸易中，输往美国的乌龙茶开始唱主角，还有输往非洲的绿茶。

与对外贸易的情况不同，福州销往外省的茶叶则持续增多。福建茶叶产区分布广、种类多，六大茶类中除黑茶和黄茶外，青茶（乌龙茶）、白茶、红茶、绿茶皆备。福建茶叶产地绝大部分在山区，横贯全省，福州茶市的茶叶主要源自省内各产区，"该地茶业一方为接受产茶地初制之毛茶，加制后运出，一方为各地已制茶叶，假道于此以出口，前者多为绿茶，后者则大部分为红茶，次为青、白诸茶"。当时，茶商大部分集中在上下杭一带，且多是资金雄厚的富商大户，福州茶业行帮著名的有长乐欧阳家族于19世纪初开设的恒元堂毛茶帮，其毛茶栈（也称茅茶栈）均开设在下杭街和下靛街一带，有10余家，如生顺、明兴、宏春、富春、恒元堂等茶帮、茶栈。其中生顺茶帮可称为茅茶帮之王，年高峰批售量达2万担左右。其他重要的茶商还有罗氏家族的建春茶行和张氏家族的义序茶行。

福州的花香茶始产于19世纪末20世纪初，以茉莉花窨制为主，也有用珠兰、水圭、柚花、木兰、白玉兰等花窨制的。花茶运销到北京、天津、烟台、青岛等地，最盛时期约有六七十家，大部分分布于苍霞洲的福全社和荔枝树下一带，这一带因靠近闽江码头，货物起卸便利，现在支前路还有一个地方叫茶道，就是当年装运茶叶的码头。花茶行较出名的有福茂春、庆林春、协顺隆等，其中洪怡和、福茂春为南帮洪家所开设，居苍霞茶帮之魁，当时有"刀牌烟仔洪家茶"之说。

溪行（土货）又称"九八行"，其名源于香港，该地商行代客售货，按货值抽取2%为报酬，其余98%归还货主，所以称"九八行"。"九八行"从香港影响到广州，再从广州影响到福州。早期的溪行多集中于台江帮洲一带及后田、河下街、宫前社、万莫街（主要是闽清帮）、石狮兜、下靛街等处。到清乾隆（1736—1796）年间，台江地区溪行分布比较密集的地点在上杭路、下杭路、潭尾街、靛街、三保街、延平路一带。为便于卸货，溪行的仓库多在三保街、苍霞洲附近河道的码头，有私人仓库，也有公众仓库。溪行中以罗坤记进出口行与裕来昌进出口行最有代表性。五口通商后溪行逐渐移至下杭路、潭尾街以及苍霞洲等地，最盛时溪行多达数十家。

纸行。福建的纸业素来发达，在唐宋时即已出名，除竹纸外，楮纸、藤纸、桑皮纸及稻囊纸等都有制造。福建所产之纸，不仅供本省所用，而且远销国内外。

作为晚清民国时期福建四大土纸中心市场之一的福州，每年纸的输出额在 300 万元左右，与茶叶、木材的出口贸易占有同等重要的地位。在上下杭一带比较有名的有张德生、罗坤记、乾和记、记兴顺、聚源发等溪纸行。福州大纸行的经营资金均在 100 万元上下，大多自购自销，并在省外设立庄行如聚源发就在东北的营口、大连等地设庄。以减少中间环节，还创立自己的品牌，如聚源发纸行在其纸品上印有"林聚美"字样，就能提价 10% 出售；黄茂泰纸行的纸品也印有"黄泰昌"字样，同样大获其利。为利于业务的发展，经营土纸的大户商行还自备多艘由闽江口通往国内沿海省份运输的大型木帆船（俗称"山东船"）运销货物，这种船可载重数百吨。中等纸行有永源兴、林怡源、泰隆、德发、长顺丰、黄正茂、邓裕源、怡大、赖顺记、桐记、和春、裕来昌、连兴益、杨光泰、合春长（另有"合长春"一说）、邱益康、春记荣、明华、源丰荣、宏丰太、进丰泰、金记泰等 20 多家。经营纸行的分为福州帮、江西帮、沙县帮、洋口帮、连城帮、建阳帮、浦城帮等。

杉行（木材）。杉行也称"一般杉行"，台江杉木市场的杉行称为"一般杉行"。尚干、南通一带杉木市场的杉行则称为"南港杉行"，是指从事介绍闽江干流闽北各地所产杉木买卖的中间商，其经营的业务为代理采办人或内地木行向木贩、锯杉厂或江浙庄客出售木材，同时兼营向采办人贷款，赚取息金并预订杉木业务。

杉行多分布在台江义洲、帮洲一带。生意兴盛时，这一带大小木行有几十家，其中最著名的是清光绪（1875—1908）年间在义洲发家的林太和木行，行东是近郊浦西林宝璋兄弟，至今义洲还在沿用"太和埕"的地名。八兴境的林日茂木行也很有名气。此外，还有长春木行，现在义洲街道办事处就是其当年的行址。这些杉行既有独资，也有合股，资本多者十余万元，少则一两千元。行内人员除行东外，还有掌盘、司账及一般店员。掌盘即总理行内一切事务的经理，司账即司理会计出纳以及出外收账等事务的财会人员。其他如"看江"看管水坞木排，防备失窃、漂流等意外事故，"管栈"专司接待客人、管理食宿。

　　为了保护同业的利益，木帮成立了"福州杉行公会"。公会除了负责协调处理客商纠纷外，还举办多项慈善公益事业。他们将"杉"字和"木"字拼在一起，组成"彬"字，以彬社的名义从事公益事业。

◇ 上下杭旧城改造中发现的福州木帮石碑，记录了民国初年木帮修缮扩建商帮建筑的过程

如光绪年间成立的嘉崇八铺木帮彬社救火会，这是福州最早的民间救火组织。同时他们还集资建造义洲白马桥、帮洲彬德桥等，这些公益活动正是昔日台江木业兴盛的历史见证。

从事木材交易的还有"木贩"，也称伙贩，是指从事购买杉木、运外发售或转贩于江浙庄客或本地木作商的商人。依其销售渠道的不同，分有天、南、福、台、长等帮。天帮向天津一带销售，又分作青岛、烟台等帮；南帮向闽南漳、泉各地销售；台帮专销台湾；长帮向长江流域各口岸销售；福帮转售原木给本地木商。木贩多集中在台江义洲、帮洲一带，最盛时期有几十家木商大户。义洲白马桥东侧曾经是伙贩集中的一条街，因此也被称为"伙贩街"。20 世纪 30 年代，台江流行"义洲有柴行，柴行叫伙贩"的歌谣，指的就是这条街。

台江双杭地区的潭尾街一带也有多家经营天津板的木商号，较为有名的有天申福、新福记、倪裕记、倪天益、义隆以及星安桥的余信、下杭路的李子傅木商行等。这些木贩也有独资与合股等形式，独资经营者有店东、司账、店员，合股则加设经理 1 人。店东或经理总理店中一切事务，司账掌理银款账簿。

行帮的分支组织。在行帮的基础上，各业的堂、会、公帮也应运而生，按类型可分为以下几种。

"一业多帮"。有茶、木、布、药等行业。茶叶商帮早期分为本地帮和客地帮，安徽、浙江另立平徽帮，继而按经营茶叶种类分为红茶、毛茶、香花茶、市茶等商帮，后又组织了福兴长、福泉兴、恒元堂、公义堂等公帮。木业在乾嘉年间有天津、闽南、江浙、台湾、长江、福州等帮口，后又分为本地籍与客籍（包括买办、洋行），再后来又按照杉行、松木、杉木贩等帮来划分。

"先合后分"。海运和南北京果原属同一个行帮，后设立海运业（集云轩）、南北货业（锦远堂）、糖商业（举星堂）、橘饼产制业（浚星堂）、京果业（庆诚堂、致和堂、永远堂）等行会。苏广颜料业后来分出百货业（如兰轩、馨兰轩、桂香社）、颜料业（庆远堂）。

"一业一帮"。这类行业较多，如油帮、纸帮、酒帮等。

"按区域设帮"，多属于手工业类。如成衣业分城厢、东南、小桥、南极、桥东等帮派。鞋业仅南台地区就有南台、洲边、上杭、塔仔兜、白马桥等帮派。

各种类型的行帮有各自的势力范围，都具有保守、排他、垄断的特点。他们自立门户，各自为政，自议帮务，自定行规，自选会首（多数行会称"福首"，有的称作"行头""行首""帮头""帮首""头家""总理"等），一般是由各行业实力雄厚、名望较高的年长者执事。

二、近代商帮

五口通商后，来上下杭经商的各地商帮势力逐渐由小变大，由弱变强，福州民族商业资本为了维护自身商业利益，增强竞争力，奋力图存，各行业相继组成了商帮。来自不同地域的商人各施其才，各展其能。到民国初年，上下杭云集了100多个商帮，可以按地域和行业进行划分。

1. 地域商帮

在福州经营贸易的商人群体主要有三个：一是福州籍商人，行业代表人物有土产业的李郁斋、黄恒盛布庄的义序黄家、国药行及棉苎业的张乃武等；二是来自福建"下四府"莆田、仙游、漳州、泉州、厦门等地的商人和"上四府"建宁、浦城、周宁、寿宁、邵武等地的商人；三是来自外省的商人，以经营药材、土产为主的江西商人为多，还有温州商人、天津商人等。

福建本省以地域来划分的商帮除本地的福州帮外，还有兴化帮、建瓯帮、沙县帮、浦城帮、洋口帮、连城帮、福安帮、南平帮、古田帮和闽南帮等。兴化帮和福州帮是当时实力最强的福州地区商业帮会。

兴化帮主要由莆田、仙游商人组成。兴化商人在福州从开店铺、摆摊、挑担叫卖白手起家，艰难地积累起商业资本。兴化帮经营着各种各样的行业，主要有：（1）南北京果业。著名的商家有义美、义成、德发、建兴等10多家，采办土特产桂圆干、荔枝干、烟叶、菇笋、陶瓷等到山东、大连、江浙等地经销，再贩运豆类、花生、面粉、酒类、蚕丝、棉织品、日用品等回福州。（2）食糖业。有福兴建、联兴、元通等10多家，经营白糖、板塘、盆结糖为主。（3）百货业，有德昌、方成记两家。方成记业务规模较大，专营代理广州五羊牌电池，在厦门有分支机构。（4）代客行（代理商）。俗称"九八行"，经营本省土纸、香菇、笋干、闽南桂圆干、食糖等。（5）烟叶加工销售，如万聚烟铺等。（6）进出口行业。如位于延平路的裕来昌专营福州李干出口香港的生意。（7）棉布业。福兴建、方成记是其中的大户。（8）鞭炮业。蔡大生行的百子炮销往省内外，还在湖南设庄。（9）钱庄业。著名的有天吉钱庄、开慎昌钱庄。（10）侨汇业。建隆侨汇庄信誉好，得到南洋华侨的信任，业务量甚大。（11）汽车运输业。福兴泉汽车运输公司有百辆汽车，江子豪的运输公司规模也比较大。（12）食品加工业。传统手工制作的橘饼加工厂有长兴顺、天然、吉记等，还有制作豆腐、汤丸、软糕等食品的手工作坊。（13）酱鲑业。著名的有增发福酱厂。

晚清民国时，上下杭的兴化帮实力已经首屈一指。兴化帮中又以"四大金刚"最为著名，分别指的是：林时霖（林沛然）的聚源发号纸帮；何元育的何元记号船头（海运）帮，兼营闽南土特产、北货、糖、房地产及投放高利贷，资本雄厚；苏开勋传子苏秋兰的全省规模最大的南北货帮义美号；还有就是蔡友兰的蔡大生号烟花鞭炮兼营汽车运输和进出口帮。这"四大金刚"在当时都是执福州商界牛耳的"海运公帮"（进出口）会员号的主要成员。

因为兴化帮在上下杭地区的经济地位高，福州人曾习惯于把下杭街称为"兴化街"，民谚甚至有"无'兴'不成商，无'兴'不成街"的说法。

◇ 下杭路兴安会馆

堂会是兴化商帮为了联络同乡、互通声气，依所事行业的不同结成的组织。经营南北货的组织有锦远堂，经营食糖的组织有聚星堂，装客帮的组织有致和堂，制造橘饼的组织有浚星堂，制烟的组织有如兰堂，当经纪人的组织有怀远堂。这些堂会是各行业企业主的组织，小商贩是不能进入的。这些堂会财力厚实，既有供出租以取得常年活动经费的房产，又有如大量铜锡器皿之类的财产。

2. 行业商帮

到民国初年，福州地区有260多家商行，主要有18个门类，故而有"十八行"之说。它们分别是：茶行、木材行、纸行、糖行、京果行、油行、海产干货行、粮行、酱行、绸布行、棉苎行、文教用品行、百货行、国药行、新药行、烟行、颜料行、进出口行。

以行业来划分的商帮巨头有：船头帮中罗家的赵英球、张家的宋景焰；国药帮中广芝林行的徐建禧、咸康行的张桂荣、张桂丹兄弟；茶帮中号称"毛茶帮之王"的生顺行的欧阳妹弟和经营茶叶出口的张德生；糖帮中福安糖帮的周逢通；钱帮的尤柳门、罗梓藩、曾宜、朱积斋。此外，南北货帮的叶文兰，天津板帮的多振伯、黄如碧，"纸帮"的黄锦云等，也都很有名气。

随着茶叶贸易的繁荣，茶栈、茶行发展很快，到19世纪80年代，福州已达100余家，并形成各种茶帮公所，依采买茶类与性质的不同而分为广东、天津、平徽、毛茶、茶庄、洋行六大帮别。

广东帮历史最久。早在福州茶市开辟之前，广州已经有13家茶行，专门采办崇安的红茶。1853年后，这些茶行迁号福州，在采办红茶的同时又兼办青茶，因红茶与青茶均以木箱包装，因此也称为箱茶帮。据民国二十四年（1935）的调查，该帮有茶栈19家，其中专营红、青茶者各9家，兼营者1家。

晚清的南台街市天津帮的创立者为长乐的欧阳家族。其族人在天津经商，兼运少许茶叶到津零售，因为销路好，便大规模经营，并在福州设厂精制茶叶，后来设厂的人越来越多，成为一个帮。由于其市场在天津，故称天津帮，又因其所制多为薰花香茶，故也称为花香茶帮。据民国二十四年的调查，该茶行共有 19 家，有 2 家地址不明，余下的 13 家在台江，4 家在仓山。

早先福州虽有茶店，但因毛茶需求有限，所以没有设立毛茶栈帮，在天津帮设厂制茶之后，毛茶的销路越来越广，随着平徽帮入闽，毛茶业更为发达。该帮的营业模式多为代客发售，抽取佣金，同时也有的商户兼营采办，自负盈亏。据民国二十四年的调查，计有毛茶栈 15 家，除 1 家在桥南，3 家地址不详外，其他的都在台江。

平徽帮。他们原先在广东设厂，运皖茶到该地薰花，后与当地茶工发生矛盾，于是把厂迁移到福州，因此也被称作客茶帮。该帮商户数最多，又因籍贯不同，分为直东、平徽两派，前者主要由直隶（河北）与山东两省人所开设，后者主要由安徽人所开设。据民国二十四年的调查，该帮茶行计有 44 家，但在台江的仅有 1 家。

福州的茶庄历史虽然悠久，但在民国十二年（1923）以前，极少有茶庄运茶至省外。此后情况逐渐改变，逐渐运茶销往河北、河南、山西、陕西、汉口、江西各地。其中以汉口与江西两处的销量最大。除几家规模较大者之外，其余多为售卖茶叶与水烟的茶叶店，规模较小，与茶叶庄联合组成茶庄帮。据 1935 年调查，该帮计有茶号 25 家，在台江的有 5 家。

洋行帮。他们随广东帮来到福州，因为箱茶须经由洋行转往外国，而洋行又须由茶栈代为采办茶叶，因此两者形成了互相倚赖的关系。抗战前福州共有9家办茶洋行，怡和、太兴、裕昌、德兴、乾记、天祥、协和为英商，祥臣、同亨为德商。

在上述各帮之外，尚有茶珠行3家，专门收买茶珠加工，运销于琉球各地。

3. 商帮翘楚

兴化帮：来自福建莆田、仙游一带，经营南北京果、食糖、百货、烟叶、代客业、进出口业、棉布业、鞭炮业、钱庄业、侨汇业、汽车运输业、食品加工业、酱业等。兴化帮著名的商号有聚源发纸行、何元记糖行、苏开勋义美南北货行、蔡大生鞭炮行，号称"四大金刚"。"三兰"：宜美的苏秋兰、兰记的叶文兰、蔡大生的蔡友兰；"两张"：瑞丰颜料行的张盈科、食糖业联兴公司的张安国。此外，郑桂芳（大达）、江子豪（汽车业）、关天培（糖业）、程文涛（侨汇业）、徐建禧（药材业）等都较为著名。建有堂会，如锦远堂以经营南北货的企业为主，聚星堂以食糖商号为主，致和堂为代客行的堂号，橘饼厂商组建浚星堂，烟帮入如兰堂，经纪人入怀远堂。一般只有大企业主才可以进入堂会。兴化帮的活动以下杭街的兴安会馆为会所，每年春秋两季举行"酬神"，在洋中路购地建"寿生堂"，供莆仙籍贫苦乡亲临时居住，在仓山购置"兴化山"作为公墓，创立"兴安公学"。

福州帮：来自福州、闽侯等地，代表性商号有黄恒盛布庄、陈恒记绸缎行、黄丰记奇生布行、咸康国药行，较有名的还有张乃武的棉苎业、李郁斋的土产业、新业和大新行的进出口业、宝来轩的糕饼业。李郁斋在下杭路开设国泰行，在上海设申庄，购置木帆船，经营两地间的贸易，成为富商，是福州商会的创立者之一。黄恒盛家族主要经营布业、药业、纸业、

食品业，擅长异地贸易。

江西帮：多来自江西南城、建昌、临川等地，早期多为南城、建昌一带的药材商人，后也经营土产生意。位于下杭路的怡大土产商行是双杭地区土产业的老铺和大户。江西临川人邓炎辉在福州创办福州祥昌商行（后改为怡大商行），主营土特产，在永安、上海、武汉等地也有业务。江西帮多聚居在上下杭一带，将福州作为贸易出海口，在台江地区建有昭武会馆 1 座、南城会馆 2 座、平南会馆 3 座、江西会馆 1 座。

温州帮：来自浙江温州地区，主要经营蛋品、草席、南北货（陶永顺商行），大户经营木材（联华公司）、轮船业（南强轮船公司）。王国桢在福州设立联华公司，经营木材、棉布等大宗商品，并建立南强轮船公司，在香港和台湾设立分支机构。陶忠信接手陶永顺商行后，在下杭路设总店，在中选路、三保街、中亭街设分店，发展迅速。分布在中选路、排尾、鸭姆洲一带，经营手段灵活，诚信度高，深得客商信赖。

南平帮：来自福建南平地区，主要经营土纸和木材，著名商号有邱森泰商行、双丰土纸行。邱映光的邱森泰商行经营木材采伐和运输业务；南平兰溪人欧云远在潭尾街开设双丰土纸行。主要分布在延平路、潭尾街一带。

长乐帮：来自福州地区的长乐主要经营茶叶、药材、纸张等，著名商号有恒元堂茅茶帮生顺茶栈、曾长兴溪纸行、中孚药材行等。中孚药材行经理陈幼鸿开设德生祥药行，成为大型批发商，又拓展进出口业务并兼营五金、自行车等业务。多在台江码头和北仔街一带开京果店，花生牙行集中于达道路。

闽南帮：主要来自福建泉州、漳州地区主营绸布业、南北货、食糖业。

著名商号有益兴、福兴盛、福联绸布行及乾和裕、建东南北货店。建东店老板李珊珂（三哥）经营的糖业是福州首户，购买多艘山东船运输食糖，曾捐资修建南郡小学。绸布生意多在上杭路，食糖业在下杭路。闽南商帮建有南郡会馆和泉美会馆、永德会馆，会馆中多奉祀开漳圣王、保生大帝等神明。

福清帮：来自福州地区的福清，经营棉布百货业、运输业、侨汇业等。著名商号有：连利绸布商店、福海运输公司、融通运转站等。龚忠贞主持的下杭路连利省庄，开拓上海、印尼通汇业务，经营南北货和进出口商品，经营手段灵活，商业嗅觉灵敏。多集中在台江路一带，建有福清馆。福清人利用侨汇商机，获利颇丰。

4. 商业会馆

康熙二十三年（1684），清廷设闽海关，分驻福州南台与厦门两地，开展对外贸易。康熙五十九年（1720），清廷准许外商设立公行，各地在福州的商人为了同业利益，以乡谊为纽带，联络感情，互通信息，减少摩擦，协调纠纷，促进商业活动，建立了以商业功能为主，具有同乡会性质的地域性会馆。

福州会馆在清道光之前多带有科举性质，之后逐渐加强了商业性质。按馆属分，福建本省的 36 所，外省的 29 所。全国 18 省，省内 24 县在福州设立会馆，有的地方还设立多处会馆，如江西人就在鼓楼北角楼和鼓东路各有一座会馆，在台江有昭武会馆一座、南城会馆两座，江西会馆一座，平南会馆三座，可见江西商人极为看重福州出海口的地位。浙江木业商帮在仓前桥头建安澜会馆，俗称上北馆；浙江运木商帮在泛船浦文藻巷建浙船会馆，俗称下北馆。会馆有的是联省合建的，如石井巷的两广会馆、三山会馆、闽浙会馆、闽陕会馆、奉直东会馆、蜀滇黔会馆等。江浙两省的绸布业公帮在福州城市内外各合建了一个会馆，因为是跨省合建的，不标江苏或浙江名称。城内的会馆在春育亭（俗称仓前河沿，在通湖路和光禄坊交界处），邻近三山驿，也叫三山会馆，在南台的会馆也用此名，分别称为城三山馆和台三山馆。浙江人还在鼓楼的三牧坊、西门外和南门下醴井分别建了浙江会馆、浙绍会馆、闽浙会馆，由此可见浙江商人在福州的势力。有的会馆是地缘性的会馆，如建郡会馆就是由建宁府下属的建安、瓯宁、崇安、浦城、建阳、松溪、政和七县共建的。又如台江下杭路的南郡会馆，由泉州、漳州、厦门等闽南籍商帮集资建造。有的会馆是同业会馆，如安澜会馆是由浙江木材商兴建的，石塔会馆是京果行商会捐资重建的。

在商业中心的南台地区集中分布着 24 个会馆，其中有一半在上下杭地区，如建宁、浦城、泰宁、周宁、绥安、兴安、南郡、福鼎、寿宁、建郡、永德、邵武等会馆。此外，三山、福安、古田、永福、汀州、延郡、尤溪、闽清、宁德等会馆也多在其周边地区。明清时代，南台街区拥有 27 座各县会馆，即位于上杭街的建宁会馆、绥安会馆、浦城会馆、周宁会馆、南郡会馆、盱南会馆、寿宁会馆、轩南会馆，位于下杭街的兴安会馆、南郡会馆，位于一保的古田会馆，位于三保街的永福会馆，位于潭尾街的尤溪会馆，位于亥埔里的永德会馆，位于霞浦街的延平会馆，位于茶亭街的宁德会馆，位于茶亭街的福安会馆，位于横街巷的三山会馆，位于新闽街的闽清会馆，位于横街巷的建郡会馆，位于高顶路的福鼎会馆，位于高顶路的永德会馆，位于福清路的福清会馆，位于福清路的玉融会馆，位于台江坞埕的霞浦会馆，位于台江的泉美会馆，位于南禅寺的汀州会馆。

上下杭地区清代重要商务会馆：

南郡会馆：下杭路 92 号，面积 2000 平方米，清末由泉州、漳州、厦门等闽南商帮集资建造。廊柱、柱基均用青石，雕刻精美，出自惠安名匠之手。殿中祀天后妈祖。1925 年闽南商帮在馆内创办南郡小学，1956 年改名为下杭小学。

兴安会馆：下杭路 27 号，面积 3000 平方米，清代由兴化府商帮所建。坐南朝北、纵贯上杭、下杭两条路。供奉陈文龙尚书、关帝、土地爷、魁星。民国时期馆内建有兴安小学，1956 年改为下杭小学，1978 年改为台江区教师进修学校。现旧貌无存。

浦城会馆：上杭路 83 号，面积 320 平方米，清末由浦城商帮所建。坐北朝南、依山而建，内祀妈祖，每年举办两次庙会。该会馆曾经是中共地下党的秘密活动地点。

建宁会馆：上杭路 63 号，面积 2000 平方米，修建于清嘉庆年间，由旧时的建宁府七县商帮合建。背靠彩气山，面临上杭街，明清建筑风格，园中建文昌阁。该地曾经是福州禁毒社的重要宣传点，辛亥革命福州义军的指挥点。"文革"中被改为民居，文昌阁尚存。

寿宁会馆：上杭路 173 号，面积 2000 平方米，清代光绪年间由寿宁客商修建。正殿祀妈祖，会馆设馆务委员会，每年清明节宴请在榕寿宁人士，新上任的寿宁县长必定到会馆拜会。会馆收入依靠茶叶贸易的厘金，住会馆的不收房租。1949 年后部分改为民居，部分作为工厂，正殿基本保持原貌。

绥安会馆：上杭路 56 号，面积 2000 平方米，清代由建宁商帮建造。客商主要来自泰宁、建宁、宁化、清流、明溪等地。面向上杭路，背靠彩气山，面阔三间，进深三间。今已拆除，改建为民居。

福鼎会馆：上杭路高顶路 35 号，面积 290 平方米，清宣统年间，由省咨议局议员孔昭淦提议，福鼎商帮出资所建。面朝高顶路，背靠彩气山，砖木结构。20 世纪 90 年代被拆毁。

延郡会馆（延平会馆）：延平路马口 104 号，面积 2000 平方米，清中期由南平商帮所建。前临延平路，北靠大庙山。馆内祀四贤（杨时、罗从彦、李侗、朱熹）。辛亥革命福州起义前夕，这里曾作为秘密培训据点。20 世纪 80 年代被福州小刀厂占用，后被电力部门占用。

永德会馆：位于星安桥与三通桥之间，与上下杭连片，与中亭街相距不足百米，面积 1224 平方米，始建于清雍正年间，光绪年间重修，为永春、德化商帮集资所建。会馆长期作为永德商帮堂会、商会、同乡会的活动场所。内有戏台，既演出闽剧，也演出高甲戏、提线木偶等闽南剧种。1949年后，会馆作为公产由政府租作厂房。

古田会馆：帮洲宫前路吴厝埕 5 号，面积 683 平方米，清光绪二十四年（1898），古田商帮陈必光将在台江购置的一块地献出，推举魏明然牵头，向古田商帮的 5 个分支，即谷黄（谷口、黄石）米帮、红粬帮、茶帮、焯（薪炭）帮、都县米帮筹款 18287 多两银钱，于 1914 年竣工。会馆建筑具有浓厚的福建地域特色，分东西两落，内有戏台，正厅供奉妈祖。1996年被公布为省级文物保护单位，2008 年进行抢救性保护修复，是目前福州最为完整的一座清代商务会馆。

闽清会馆（梅邑会馆）：原址在台江帮洲万侯街，面积 540 平方米，清同治六年（1867）由闽清籍华侨集资，黄乃裳主持修建。后来林森为纪念黄乃裳，将万侯路改为乃裳路。建筑具有明清风格，内供奉黄天君、马将军神像。曾改为新闽小学，1988 年被列为台江区文物保护单位、黄乃裳纪念馆。1994 年，闽清县政府驻榕办入驻此地，2005 年会馆移迁到三保直街。

尤溪会馆：潭尾街 59 号，面积 800 平方米，清末尤溪商帮创建。三进、三阔，后门临三捷河，小船可直接下水。旧城改造时拆毁。

汀州会馆：原址在闽清会馆附近，1991 年迁到白马南路。清末长汀、上杭一带经营纸靛的商人所建。仅余天后宫一座。

福州会馆的商业功能。福州会馆往往是在商业组织基础上演变而来。如汀州会馆，最早只是长汀、上杭两县经营纸靛的商人组织的"纸靛纲"，后来扩充为"四县纲"，最后才变为汀州会馆。又如，兴安会馆是兴安商帮各堂会集体活动的场所。还有诸多外省在福州的会馆。据闽海关税务司调查："关于会馆，就我们所知道的，在福州有 10 个。它们是广东会馆、两广会馆、江西会馆、江苏会馆、安澜会馆、浙江会馆、安徽会馆、湖南会馆、山陕会馆和奉直会馆。这些会馆是由各省住地福州经商和客人发起创办的，主要目的是为该省同乡人提供一个聚会的地方，讨论有关共同利益的问题，安排富商帮助困难的同乡人等等。"

具体说来，福州会馆的主要功能集中于以下五个方面：

第一，联络同业、互通商情的商业功能。各地的土特产品要在福州销售，多数先运到会馆存放，寻找买主，等成交后才运走，有的会馆长班也兼当中介人，所以，不少会馆往往兼有客栈、储运、牙行等作用。

第二，"聚乡人，联产谊"的联谊功能。许多旅居在福州的外地人都以会馆为联络乡情，加强乡谊的场所，不论是当官的还是经商的，多到会馆来联系，以谋求相互提携、彼此支持。例如寿宁会馆，"清明日下午，会馆要办几十桌酒，请所有在榕的寿宁人上席，既是宴会，也起到交流情况互相联系的作用。省派到寿宁的县长，在上任之初，一定来访会馆先生，问问县情，对寿宁有感情的卸任县长，若有来访，要置酒饯行。"又如浦城会馆，"平时，酒楼作宿舍，庙会时，走廊和酒楼都摆酒席，边吃喝边看戏。正中是佛殿，这里是接待、联络的地方，备有座椅、躺椅、茶几等。同乡可在这里休息，喝茶、阅报、谈天。"会馆还是一些重大同乡聚会、凭吊追悼等社会活动的场所。如清光绪十一年（1885）7月，左宗棠逝于福州，湖南旅榕人士曾在保定巷的湖南会馆开会追悼。民国元年（1912）4月1日，孙中山辞去临时大总统职务离开南京，回广东途中转道福州，曾应广东旅闽同乡会的邀请，到广东会馆午休。当时，广东会馆举行盛大欢迎大会，会馆内外张灯结彩，旗帜飘扬。

第三，娱神娱人，文化认同的功能。各地游子旅居异乡，时有思乡之情。于是每逢节庆、神诞的时候都举行具有乡土民俗色彩的庆赞、纪念活动，聚集同乡朋友宴饮，举行烟花灯会、吟诗唱和、演戏酬神、踩街等，以解乡愁，以叙乡情。会馆常常与神庙合为一体。许多会馆的厅堂就是神坛，供奉神祇，烧香设供。有的会馆前门临街还直书天后宫，如浦城会馆、古田会馆、绥城会馆等。福州周边县份、莆仙地区乃至省外在福州的会馆多供奉妈祖、关帝、赵公元帅，最普遍的还是祀奉妈祖。闽南一带在榕会馆，多祀开漳圣王和保生大帝等。有的会馆供奉同乡中为民爱国的忠臣良将，如兴安会馆供奉宋代忠臣陈文龙。安澜会馆也有专门为江苏无锡人孙尔准而建的祠堂。有的会馆甚至还为本邑华侨塑像立碑赞颂，如硋埕里永德会馆内有《桃源翁李立斋先生传赞》，文中记载李立斋、李俊承父子出国往南洋及回国均搭乘商船，从福州港进出，并在永德会馆寓居，福州永德会馆重建时，李俊承乐捐巨资，贡献颇大，会馆供奉桃源翁像并树碑立传，旨在凝聚同乡、崇尚仁德、报效社会。每逢春秋吉时佳日，兴安会馆的同业公帮都要举行酬神戏会，同时聚在一起议订同业业规，这叫作庆赞，庆赞当事人由公帮推举。

◇ 张真君祖殿

第四，文化教育功能。明清时期科举考试时，各地秀才集中福州参加乡试，直至民国时期，各地还有不少学生来省城投考。他们的食宿多由各自的会馆供应。对于家道贫寒的考生，会馆多给予经济资助和生活照顾，有的会馆还邀请教习为应试的士子、考生辅导。科举废除后，兴安会馆还办兴安公学，供同乡子弟读书。随着学制变革，又改公学为私立兴安小学，除招收同乡子弟外，还兼收附近居民子弟。

第五，社会救济功能。广东会馆的章程规定，"会员因生活困难，可以申请救济，特别当亲属死亡，无力运木柩回乡时"，兴安会馆曾拨出一笔经费在洋中亭购置一处房产——寿生堂，供贫病无家的同乡临时住宿，另在仓前山附近购置一片山地（俗称兴化山），作为贫穷的同乡掩埋亲属的坟地。龙岩会馆对流落省垣一带的同乡（逃亡的壮丁或被捕的革命者）都曾竭力给予赈济和营救。"对于因使用假银圆、贩毒、赌博的同乡犯法而被警方拘捕的"，寿宁会馆负责人还得奔走营救。

会馆的管理方式。会馆的维持经费主要靠租金收入。民国年间，浦城会馆就曾将房屋出租给德兴生药行。会馆出租 6 间小店屋和 3 座大店屋，月收入租金 160 余银圆。寿宁会馆的开支主要靠茶叶厘金收入。寿宁的红茶都从福州口岸外销，每年有八九千甚至过万担，厘金由闽粤人经营的茶栈代扣，到 10 月结算。另外还有上杭街楮来仪纸店、中亭街正顺店、横街巷头店等店铺出租的租金收入，全年收支在次年清明节结清。琼水球商会馆（琉球会馆）自清道光三年（1823）建天后宫至道光二十二年（1842），已陆续用积累的厘金购置 6 处房产作为祭业（即庙产）。负责馆务的人称会馆先生。馆务委员每年开三四次会，研究全年工作的会议，一定在每年清明前召开。永泰会馆设总经理 2 人，副总经理 2 人，董事 1 人，处理日常同乡事务。

章程是会馆经济和有关社会事务管理运行的共同规范，内容大同小异。每个会馆一般有自己的章程，外人并不知道。以广东会馆的章程为例，大体如下：

（1）鉴于住在福州的广东籍商人日益增多，有必要组织一个同乡会，向同乡人提供帮助和保护。

（2）同乡会会员如果触犯社会法律，交由会馆执委会进行审查，如果确有不法行为，送交当地政府处理。

（3）为了保管会馆的档案资料，委派秘书一人，每月固定薪俸若干。

（4）遇到重大事件，关系到全体会员的利益时，应召开会议进行讨论。

（5）会馆经费由会员捐助，如有不交的，驱逐出会；捐款低于摊配给他的金额的，给予罚款，金额不低于演一台戏的钱。

（6）会馆执委会收到捐款后，应把捐助人的姓名写在红纸上，张贴会馆墙壁公布，以防遗漏。

（7）执委会有权处理多余的基金，将其用于财产投资，或者贷给需要的会员，超过100元以上的，要上报大会批准。

（8）会馆召唤会员时，发出竹片，上写事务的性质；会员接到竹片时，必须服从，亲自到会，如果本人不在由别人代表，则须交还竹片，如有不遵者，予以罚款。

（9）执委会由商行的负责人担任，任期一年，任期届满后可以参加重选。

（10）在适当和需要时，经大会批准，会员捐助的金额可以增加，或者减少，以至于全部免除。

（11）大会讨论有关全体利益问题时，每个会员有权发表意见，但是不准将会议内容对外界传播。

（12）会馆的家具财产都要登记备案，保存在秘书处，秘书应于每年年会上汇报家具物品的损坏与丢失情况。

（13）任何人不得居住在会馆内，除非是从广东来的知名学者。

（14）妇女不准进入会馆。

（15）所有做法事的僧、道和仆役不准接受小费。

（16）会馆的职工因过失被判有罪时，立即开除出馆。

（17）广东籍人士进京赴考经过时，如有需要，可向执委会申请帮助。

（18）会员因生活困难，可以申请救济，特别当亲属死亡，没办法运柩回乡时。

1926年北伐军入闽，福州商界的各行、各帮普遍成立商民协会，代替原来的行帮组织。后因国民政府实行独裁统治，商民协会被取缔。此后，各行业组建起商事研究所，比较著名的有杉行研究所、西药研究所、双杭钱业研究所，共同抵制苛捐杂税，维护中小商家的利益。1927年后，福州会馆逐渐式微，或用于办学（如兴安、南郡），或变为工厂（如南城），或改作民居（如浦城、建郡、寿宁）。1932年，国民政府颁布《工商业同业公会法》，福州的各类行帮、商帮开始组织同业公会，以加强商人与政府的沟通，维护同业的合法权益，并促进同业团结，减少商业纠纷。由于同业公会组织比较涣散，解体、合并事件时常发生。至新中国成立前夕，福州比较稳定的同业公会有钱庄、海运、南北货、茶、油、糖、国药、汽车运输等71个。

三、商务总会

鸦片战争后，在中国与西方国家冲突和交往过程中，越来越多的人认识到中西方之间在基本社会生产方式和社会制度上存在着重大差别，其中一点就是认为西方是"以工商立国"，而中国是"以农立国"，中国在经济结构和社会观念上与西方的不同是造成中国屡战屡败的根源。一些有识之士意识到无形的"商战"比有形的"兵战"更损害中国的利权，郑观应在《盛世危言》提出"习兵战不如习商战"。

福州近代民族商业资本阶层面临着国外洋商、买办、洋行的巨大压力，为了更有力地维护商业利益，促进中国本土商业协调发展，在清政府"商部"的推动下，1905 年冬日，福州商务总会诞生。这是福州商业发展史上的一个重要事件，它标志着福州商人摆脱了有史以来各行业间分散不群的处境，联结成为一个相对统一的整体，也意味着福州商人群体在近代福州历史舞台成为一股重要的势力。

1. 成立背景

19 世纪末 20 世纪初，随着全球贸易的扩张，西方列强也将殖民政策由军事入侵转为经济侵略，中国的实业者随之提出了"实业为救亡之先务"的口号，开启了近代中国实业救国的先河。于是中国社会上下掀起了一股重视工商业，为工商业的发展和商人社会地位的提高呼吁请命的热潮。甲午战争中中国败给原来也是经济落后的邻国日本，丧权辱国之事接二连三，中国的民族危机空前严重。被惨败惊醒的中国先进知识分子和开明官员痛定思痛，开始群起向西方强国寻求救国救民之道，"商会"就是被他们引进的寻求富强的方法之一。康有为在给光绪皇帝的奏折中，也多次提议设立商会。他不仅看到商会促进商业发展的作用，同时进一步意识到西方商会在配合本国政府进行对外经济扩张上的功能，因此设立商会是对西方国家进行"商战"刻不容缓的举措。当时统治集团内部的张之洞、刘坤一等官员也赞同设立商会，响应商战。

1901 年签订《辛丑条约》后，中国遭遇空前严重的民族危机，振兴工商业以解救民族危亡成为全国上下的共识。以 1901 年"新政"为契机，清政府逐渐改变以往"重农抑商"的政策，开始大力推动工商活动，包括成立商部、制定商律、推动各地成立商会等工商社会组织及团体等一系列振兴工商实业的政策得以实施，商人在近代社会中的作用也日益得到重视。

　　面对对外须"商战"、对内须"振商"的严峻的经济社会形势，清朝统治阶级也开始扶持商会等社会经济组织。1898 年之后，在清廷的授意下，各省陆续设立了商务局，作为管理工商事务的准官方机构。1902 年正月，在统治阶层的召集下，上海成立了商业会议公所。接着，汉口、广州商业会议公所、天津商务公所也相继成立。商业会议公所是由商务局向商会转化过渡的中间组织，起到了"创商会之先声，促商务之进步"的作用。1903 年 8 月商部成立后，更加积极推进各地商会的组织工作，将商会发展成一个执行国家商业行政管理职能的半官方机构。1904 年初，为劝办商会，商部制定了《商会简明章程二十六条》，谕令各省迅即设立商会，"凡属商务繁富之区，不论系会垣、系城埠，宜设立商务总会，而于商务稍次之地，设立分会"。一时间，设立商会之风遍及中国各大中城市。1904 年全国各地仅有商会 19 处，1907 年增加至 209 处，至 1911 年辛亥革命时已有 678 处。1912 年除了蒙藏外，全国各省区共设立了 998 家商会，此外，海外华侨聚居之地也纷纷成立了商会。"商会是中国有史以来第一次将分散在各行业、各地区中的孤立的商人凝聚成一个相对统一的整体，改变了近代中国经营主体的分散性，在收集信息、降低成本、减少不正当竞争、降低投资风险方面都发挥了重要作用。"

　　鸦片战争之后，福州被迫开埠，近代工商业得到很大发展，"尤以对外贸易最为繁盛。商业区域，在南台万寿桥以东至义和码头一带，凡茶叶输出商，及市布，斜纹布，棉纱，煤油，糖等输出商，以及电话公司银行运送业各杂货商旅馆皆在此处，此外重要洋商，亦悉在此"。对外贸易的繁盛，必然促进经营者频繁与外商交流信息，自觉吸收先进的经营制度。福州商会的创立者张廷赞、罗金城、李郁斋三人都长年在上海经商，自然能开风气之先。1902 年上海模仿西方成立的商会前身——上海商业会议公所就为张廷赞等人回福州成立商会起了很好的示范作用，而且张氏与时任商部侍郎的陈璧既是旧识，又是姻亲，积极支持商会工作、在各地率先成立商会自然也是张氏的分内之事。此时署理闽浙总督一职的李兴锐也上奏清廷，响应清廷成立商会的号召。在李兴锐看来，商会具有促进"官商联为一气""可厚营业之力，联涣散之情"而"不受欺制于外人"等振兴商务的优点，这是包括行会、公所等传统中国商业组织所不可比拟的，因而，上下一心之下，1905 年福州商会应运而生。

◇ 福州商务总会旧址

2. 历史变迁

福州商务总会时期（1905—1915）。光绪二十九年（1903），旅沪榕商张廷赞、罗金城、李郁斋等从上海回到福州，联合福州各商帮人士，遵照商部定章，并考虑到各埠情况，在南台下杭街组织成立了福州商务总会，作为各商帮的协调机构。光绪三十一年十二月（1905年1月），商部颁发给福州商务总会关防，张廷赞正式就任总理一职。（关防：清代印章的一种。正规职官用正方形的官印，称为"印"；临时派遣的官员用长方形的官印，称为"关防"）

福州商务总会成立后，制定了《更定福州商务总会章程》，"以开通商智、和协商情、调查商业、提倡改良、兴革利害为宗旨"，成为工商各业的枢纽性机构。它打破了以往公所、会馆的行业、地域之分，有史以来第一次将分散在各行业的工商业者凝聚成为一个相对统一的整体，有力地推动了福州工商业的发展。不仅如此，商会还作为"通官商之邮"的桥梁，有利于改善千年以来的官商关系。

根据清末部颁的《商会简明章程》规定，商会的总理、协理应由就地各会董齐集会议，公推熟悉商情、众望素孚者数名，仍由会董会议，或另行公推，或留请续呈，任议决后禀商部察夺；商会董事应由就地各商家公举为定。民国商会法及其施行细则也规定："会董由会员投票选举，会长、副会长由会董投票互选"，选定后除"报农商部备案外得即就职"。新成立的福州商务总会根据商部要求，实行议董制，设总理、协理各1名，会计董2名，庶务董6名，坐办、书记、事务、会计员各1名。其中总理、协理由会员投票选举后，经商部加札委派即可，任期一年，任满后由会友选举会员，再由会员公举议董后，由议董全体选举或予以留请续任。总理、协理都是由财力雄厚且有社会声望的亦官亦商式人物担任。创始人张廷赞、罗金城、李郁斋三人先后担任过总理。辛亥革命后，商会仍沿用议董制，但领导人由"总理"改称"会长"，任期四年，陈渭藩担任会长，直至1915年商会法颁布改制。

根据《商会简明章程》，各地的商务总会会员为20~50人，分会是10—30人，并对会员的资格有严格规定，因此福州商会成立初期并不是直接把本地所有商人都吸纳为会员，而是以50名为限，而且设立了入会门槛："品行方正，确系在福州城台经商、年届30岁，设肆经商已达5年以上，并为各商推重的明白事理者可为会员。"同时，为方便更多的商户加入，扩大商会的力量，福州商务总会成员除了会员之外，还有会友。凡在福州经商，并无过失，年满20岁，愿加入商会者，经商会许可，都可以成为会友，而且会友没有人数限制。

随着社会经济的发展，商会会员的数量逐渐突破官方限制。1909年福州商务总会第五届当选会员就有64人，这些会员几乎都从事传统商业，如从事纸业的有17人，船运业的有13人，传统金融业11人，布业8人，茶业3人，溪行业2人，木、豆、洋油业各1人，另外7人行业不详。这与福州长期依赖茶、纸、木材等大宗商品出口的贸易方式密切相关。为进一步扩大会员人数，1910年10月下旬，福州商务总会召开会议，公议自次年开始，只要注册户月纳租金10元以上且经查具备成为会友资格的，即可由商务总会发给知会书，允许其成为会员。自此，福州商会的力量日益壮大。据统计，1912年福州商务总会已有会员753家，仅1911年各商帮加入商会的商号就有230余家。

福州商务总会成立后，宣布除泉州、漳州、永春、龙岩等四属的商埠归属厦门商会辖区外，福州商务总会"所及之地以福州、兴化、福宁、延平、建宁、邵武、汀州七属为界"。在清政府政策的鼓励和福州、厦门商务总会的示范下，福建各地纷纷成立了商务分会、商务分所，从而形成了三级商会组织体系，广泛分布于福建沿海商业较为发达的城市以及内地土特产贸易发达地区，打破了以往行会组织（会馆、公所）的地域界限和行业束缚，在"保商、振商"方面发挥了巨大作用，促进了民族资本主义经济的发展。1907 年福建成立有福州、厦门、延平、福宁、建宁、汀州、漳浦、邵武等 10 个商会。1912 年福建省已有商会 35 家，会董数 1118 人，会员数 5611 人；1913 年商会数 34 家，会董数 979 人，会员数 5242 名；1914 年商会数 52 家，会董数 823 人，会员数 2421 名；1915 年商会数 56 家，会董数 1540 人，会员数 7402 名。

刚成立的福州商务总会设在下杭街，但并无固定的办公地点，开会或议事时只能临时借用张真君祖殿，颇为不便。为此，1910 年秋，议董曾珊珂、会员曾逸凡联名建议商会建筑会场，获得常会通过。1911 年春，恰好上杭街有一处屋业待售，屋里有大小七进，适合商会办公议事之用。于是由总理陈谓藩、协理陈大澍议决，以 11350 两白银购买了该屋，作为商会会所，并在官府备案。从此，福州商会有了固定的办公地点。

福州总商会时期（1915—1931）。辛亥革命后，北洋政府非常重视商会组织的制度建设。1914 年 6 月参议院代行立法院职权，议定《商会法》，共 3 章 60 条，于同年 9 月 12 日公布。不过，当时掌握中央政权的袁世凯厉行中央集权政策，要将商会完全置于政府的管辖之下，剥夺它们处理地方行政事务的权利，因而取消设立总商会，仅规定"各省城、各商埠及其他商务繁盛之区域，得设立商会"，而且规定行文程序上各商会均视为同级政府机构的下属组织。这部法律一经颁布就遭到各商会的一致反对，强烈要求政府予以修正。在全国各地商会的力争之下，北洋政府被迫于 1915

年 12 月 14 日公布了重新修订后的《商会法》。该法仍将商会分为总商会与商会两部分，总商会相当于以前的商务总会，商会相当于商务分会，不过总会与分会之间并没有上下级关系。而且参加商会的会员人数不再有限制，这一点在法律上有利于普通商人加入商会。此后，福建各地商会的会员数剧增，由 1914 年的 2421 家猛增至 1915 年的 7402 家，以后逐年呈现增长的势头：1916 年全省商会数 58 个，会员数达 8386 家；1917 年商会数 60 个，会员数 8761 家；1918 年商会数 61 个，会员数 9404 家；1919 年商会数 66 个，会员数 11864 家。会员的大量增加无疑增强了商会的力量。

根据修订后的《商会法》规定，1916 年，福州商务总会与改制后的闽侯商务事务所合并，更名为福州总商会，并改董事制为会长制：设会长 1 人，副会长 1 人及若干名会董。会董由会员投票选举产生，会长、副会长再由会董投票互选。会长、副会长及会董每届任期均为 2 年，任满后可再连任，但最多只能连任 1 次。福州总商会的首任会长为黄秉荣。1919 年福州发生"黄案"之后，他被迫辞去会长一职，由福州商业大亨罗金城之子罗勉侯担任会长。1927 年福州总商会会长制改为委员长制，罗勉侯辞去会长一职，由郑季明接任商会委员长。不过，1931 年 5 月郑因在摊配金库券款事件中处置不当，在一片反对声中也被迫辞职。

黄秉荣（1863—1957），名瞻鸿，福州帮巨商，义序人。与兄黄瞻鳌共同管理黄恒盛企业，1911 年被推举为福州棉布业公帮会首，并与人联营恒孚当铺。1916 年当选为福州总商会会长。1919 年五四运动期间，因站在抵制日货的对立面，酿成了轰动全国的"黄案"事件，被迫辞去总商会会长职务。此后黄家兄弟开始转而投资工交企业。1938 年被当局指令任闽侯县商会整理员。20 世纪 30 年代黄家事业达到顶峰，资产达 200 多万元。抗战胜利后，由于国民党军警宪特及地痞流氓的敲诈勒索，黄家企业走向衰落。

"行坪"也称"买票"，总坪设在福州金融维持会内，分坪有四个，一设城内，一设直街，一设横街，一设桥南。除星期天与放假日外，每天上午均要行坪。当时福州市面上流通的基本是纸钞台伏票，因此行坪时凡持有别家台伏票的钱庄每天均派人到各坪，互相换回自家钱庄发行的台伏票。若本庄出票过多，一时不能调换的，必须交纳息金若干给持票庄，名为"贴番水"。这样，如果某钱庄经常不能调换回自己的台伏票，必然会引起其他钱庄的疑虑，将有挤兑的风险。因此各钱庄在这一制度的约束下，均不敢过多发行本钱庄的货币，使福州的金融秩序保持稳定。

郑季明，又名郑守馨，系福州热心公益事业、富有乡望的人士。辛亥革命前夕担任为掩护革命活动而成立的桥南公益社社长，热心于禁毒、救火等公益事业。民国元年曾任永泰县知事。1927 年接任福州总商会主席一职。在 1928 年福建省政府取缔台伏票、1929 年福州商人反对特种消费税以及反对新征进口货物税的事件中，他虽然勉力协调，但屡屡遭到质疑，他在 1927 年、1930 年两次提出辞去商会委员长一职，均被政府挽留。但最终因在 1931 年 5 月福州发生的各商帮反对摊配金库券款事件中，被指"有勾结官厅、嫁祸商民嫌疑"而辞职。

闽侯县商会时期（1931—1942）。1927 年 4 月南京国民政府成立后，于 1929 年重新修订公布了商会法及其施行细则，一律取消总商会名称，各地冠以地域名称。之所以如此改革，是因为按照旧商会法第 17 条规定，总商会虽有因各商会的请求得调处商会间争议之权，但在组织上并无总合之实，所区别的只是地域关系，因而须将总商会名称取消。不过，南京国民政府成立后，虽然名义上将福建纳入其统治体系，但其实际统治力量还无法触及福建，只能任命闽系海军首领杨树庄为省主席，实行"闽人治闽"。不过当时福建境内军阀林立，杨树庄的统治力量也无法通行全省。直至1931年，福州总商会才改为闽侯县商会。

闽侯县商会成立初期，因东北市场刚刚丧失，加上省内治安不靖，福州商景萧条，各同业公会逐渐解体，为此，1933年省政府组织闽侯县商会整理委员会，对各同业公会次第整理改组，1934年12月20日闽侯县商会召开了会员代表大会，才使商会工作步入正轨。

1929年《商会法》规定，会员大会是商会的最高权力机构，执行委员会和监察委员会是会员大会的执行机构，执行委员和监察委员都由会员大会在会员中通过民主选举方式产生，执行委员会互选常任委员，再在常任委员中选出1人为主席。不过，鉴于1932年福州商界情况比较复杂，因此由政府出面，指定罗勉侯临时出任闽侯县商会会长。直至1934年12月20日，闽侯县商会举行选举大会，选出罗勉侯等15人为执行委员，张炎珂等7人为监察委员。罗勉侯自1932年接任商会会长后，深得政府、同业公会与商家的信任，因而在1934年12月仍以高票当选为主席，1938年，罗勉侯病故上海，商会主席一职由王梅惠担任。1941年福州沦陷，商会撤至南平设立办事处，具有军政背景的林君扬出任商会主席一职。

1931年5月郑季明辞职后，经过一番权力之争，福州兴化帮中有"四大金刚"班首之称的林时霖被推举为商会领袖。不过，林时霖因得不到福州大商家的支持，上任不久就出现经费困难，被迫下台。1932年商会恢复会长制。福建省政府指定由有巨大社会影响力的罗勉侯担任会长，直至1938年他去世后，商会会长才重新改选。

王梅惠（1887—1948），名增祺，以号梅惠享誉福州商界。兄弟四人共同经营，业务范围很广，包括交通运输、粮食、木材、土特产、陶瓷、纱布、报关、码头、仓库、房地产、电话、银行等业。20世纪30年代进入全盛时期，并竞选为福建省临时参议员，在福州商界中成为有影响的人物。先后出任陶瓷、面粉、木材三个同业公会理事长。1939年被选为闽侯县商会主席。出任福州粮食联营处处长期间，因与当局发生矛盾，1940年被诬为"囤积居奇"而遭扣押。1942年2月获释。抗战胜利后王家积极开拓市场，但因在洽购货轮中被美商诈骗，亏损了20多万银圆，从此衰落。

林君扬，闽侯尚干乡人。曾在军阀卢兴邦部当参谋，后被委任为福建省浦城税务局局长。抗战军兴后，任闽江轮船公司筹备处主任，因有党、政、军、特方面的背景，加上办事能力强，使筹备工作进展迅速。1940年1月闽江轮船公司正式成立，他被聘为经理。1943年擢升为福建省交通局局长。抗战胜利后回轮船公司任经理。1938年在闽侯县商会整理期间就觊觎商会会长一职，但因资望较浅，又因忙于筹办轮船公司无暇顾及而放弃。1940年王梅惠被捕后，林君扬全面掌握了商会实权。但他在处理会务时并不亲自出面，而多由福州电气公司孙世华、酱业杨孙赞、国药业王渭英等代理。次年4月21日福州第一次沦陷后，林君扬奉命撤退南平，在南平设立了闽侯县商会办事处，被推为会长。

1927年成立的南京国民政府实行一党专制统治，逐渐强化对全国商会的管制，将商会这样一个商人自由参加的社会团体完全纳入政府行政机构。政府与国民党地方党部不断介入商会的改组，干预其发展方向，商会不得不屈从于政府的领导，与政府保持一致，成为协助政府办理地方经济事务的机关，逐渐丧失了协调官商关系的中立地位。国民政府规定商会必须"服从当地国民党的指示和命令，并受当地执政机构的管辖"，因此在1934年12月闽侯县商会选举大会上选出的商会主席、常务委员、执行委员、监察委员均得向闽侯县党务指导委员会与闽侯县政府备案。《福建省闽侯县商会章程》第四条也规定："本会接受闽侯县党部之指导及闽侯县政府之监督。"尽管国民政府加强了对各地商会的控制，但商会并未完全屈从于政府的意志，在抵制政府对经济的统制、反对外来侵略、调解商务纠纷等领域依然发挥着重要的作用。

1929年8月15日颁布的《商会法》规定，同业公会为商会的基本构成单位。为配合《商会法》的实施，8月17日南京政府颁布了《工商同业公会法》。因此，1934年12月参加闽侯县商会选举大会的各业团体多达38家，既有公会会员，又有商店会员，是福州商会成立以来规模空前、参会会员最多的一次会员大会。

抗战爆发后，福州商景每况愈下，福州巨商如罗（罗勉侯）、尤（尤孟彪）、黄（黄恒盛）、王（王梅惠）以及电气公司巨头刘家等各大家族公司、企业或关门停业，或缩小经营规模，不少大户甚至宣告破产。身为会长的罗勉侯看到市景萧条，同时顾及自身安全，久居上海不归，以至于商会工作陷入瘫痪状态。而此时战事紧张，急需支前。于是，1938年11月经国民党福建省特派员陈肇英的同意，国民党闽侯县党部令派陈培锟、罗勉侯、王梅惠、林君扬、张盈科、林弥钜、叶国瑞为闽侯县商会整理员，从12月1日起举行会员登记。其登记办法分公会会员、商店会员两种：凡在本县区域内的同业公会，曾经闽侯县政府核准成立有案者，暨商业的法人或商店（以别无同业及同业未满7家，无同业公会之组织者为限），均得照章举派代表申请加入商会为会员。但因为商业不景气，这次商会整理未能取得预期效果。

1941年4月福州第一次沦陷,商会避迁南平,在日本陆军特务机关的扶持下,福州成立了伪商会。日伪方面最先属意何同泰茶行的老板何培闾出任会长一职,何培闾虚与委蛇,避走南港乡间。日伪决议在他就职前,一切会务暂由曾宜代理。后来因曾宜能力弱,由日伪正式委派福州锯木业首届公会理事长、建昌锯木厂老板吴烺藩为伪"福州总商会"会长,直至同年9月3日日军撤出福州。

1941年9月福州光复后,闽侯县商会迁回福州。同年12月,由各县、区、镇商会代表组成的福建省商会联合会在连城举行成立大会。这是福建省有史以来第一个全省性的商会组织。闽侯县商会执行委员胡兆祥(胡文虎永安堂经理)当选为省商联会主席,胡梦洲(胡文虎永安堂前总经理、《星闽日报》社长)担任秘书长,林君扬当选为监察委员。省商联会成立后,领导全省工商界人士奉行政府的经济措施,调查全省工商经济情况,收集工商界的意见转呈政府,筹议工商业的改良及发展事项,掌理工商业的征调、通报,国际贸易的介绍、指导,工商业的调处、公断,证明统计的调查编纂及其他工商业公共事业。

福州市商会时期(1942—1949)。1942年福州设立市政筹备处,闽侯县商会从此改组为福州市商会,名义上仍推林君扬任会长,但会务实际上由蔡友兰主持。翌年,林君扬出任省交通局局长,照章不能担任商会职务,蔡友兰被推举任会长一职。

福州第二次沦陷期间,在日伪的导演下,福州市再次组织了伪商会,由钱庄业富商尤庆桐长子尤柳门任伪商会会长。不久,为便于对商民进行掠夺,日伪又在福州城内北门增设伪"福州商会分会",派饶筱仅充当分会会长。1945 年 3 月，尤柳门转任伪税务局局长一职，遗缺由饶筱仅接任。

　　福州再次光复后，蔡友兰率福州市商会职员回福州继续供职。抗战期间福州两度沦陷，并屡遭日机轰炸，损失惨重，商铺倒闭近半。为适应战后建设需要，1946 年初市商会进行整理改组，指定蔡友兰、郑拱苍、徐建禧、刘洪业、王梅惠 5 人为整理员，设立整理员办事处，负责筹办整理改组工作。2 月 14 日召开改选大会，蔡友兰、林君扬等 15 人当选为理事，蔡友兰得票最多（13681 权，一个会员代表一权），林君扬第二（13430 权）。此时林君扬正联合闽江、平水、下游三个轮船公司组建福州海运联营处，很需要福州商会理事长的身份，因此有意问鼎，经市参议会议长史家麟出面说通蔡友兰，请他拱让市商会理事长一职。在 2 月 16 日第一次理、监事会议上进行互选，蔡友兰、林君扬、王戎、郑拱苍、蔡贻崇当选常务理事，林君扬如愿以偿当上市商会理事长。蔡友兰以常务理事身份代理市商会理事长职务。后来，林君扬的海运联营处经营失利，对商会的兴趣大减，商会的经费筹措又发生困难，而各行业的同业公会活动频繁，对林君扬在商会只挂名不作为越来越不满；而此时蔡友兰的事业蒸蒸日上，社会影响力也日益增强，于是原先支持林君扬的各同业公会纷纷转而支持蔡友兰。

　　1948 年 5 月，市商会理监事任期届满，呈请福州市政府批准改选，理监事推举蔡友兰为新一届商会理事长。10 月，为加强与各行业的联系，市商会内部组设各行业联合办事处，蔡友兰兼办事处主任。此时福州由于战乱，物价飞涨，民不聊生。为维持市面，以蔡友兰为首的市商会督促各商家采运供应市民日常生活必需品，协助地方政府稳定物价，并应付国民党政府各项军政差遣，避免工商户遭遇因国民党军队溃退而可能出现的混乱局面。

自 1942 年福州成立市政筹备处以后，福州更多的行业组成了同业公会并加入市商会。到 1948 年 9 月，在福州市政府社会科登记的福州各业同业公会共有 88 个，随后有所增减，到 1949 年 8 月福州市商会所属的同业公会有 74 个。这些同业公会中，最早的成立于 1930 年 7 月，最晚的则于 1949 年 7 月才成立，其中既有传统的木商业、茶商业、纸商业、海运业，也有新兴的新药业、钟表业、电影剧场业等，既有百货、屠宰、粮食、典当等商业，又有轮船、机器、印刷、照相等实业。

第八章 民族之光

近代的福州商会除了维护商人的经济利益外，还反对军阀混战，积极参与抵制外国侵略的爱国行动，并且为家乡人民作了许多实际贡献，体现出"明辨大义，勇于担当"，"热爱乡梓，乐于奉献"的优良商界品格，受到市民的广泛赞誉。

一、经济贡献

光绪二十九年（1903）八月，清政府商部成立，随后鼓励各地设立商会，其目的就是为了"保商情，通商利，有联络而无倾轧，有信义而无诈虞"，因此，发展地方经济，消除经济隔阂是商会成立后最主要的职能。1904 年清政府的《奏定商会简明章程》把商会的经济职责限定为四个方面：代商申诉、汇报商情、调解中外商务纠纷及管理和提倡工商各业。1915 年与 1929 年颁布的民国《商会法》对商会的经济职责规定得更为详细，包括参与商政、调查商情、协调商事纠纷、管理和提倡工商业、举办工商教育事业等等。从 1904 年成立至 1949 年 8 月福州解放，在其存在的 45 年间，通过维持金融秩序、执行工商行政管理职能、受理商事纠纷、抵制苛捐杂税、举办商品展览、调查商情、兴办商学等方式，在发展工商业、促进福州地方经济建设中发挥了重要的作用。

1. 维持金融秩序

近代中国不仅受到国际经济景况变动的强烈影响，而且深受国内统治秩序动荡的影响。几乎每年在全国各地都会出现规模不一的经济震荡。福建自辛亥革命之后就陷入了军阀割据统治时期，政局混乱，战事频发。福州作为省会更难以逃脱政治变化引起的经济动荡，城市经济时常陷入困境。金融是国民经济的血液，血液的流畅与否直接关系到经济发展的顺畅与否，没有金融的支撑，百业的兴盛、物价的稳定、社会的安定都要受到影响。清末以及民国初期，中国、交通等数家银行虽在福州成立已有数年，但银行在市面上的信誉远不及钱庄，银行发行的钞票也不如钱庄票受人欢迎，因此福州金融实际上掌控于钱庄之手。但是，作为旧式的金融机构，福州钱庄资金规模较小，最大的钱庄其资本往往也不超过 10 万元，小的钱样店资本则仅有数百元，且又局限于福州这样一个狭小封闭的市场，与其他地方的金融机构没有任何业务上的往来关系，只能依靠银行资金予以拆借，"稍一周转不灵，顿成溃决之势，一家倒账牵累数家，巨号亏逃影响全埠"，造成全城经济崩溃。每当发生这种状况，地方政府既无心也无力拯救市面。这时，作为福州商业发展领头羊的商会，往往出面承担起政府应负的职责，以商会的社会信用与领导者的个人威望担保，向大的国有银行或信誉尚佳的钱庄借出资金投放市场，稳定金融秩序，恢复地方经济。

1911 年 11 月，革命军推翻了清政府在福州的统治，成立了以孙道仁为首的福建都督府，并宣布实施新政，包括废除厘金、豁免旧欠、恤赏灾民、救济旗人等等，显示出新政权的先进性。由于革命之初前途未卜，驻在福州的中外银行为规避风险，纷纷停止放款，拒收庄票，使得一向依赖银行资金支持的福州钱庄银根吃紧，华商也因庄票不能通用，其业务大受影响，每日不可或缺的粮食与其他日常商品的价格也随之高涨，民众惊慌失措，市面恐慌。为安定人心，维持民众的生活秩序，12月，军政府在自身财政极为紧张的情况下，拨出15万元给福州商会，由其负责安排给急需款项的钱庄与商家，使钱庄得以正常营业，免除倒闭之忧；商户有款购进商品，供应市民生活所需，福州的社会经济秩序得以维持。

1922年9月，许崇智率领北伐军进入闽北建阳一带，准备驱逐北洋军阀李厚基的风声传来后，福建政局剧烈震荡，福州市面大为恐慌，9月30日，以李厚基为靠山的福建银行出现了挤兑风潮乃至停兑，最终福州大小钱铺均停止营业，大街上的大多数铺户直至10月底仍未开市，民众的生活受到了极大影响。为挽救福州商业，福州商会在福建银行停兑当天即召集董事会议，商议出救济方法，对流通于中国银行及各钱庄的福建银行纸币约50万元，由商会向银行如额暂行借垫，但仍无法平息商家与民众的挤兑风潮。为此，福州商会再次增认借垫20万元，另由绅士认垫10万元、军署及制造厂各认借垫小洋10万元，合成100万元，然而仍有38万元缺口。于是，在商界的要求下，闽侯县知事于10月2日午时将银行总理刘友敏及其父孝祚拘捕至军署，勒令其清还公款30万元。为防止福建银行继续滥发纸币，商会还将该行印制纸币的图章、印版一并取走。

1922年福建银行的倒闭让福州金融界损失惨重，直至1926年仍有大量的福建银行纸币流散民间未能收回，人们对新成立的金融机构缺乏信任。为防止金融机构滥发钞票，重蹈福建银行覆辙，在商会会长罗勉侯、福州电力公司刘健庵等人的倡导下，1925年在福州下杭街组织成立了金融维持会，作为各钱庄的总会，监督钱庄的货币发行。在行坪制度的约束下，各钱庄都不敢过多发行钱币，减少了福州商民财富遭受侵蚀的风险。

1927 年冬，福州钱庄以上海规元价格跌落为由，人为抬高台伏票。台伏票中"台"即指代福州南台，"伏"为"佛"之音，指当时外国进口的图形似佛头的银圆，台伏票即南台各钱庄所发行的纸币。1904 年台伏票一经发行，原来在福州流通的杂色纸币逐渐被淘汰，台伏成了福州唯一的交易本位。钱庄趁机压低大洋价格。以往每千元台伏只能购得规元 600 余两，至多不过 700 两。1927 年冬规元价格下跌，每千元台伏可购规元 760 两，而在上海，760 两规元可兑大洋 1100 元，相当于每千元台伏票值大洋 1100 元，即大洋每元仅值 910 文制钱。由于钱庄的操纵，本来每元台伏平均可值 1060 文制钱（最高时可值 1090 文，最低时值 1040 文），但从这时开始，每元大洋仅能兑换 910 文制钱，较以前骤跌 150 文，即使与最低值时相比，也跌了 130 文。而福州各行业薪金收入多以大洋计算，支出又以台伏票计算。台伏票与大洋兑换率的变动，造成福州市面动荡，民生深受影响。福建省政府为了稳定福州金融秩序，于 1928 年 3 月 1 日发出废除台伏票及其办法的通告。台伏票的存亡关系到钱庄业的盛衰，因此福州的钱商态度极为强硬。在省政府发出通告的第二天，全市各钱庄即举行罢业，停止兑现，并截止各商帮提款，与政府形成对峙状态。为平定这次风潮，福州商会在钱商与省政府之间来回奔波调停。考虑到钱商的利益，商会先是向省政府呈报"台伏票必须保存"的理由，福建银行发行的台伏票（1922 年）在陈述未果之后，又推举王纲、林允升二人与省政府组织成立五人圈法委员会，在商会设所办公，共同制订大洋票取代台伏票的办法，如行坪实行兑现、循环台伏应即加盖"收回作废"印章、在大洋票未发行以前仍用台伏票、货商仍应照旧维持、甲店票乙店亦可兑现等《福州废止台伏之

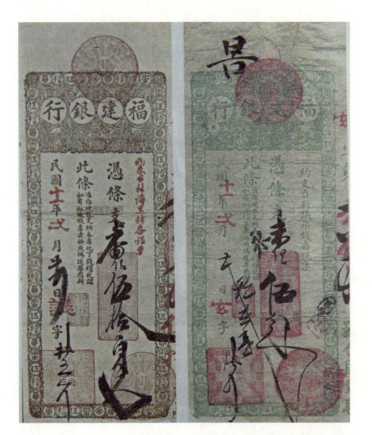

◇ 1922 年福建银行发行的"台伏票"

余波》，对民众由于台伏票与大洋汇率变动而造成实际收入减少的问题，商会出面向民众解释，自 3 月 1 日起，大洋 9 角 5 分可兑台伏 1000 文，大洋并未贬值，请市民不要误会，以致引起纠纷。为化解此次金融风波，圜法委员会还聘请了金融经验丰富的商会会员曾珊珂、罗勉侯、林峰三、郑季明、黄瞻鸿、刘健庵、宋幼亭、郭舜卿、林春丞、陈芷汀等 10 人为该会顾问，以备随时咨询。在福州商会与省政府的共同协商之下，此次币改以台伏票取缔时间延至 7 月 31 日（而非钱商所要求的延长一年）、以发行大洋票取代台伏票、台伏票退出福州金融市场而告终。

1930 年初为阴历年底，是钱庄、商家资金结算的时间，各地所需现金颇多。省政府下令各钱庄所发的大洋票必须直接兑现。尽管 1928 年 7 月所有台伏票已停止流通，被可兑现的大洋票取代，而且发票的钱庄按规定必须有足够的准备金，但实际上各钱庄发行的大洋票与此前的台伏票并无本质差别，许多发行大洋票的钱庄都缺少现金准备。因此，当省政府要求钱庄兑现时，顿时引起了福州金融市场的恐慌。福州金融维持会于是出面与省政府商量，准予钱庄兑现"展缓至废历（即阴历）新年实行，并于废历年底由圜法委员会代金融维持会向福州中国银行商借现洋 10 万元，以为各钱庄兑现之准备"。正当此次金融风潮即将平息时，2 月 1 日，南大街的开泰钱庄亏空 11 万余元的消息不胫而走，存户纷纷持票挤兑，导致该钱庄倒闭，阜通、源隆、宏裕等钱庄受其影响，也先后发生挤兑（《福州金融风潮之救济》，《工商半月刊》1930 年第 4 号，第 11—12 页）。这次危机导致钱庄信用大打折扣，持票人纷纷要求钱庄兑现，钱庄银根再次吃紧，市面金融尤为停滞。面对这种状况，福州商会协同金融维持会与政府一起力谋救市，要求各钱庄取消归坪兑现制度，实行直接兑现；减发大洋票，以防挤兑风潮；改发整数捧银划条，专为商场间周转之用；对商场的放款减少为原数的一半。种种措施之下，福州最终渡过了这次金融波动。

　　1935 年，国民政府实行法币制度，要求私营银行与钱庄所发钞券一律收回。未经正式注册又擅发钞票的东南银行在 11 月 13 日两度发生挤兑风波。在向中央银行和其他各行商议押借无果的情况下，东南银行被迫于 11 月 14 日起停业三天以资清理。停业的消息一经传出，谣言四起，数家行庄遭挤兑，天吉钱庄应付不迭，于当日倒闭，福州的金融秩序更加紊乱。为配合政府平息挤兑风潮，14 日晚福州商会即发出通告，称除东南银行外，"其余公私各银行，均属巩固，所发行大洋钞票及角票，应予照常行用，合行通告各商民，一体知悉，勿自惊扰"。15 日下午，又召集执、监委员召开紧急会议，向国民政府财政部发出函电，希望财政部允许福州商家以不动产为抵押，由中央银行福建分行贷款 100 万元，同时请当时正在南京执行公务的福建省政府主席陈仪代为周旋此事。在这次请求未获答应后，时任福州商会会长的罗氏钱庄主持人罗勉侯参与了由省政府组织成立的"东南银行清理委员会"，积极配合商定收回东南银行欠款办法，通告凡12月5日之前偿还东南银行债务者，可搭六成东南银行钞票；6日以后则必须以全数法币或其他通用钞票还账。清理委员会同时要求向东南银行借贷的商号按时还贷，并将东南银行自置资产予以拍卖还债。至1936年8月18日终兑之日，东南银行所发111.15万元钞票中，收回抵账了46.26万元，兑现了45.24万元，约有5万元至7万元在市面流转中损耗消失，还有1.6万元因逾期不再兑现，较好地处理了东南银行的善后事宜。

为扶助经济发展，维持金融秩序，福州商务总会还曾经商议创办商业银行。1910年秋，福州商务总会召开全体商人会议，由总理、协理建议设立储蓄银行，获得赞同。1911年改名为商业银行，兼附设储蓄银行，定股本30万元，各商踊跃认股。该银行所有规章均照银行办理。福建"经济界素无活泼之机关，此次得总商会之提倡而资本家又以踊跃从事，匪特裨益商局，大造福于民生也。故说者无不谓商业银行能够成立，实吾闽破天荒之举也"。

2. 协助工商管理

清末商部颁布的《商会简明章程》赋予了商会管理公司注册、商标、商号账簿、合同契约登记以及向商部申请产品免税措施和专利权等行政职能。不过初期成立的福州商务总会由于缺乏社会影响力，"开办伊始自以联络商情为主"，对这些职能只能等"本会办有规模，全班会员、会友渐知本会公益，方始次第提议酌办"，因此直至1909年才开始筹议给注册的商家发放牌照。福州商会出现之前，商家在诉讼事件中经常被差胥勒索。

清政府实行新政后，允许各商注册，但仍不能杜绝衙役的刁难。为此商会筹议给注册商家牌照，让它们领回悬挂，胥吏等看到后即不敢借口骚扰。此举使商家深感入会的益处。

民国时期，向商会登记已成为许多新成立的公司或公司改制时的主动之举，因为这么做既可增加社会信用，又能产生广告效应。如 1913 年 6 月福州迈罗罐食有限公司破产后重新组建新的有限公司，向福州商务总会注册后，并呈请福建实业司备案后正式运行；1918 年福州源通轮船股份有限公司在原经理去世、新选经理之后，也向福州商务总会报备才生效。《申报》1918 年 4 月 4 日，第 4 版。代相关企业或公司向主管部门登记也是民国时期商会的职责之一。如 1927 年福州商会代颐远商业银行向福建省建设厅呈报该行增加资本，请准注册给照，建设厅予以批准。

3. 受理商事纠纷

商会成立之前，商事裁判权掌握在官府衙门手中，工商户遇到商事纠纷后，负责处理此类案件的各级衙门往往视此类纠纷为钱债方面的小事，要么久拖不予判决，要么索要贿赂，致使工商户有冤难申，视上衙门为畏途。商会的职责之一就是保商，1904 年清政府颁布的中国历史上第一个商会立法《奏定商会简明章程二十六条》中的第 15 款即规定商会具有一定的受理商事诉讼的权利："凡华商遇有纠葛，可赴商会告之总理，定期邀集各董，秉公理论，从众公断"，如双方不服，仍可以到地方衙门重新提起诉讼。因此，中国的商会从诞生之日起，就有调解和仲裁商事纠纷的职责。1906 年 7 月商部更颁发商会理结各业钱债讼案统一格式，要求商会将每年理结的讼案按照印刷的表格形式详细填注后呈报商部，以资考查。《更定福州商务总会章程》规定："商人有所屈抑、有所陈说之件，或就近告知商政局、商部议员，或总、协理宜体察属实，于本处地方衙门代为秉公申诉，如不得直，或权力有所不及，可以禀报商部核办。"可见，商会成立后，商人诉讼有了两个选择，或者直接报官，或者寻求商会处置。

《更定福州商务总会章程》赋予了新成立的福州商会仲裁商事纠纷的职能。商会介入商事纠纷处理，对纠纷当事人而言，是一种省钱省事的途径，因为它破除了旧有的等级森严、刑讯逼供、敲诈勒索等衙门旧习，以往在官衙"钱债诉案，一入地方衙门，差役如得鱼肉"，诉讼结果往往是被告、原告都要倾家荡产。而向商会申诉时，各方相互之间没有官民的隔阂和畏惧，而且允许原、被告双方申辩，不会有牢狱之灾。为做到以理服人，秉公断案，商会往往还会组织调查研究，做到客观公正，而且商会调解往往能按照中国传统的商业习惯，这在当时缺乏民商法调整民商事活动的年代，更符合民情，因此商会受理商事纠纷更受商人的认可。由于商会仲裁商事纠纷效果显著，不仅商人向其投递申诉，政府在遇到经济纠纷时，也往往会委托商会予以调查调解，秉公裁断。

福橘为福州的著名特产，经营者颇多，但在福全盛橘商公司成立之前各自为业，恶性竞争，以致运往上海的福橘价格日益低落，橘商年亏一年，橘农也随之受损。自1908年该公司成立后橘商联合起来，不再相竞降价，使福橘销售情况逐渐好转，对橘农也不无裨益。不过，某商号垂涎其利，挑拨橘农以93乡名义控告该公司垄断福橘收购，限制福橘价格。当时政府鉴于此案属于商事纠纷，就将案子移交福州商会核办。商会传集双方评议，商会协理陈谓藩、议董黄瞻鳌出面调停，决议福全盛公司允许橘农入股，以享其利，但拥有百股的橘农必须照例缴纳香金1000元作为建筑上海三山果橘会馆的费用。最后因提请控告的商号与橘农称不知这项规定，不肯缴纳香金，双方无法达成协议。商会只得再将此案移归政府核办。

20世纪初中国兴起办实业的浪潮。1910年福州有邱希仁、游葆章、高亮以及刘崇伟等商人申请兴办电灯公司，各方为获得政府的支持而发生争执。政府遂委托福州商务总会调查此事。在经过详细调查之后，商务总会得出结论，认为邱希仁申请兴办耀华电灯公司所集股本不详，游葆章申请兴办文明电灯公司的已有资本额仅达规定的五分之一，高亮等请设的电灯公司资本未验、章程未定，而且沿街所挂电线没有包皮，极为危险，而刘崇伟申请兴办的福州电气股份有限公司资本虽只到账三分之二（8万元），但承诺剩余三分之一如果未能募集到则由其本人自认（后来剩下的4万元股本也已招足），因此资金雄厚。而且在商务总会的监督下，刘崇伟等还将筹集到的股本存入国有银行——大清银行，并采买机器，延聘技师，在福州建成了全省最大的电气公司。

1911年建宁县商务分会选举，因江西商人在建宁势力强大，因此在选举中赣商潘庆云当选为分会总理，引起了建宁本籍商人的不满，以客籍不得担任总理为由，反对潘氏为总理。在建宁经商的赣、粤、浙、福等外来商人共100多家联名向福州商务总会申诉这种歧视省籍，阻抑商会的做法。

1933年福建"人民政府"成立后，为庆祝新政府成立，"省会公安局要求各商店悬挂国旗，交由各洋服商及成衣商赶制"，但省会公安局丘局长借机抬高国旗定价，于是各洋服及成衣商议请商会评定工料，计算公允价格，并由商会向省政府反映情况，最后"商会通告，收取国旗价由成衣店会警往收"，成功调解了官商之间的商事纠纷。

中华民国成立后，中国司法体制逐渐健全，传统的司法和行政合一的体制受到越来越大的冲击，尤其是南京国民政府成立后，随着司法的规范化与法制化，商民之间的商事纠纷逐渐转由司法系统处理。在这种历史大背景下，商会作为一个具有部分司法权的商事裁判机构，其调解商事纠纷的职能逐渐被削弱。如1921年之前福州某商号号东甲经本途各商共同承认，并认定课额后向政府包办某种捐税，每月由该包办人先行垫付税款，然后再向各商陆续收回。后来此种捐税由政府收回官办，甲商失去征收及追缴税款的权力，而同业中欠课未还款者却不在少数（计有数十家，每家欠款多在千元以上），遂向商会申诉。而此时的商会认为甲商与同业中欠款各商人属于债权债务关系，应由法院审理，只能代其呈请，向福建高等审判厅提出诉讼，法院认为商人为同业垫解公款，向其索偿属于私权关系，可向法院起诉。可见，进入20世纪20年代之后，福州商会调解商事纠纷的职权已基本丧失，只能作为商人向司法系统提出诉讼的中介而提供有限的帮助。

4. 保护商民利益

20世纪上半叶福建政争不断，政局混乱。政府为应付左支右绌的财政，苛捐杂税层出不穷。商会一方面须代表工商阶层组织领导反对政府、军队征收苛捐杂税的斗争，另一方面又常常不得不屈从于政府的压力，成为政府催缴苛捐杂税的代理人。在这种冲突和矛盾的境况下，商会作为全体商人的代言人，总是尽可能地站在商人的立场，替商民代言，向政府转达他们的诉求，尽量减轻他们的负担。

晚清以来厘金病商病民已为千夫所指，但福建政府的财政收入以厘金为大宗，特别是针对三大特产茶、木、纸的苛捐杂税名目更不可胜数。1909年产茶大县崇安县的"上游厘局，往往例外征收"，许多受到损害的客商，纷纷向崇安县商务分会反映。分会于是请福州总商会出面，请省财政局饬令延平厘局"此后当照章征收，以恤商艰"（《福建商业公报》第 9 期）。但延平厘局依然我行我素。崇安商务分会又向省咨议局上书，请求重禁厘卡陋习。

1909 年 1 月，福建财政局为筹措福州府中学经费，要求福州南台各商在交纳厘金每百两之外再加补水四分，商人叫苦不堪，纷纷请求商务总会出面向官府请求免除。商会也尽力而为，但官府仍然不答应。最后商会不得不请道台吕渭英出面转圜，答应将补水减至一分，作为兴学经费，尽量减轻各商负担（汉文版《台湾日日新报》1909 年 1 月 7 日第 1 版）。

厘金：1853 年清政府为弥补镇压太平天国运动军费不足问题，首先在苏州开征的一种商品通过税，因值百抽一，遂称为"厘金"。最初厘金被定为临时性税收，但太平天国运动被镇压后，这种恶税仍被保留下来，一直延续到 1931 年 1 月才被国民政府全面废除。凡在国内贸易，均物物课税、层层设卡、节节留难，是中国近代史上最为人诟病的税收之一。1909 年，建阳县商会来电向商务总会申诉建阳县警察董氏、讼棍陈孝新等带差持票到周恒慎布店勒索警察捐，威吓至凌晨 4 点，共勒捐洋番 60 元，不久又到立记勒索 60 元，并挨店威吓。面对如此行径，建阳商户决定于十月初五罢市。因福州商务总会"有维持商界之权"，遂恳请福州商务总会"移知督藩臬及警务总局各大宪，请派干员查办，以安商业"。商会总会及时将建阳商会的申请电报移交给农工商与警务两总局办理。

1922 年秋，福建督军李厚基在北伐军的攻打下溃败出走，此年冬，海军乘虚入闽，颇受时任海军总司令杜锡珪青睐的杨砥中带兵到福州组建海军陆战队，地点设在南台中洲水亭厘局内。1923 年海军陆战队扩充为一个混成旅，杨砥中一跃而任旅长。兵符在手，杨砥中遂飞扬跋扈，任意妄为，不仅借口筹饷而横征暴敛，骚扰百姓，还在马尾、琯头各处扣留盐船，强抽盐税，而且纵容士兵勒捐货款，扰害商旅，甚至诱迫部分长乐农民种植罂粟。商会在听取各行商的反映后，联合各行商向海军部电控杨砥中的种种罪行，希望海军能将他撤换严究。但在杜锡珪的包庇下，此事不了了之。直到1925年4月，在海军派系斗争中，杨砥中才以"扰害乡间，违法滥刑"而被新任海军总长林建章褫夺官勋，并被批捕，但因拒捕而腰部中枪，送医院后不治身亡。

1928年12月，国民政府召开五省（苏、浙、闽、皖、赣）裁厘会议，决定限期裁撤厘金。福建省政府为弥补财税收入损失，从1929年1月16日起改征茶、竹、木、糖、纸、笋、海味、牲畜及舶来品等类特种消费税，征收制度与厘金相同，因此遭到了各商的反对，认为违反了中央裁厘议决案，税率甚至超出厘金原则，分类设局，并在各内地节节设所征收，查验烦扰超过厘金。福州商会致电中央，除恳请中央速饬福建省财政厅取消消费税外，还决定自1929年阴历元旦起停止货运(实际2月10日起开始停运)，"不达到撤销目的不止"。此外，福州商会还分电各地商会，号召一致停止货运。福建省政府原计划采取严厉办法对付反对征收消费税的商人，后有个别省委委员担心此举会激起事变，于是在12日召集商会及各商代表临时茶话会。省财政厅承诺修改各消费税征收细则及施行大纲，并略减轻税率，同时一面要求各商先行恢复货运，静候政府解决，在未解决之前税款照旧，以五成缴纳现款，五成记账；一面派人到福州总商会劝导各商帮。福建的厦门、莆田、晋江、闽清等地的商会也都纷纷来电，表示反对省政府征收消费税的做法。但政府声称设立消费税是弥补取消厘金的损失，因此不答应各商的请求。各商帮没有放弃，又在总商会多次举行讨论会，决定将坚持罢运，除致电各地商会报告罢运情形外，还组织罢运委员会，厘定取缔三种商人私运行为。在福州各商的压力下，省政府被迫与福州总商会磋商，讨论解决办法。当时的商会委员长郑守馨代表罢运各商与商业研究所主席委员王纲、林沛然、宋景焰等人共赴省府，向省党务指导委员会请愿。虽然都得到接待，但因省府委员缺席过多而难以成会议决此事。最后，这次罢运事件由省财政特派员公署、财政厅派员与福州总商会委员长郑守馨及商业研究所主席王纲议定改善办法，消费税税局仅限设于本省海口及边境，内地一律取消；国货进口若在海关已完税，则不再纳税；消费税税率不得超过此前的厘金。在商会的协调下，福州各商家于 3 月 13 日起恢复货运，并电告沪、港、津、厦各埠轮船公司照常开班。在商会的领导下，福州商家的这次抗税斗争取得了胜利。

福建省政府在征收特种消费税以抵补裁厘损失的计划遭到商家的激烈反对后，又设法准备创办进口货新税，以弥补少收的 200 余万元税收。相关各商闻讯后又纷纷反对，将货品囤在船中，环泊在中洲一带，赶赴党政机关请愿。他们认为政府所宣称的税收短绌实际是有盈无绌，并公布裁厘后所有税收裁减与新增的情形调查预算予以证明。为解决冲突，11 月官商双方又委托省委委员陈培琨与商会委员长郑守馨共同协商。在两人的斡旋下，政府答应对商户的免税、减税的要求做出部分让步，以减轻他们的负担，如应完税不得超过税厘、所有附加及小税免征、征收手续及折征方法一概按照厘金等。

1932 年 7 月，省政府重征房铺捐。为抵制这项捐税，福州各业同盟于 7 月 15 日罢市。16 日，商民代表推举闽侯县商会代表他们向省政府呈请取消房铺捐，并表态如不能获准，17 日将扩大罢市规模，实行罢工。压力之下，省政府只得放弃重征铺捐，房捐则另想办法。在商会的劝说下，商民代表接受了政府的做法，持续两天的罢市风潮平息，商民的斗争取得了胜利。

1933年2月13日，南台中亭街鲜鱼公帮举行抗纳鱼捐罢市。22日，鱼捐经理陈季初请警探逮捕一名鱼商司账，并劫夺价值6000余元的鲜鱼，各鱼商前去抢人，警探开枪，造成一人受伤。次日各鱼商一律罢市，并发表宣言申诉，要求财政厅将陈季初免职，交法院惩办。而财政厅则限令鱼商在2月24日将捕获的鱼领回并缴税，否则将由鱼捐处将鱼拍卖。24日下午，商会委员前往财政厅协商解决，但没有结果。鱼商继续罢市。

民国时期，福建省政府财政收支年年失衡，为增加财政收入，1931年政府开始征收普通营业税，1935年又根据《整理营业税办法》，将营业税上调二成。福州各同业公会纷纷反对。各商帮在商会集中开会，决定推举商会委员前往闽侯税务局接洽，最后与闽侯县政府商定，各商帮照去年认课额预缴3个月营业税，至于上调营业税一事，由税务局向财政厅请求免除，但各商帮要保证在1月25日前缴清全部预缴税款。除钱业另有特殊情形外，这项协议得到了其他各帮代表的一致赞成。

可以说，近代以来福建苛捐杂税不断，商民反抗捐税的斗争也此起彼伏。商会作为居间社会团体，基本上都站在商民一方，力所能及地维护他们的利益，因为维护商民的利益就是在维护商会自身的利益。抗战爆发后，为共赴国难，商民抗捐税斗争大幅减少，商会也积极支持政府的抗日斗争，较少出现商会代表福州各业抵制政府捐税的斗争。

5. 商业展览和研究

举办各种展览会和陈列所。中国商人历来认为"良贾深藏若虚""酒香不怕巷子深", 很不注重产品的包装和广告, 以至于许多好产品不为世人所知。举办各种展览会和陈列所正是展示这些优良产品的良机, 因此举办、组织商家参加各种展览会和陈列所是商会的重要工作内容之一。展品是展览会成功举办的基本保证, 在政府举办的各次展览会、博览会中, 展品的征收工作基本上都是由各地的商会负责。商会不仅积极做好参展产品的征集工作, 而且还负责把它们呈送到展会, "征集之出品, 均由出品人交由所在地商会汇送本会, 运送时须先由商会填具出品目录书通知本会"。

1910 年, 在农工商局的组织下, 福州创办了省属各地商品展览会, 所展商品会后送南京全国博览会展览。次年又筹划设置商品陈列所, 陈列省内各地所出商品。这些商品均由商会各分会递送, 凡是教育品、美术品、制造品、工艺品及旧有可以陈列之物品均可运至省会福州, 供人观摩。

1917 年 7 月 10 日, 福建商品陈列所开幕, 在省实业厅与各县商会的积极征集下, 所有参展商品均为国货, 其中最著名的是福州的漆器与雕刻、建安的藤器、女子师范的刺绣及手工工业学校的制作, 都是全国上等工艺品。

南京国民政府成立后, 更是大力提倡国货。为改良商品, 振兴商业, 推广福建的特产商品, 福建省政府将原劝业场改为商品陈列所, 并酌令各县县长与厦门、福州总商会将陈列所所订征品规则及出品意愿书通令各县, 各县所属各农工商机关、团体分别劝募征集全省工艺及原料各品。推广国货有利于商人, 商会自然乐意广为动员。福州总商会领取了 30 份由陈列所印发的《福建商品陈列所征品规则》后, 分发给各县分会, 动员各县将本地所产的优良产品送到商品陈列所展出。

1929 年 2 月, 菲律宾举办嘉年华会, 福州所送的漆器被评为中国展品中最出色的品种之一。福建省政府派代表黄孟圭、陈明出席，福州国货代表孙世华、厦门巨商黄奕住等也参加了这次盛会。

1929 年，国民政府准备于 4 月在杭州举办西湖博览会（后延至 6 月 6 日正式开幕，展会一直延续到 10 月 10 日），旨在提倡国货，劝工兴商，促进中国产品的改良与实业的发展。博览会的筹备委员会向全国各地征集名品，其中就专门向福州商会、厦门大学、集美学校去函，请这些单位鼎力协助征集展品，共襄盛举。福州商会接到此函后，遵照省建设厅的要求，协助征集参展商品，送展的福州漆器成为福建地区历次参展的保留名品。

20 世纪 30 年代，中国的国货运动如火如荼，为促进国产商品销售，1935 年 8 月 5 日至 15 日省建设厅拟在福州举办第一次全省特产竞赛会。闽侯县商会协同省政府，向各县商会发出电文，要求商会会同本县政府选择本县有价值的特产参展。最后竞赛会于 8 月 13 日在西湖公园开幕。各县汇集的 1000 多件产品在这里陈列一周，其中最有特色的产品还送往台湾，参加 10 月在台湾举办的大型博览会。1937 年 2 月，第二次省产竞赛会在龙溪中学纪念台举行，闽侯商会同样予以大力支持。这次竞赛会规模空前，参展产品多达 5400 余件《举办省产竞赛会》（《闽政月刊·民财建辑》1937 年第 1 期，第 93 页）。

1936 年，厦门也举办国货展览会，同为福建省内商会翘楚的福州商会自然要积极参加，这次展览会有 170 多家厂商参加，包括厦门一地约 60 家厂商、福州的 11 家企业公司，另外还有福建省内的漳州、泉州、龙岩、莆田等地以及上海、广东、江苏、浙江、山东、湖南、湖北的厂商，对促进这些地区之间的经济联系产生了积极的影响。

组建商业研究所调查商情。闽省商业研究所成立于 1909 年初，由于当时福州知府曹垣强行增加厘金，为反对这一苛政，革命团体说报社的同志出面，组织商人在南台苍霞洲成立闽省商业研究所，以研究商务实业、开通商界智识为宗旨。会员分为议董、办事员两种，为全省总分各商会及省中各业的商人组织，联络全省总分各商会及省中各业的商人研究商业，以促进商业的发展。福州总商会中的开明商人，如曾珊珂、黄敦臣、陈玉航、高慎其、徐绥之、董茹生、蔡展庞、黄璇轩、陈声如、冯枚溪等人都踊跃参加了研究所，其中蔡展庞被推举为总干事长，董茹生、陈玉航被推为副干事长，曾珊珂、黄敦臣、高慎其、陈声如、冯枚溪等人被推为评议员。在研究所职员的奔走之下，曹垣被迫撤销增加厘金的决定。

商业研究所虽然不是商会的附属机构，但是，参与组织研究所的多是商会的精英，且研究所所办的杂志的报道内容都与商会的活动密切相关，因此二者具有密切的关系。1904 年清政府设立修订法律馆，1907 年 10 月修订法律馆开始办事，进行民律、商律、民事刑事诉讼律的调查起草工作，并将民、商事习惯调查视为编纂民商法典的重要环节，分别派员调查各省民、商事习惯。宣统元年（1909）阴历六月，调查员侯藩来到福建调查。通过与商会接洽，由商业研究所考查各商习惯，包括旅闽两浙木商、延建邵汀木商、木行商、樟木商、木煤商、闽省花香茶茶商、沙永笋商、白料纸商、小海纸商、粗甲纸商、木京红纸商、溪行商、海运商、盐运商、金福泉船商、兴化轮船装客商、台湾船头商、闽省装客商、咸鱼商、豆商、古田客商、锡箔商、洋口过塘商等 23 个商帮的资料，内容涉及业务范围、经营方式、行业习惯、行规利弊及有关厘税负担、盗匪骚扰等等。

南京国民政府成立后，商会的实权仍掌握在小部分大商人手中，中小商人无法加入商会。为维护中小企业权益，抵制苛捐杂税与胥吏差役的敲诈勒索，时任福州商会会长的林时霖在福州城区各救火会内组建了商事研究所，研讨商事问题，指导解决涉及工商税务事项，以及商家业务间的矛盾纠纷等非个人所能处理的问题（这些地区性业务间的繁杂事务，县商会也无法顾及）。商事研究所虽设在各救火会内，但它们并不隶属于市救火联合会，也不是闽侯县商会的附属机构，完全是会辖的工商业者互相帮助，以达到排忧解难目的的群众自治组织，因此成立后深得辖区内中小工商户的拥护，凡自己不能解决的问题就找商事研究所帮助协商解决。

1946年4月福州设市后，各行业遵照规定成立同业公会，商事研究所才停止活动，宣告结束。

6. 倡导商学

工商业发展需要教育的支持。清末倡导兴办工商的维新派人士陈炽曾说："农非学无以辨菽麦，别肥饶，尽地力；工非学无以区美恶，审良楛，制械用；商非学无以察时变，精确算，殖货财。"商学未兴，商智不开，是当时中国工商业不振的另一重要原因。1906年福州商会成立两年后，会员才渐渐开始注意公益事务。于是，公益事业逐渐举办，从创办商业学堂入手，再推广商学。

《更定福州商务总会章程》第35条规定"本会将来经费充裕，即当筹办商业学堂，以期振兴福州商务"，1906年，在商会经费仍无法按时收齐的情况下，首任福州商务总会总理张廷赞、协理罗金城个人捐出巨资，在台江大庙山创办了商立两等小学校。罗金城的儿子罗勉侯继任商会会长之后，继续关心该校的经费筹措与事务交涉，使这所福州唯一的私立商业学校能够一直开办。光绪末年成立的闽省商业研究所也办有夜习学校，教育商界的青年，使商人的智识日益扩展。

除办学校外，商会还创办报刊，随时刊发商务行情，便于商人了解国内外市场动态。1910年商业研究所创办《闽省商业杂志》后，商会就积极与其联系，及时报道福州商界信息。凡是有关商务、实业的著作、文章，刊物都择优登载。《闽省商业杂志》每月发行两期。除在福州城内益记书局、总督口总派报处、南台下杭街商务总会、油巷下振华公司、潭尾街德成信溪行、桥南公益社设置代售点外，还发行至上海、崇安以及闽江上下游各处商会。1910年阴历七月二十日，福州商务总会召集第三次常会，会员庄翊础提出"创办商业公报以开商智"的议案，经会议讨论，多数人赞成将商业研究所创办的《闽省商业杂志》改名为《福建商业公报》。于是，从1911年始，《福建商业公报》每月出版三期，所需费用由商务总会予以贴补。《福建商业公报》改为旬刊后，进一步加大了对商情的报道力度，它主要"联络府、州、县之机关，提出农工商之实业，凡内地各埠商业习惯、商业情形，务宜详调查"，欢迎"所有来往案牍、商业规则、状照，以及盈亏消长与其原因随时惠告，以便汇登"，设有图画、社言、调查、纪事、法令、评林、谈丛、杂著等栏目。

1934年11月，闽侯县商会经改组之后，面目一新，于1935年2月创办了机关刊《商务月刊》。《商务月刊》共持续办刊三年，内容涉及商会会议、福州商情、中央与省政府相关的规章制度、其他省份的商情介绍以及对商务、实业发展的研究、体会等。后因抗战爆发而停刊。1946年7月，福州市商会又创办了《福州商情》，前期为四开四版三日刊，后期改为日刊。该报第一版为专论、来论或经济新闻，第二、三版为本省各类商品价格，第四版刊登"昨日市场"及南京、台北、北平、重庆、青岛、上海等地黄金、美钞、米、面粉等重要商品价格的电报，并报道本省各县特产及工商业情况，因而颇受工商业者和小商贩的欢迎，每期发行数达 3000 份左右。1948 年 8 月福州解放前夕终刊。

二、政治活动

商会成立以后，其职能以经济为主，但并不局限于经济领域。20 世纪上半叶中国的革命风起云涌，历史上中国商人习惯"在商言商"，但在面临前所未有的民族危机时，众多商人不是狗苟蝇营，而是不惜牺牲自身利益，为拯救民族危亡付出了极大的代价。福州商会和以商会为核心而整合起来的社团除了维护商人的经济利益外，还延伸到政治、教育、社会公益等广阔的社会领域，不仅反对军阀混战、维护社会治安，还积极参与了抵制外国侵略的爱国行动。

1. 支持辛亥革命

福州是八闽政治中心，是福建开展反清革命舆论宣传和组织革命团体最为活跃的地区。福州商务总会的议董中有多人参与了辛亥革命的组织宣传工作。如曾是福州总商会议董的林雨时于 1905 年 4 月参与创办了桥南公益社，表面上是办理劝葬、戒烟、施医、救火等公益事业，暗中则组织和宣传革命。同盟会福建支会成立后他积极参与党务，任同盟会机关报《建言报》社长兼体育会会长。辛亥革命爆发时，他组织体育会青年炸弹队参加福州起义。一同参与创办该社并担任首任社长的郑守馨也为辛亥革命前夕革命舆论的宣传作出贡献。

1911 年 11 月 8 日下午 4 时，福州革命军提前举行起义。9 日拂晓，福州正式举义。由福州各商帮组建的南台商团百余人参加了此次行动。为支持革命军的行动，福州光复当天，从鼓楼前、南街一直到中亭街、中洲、观音井一路，商店门前不仅备有茶水，而且有的还备有稀饭食品等，供给军队和革命同志吃用。

革命起义后，福州商务总会进一步保卫福州光复的果实。如福州学生北伐军准备奔赴前线前夕，福州各界人民举行劳军大会，赠送学生军白布大旗一面，鞭炮百余万发，"征东饼"数万块，干粮袋数百个，另外还由商会及各社团抬送百子炮十多箱、全猪、全羊、面包、饼干和罐头水果等数十大杠予以慰问。

福州光复后，新成立的福建都督府即遇到财政困难，不得不向商民借款。1911 年阴历九月十九日至 1912 年十月底，福建省都督府共向商民借款 756247 元。1914 年省政府发行公债，福州商会又允诺包卖 30 万元。商会支持和参与革命，尽管有部分原因是要维护自己的利益，但他们的支持和参与，无疑是革命成果得以保持的一个重要因素。

2. 维护福州治安

维护社会治安本应是地方政府应尽的职责，但是由于内乱，民国初年，福州的统治秩序紊乱，而且这些动乱往往就是由政权的更替造成。民国时期，福州商会为维持社会秩序，只得承担起维护地方治安的责任。

革命党人彭寿松因光复福州有功，当选为福建政务院院长。但革命成功之后，他日渐居功自傲，独断专行。1912 年春，省议会举行议员选举，彭寿松仗势坚持旅闽议员专额而破坏选举，四五月间又派人暗杀了反对他的同盟会会员蒋筠与《民心报》经理黄家宸，这种倒行逆施的行为更激起革命党人与本省民众的反对。而此时袁世凯为将福建纳入其势力范围，派遣岑春煊以镇抚使的名义带领军队来闽查办彭寿松。他却不知悔过，反而一意孤行，暗中唆使党羽搜集军火，购买煤油，准备把福州付之一炬，以泄私愤。一时间福州市面大为恐慌，银粮吃紧，钱庄倒闭，"居民纷纷迁避，大局异常危急"。为阻止北洋军阀入闽，避免福州城被大火烧毁，在革命党人郑祖荫、林斯琛、黄光弼三人的劝说下，彭寿松最终同意退职，但仍不肯离闽。最后都督孙道仁不得不建议由商会出资 10 万元，作为路费"礼"送他出境。福州百姓终免一难。

辛亥革命之后，中国各地战乱不已，即使军队只是过境，也要强买、抢物、打人、抓伕，更不用说如果战事直接发生在该地所造成的混乱与损害。因此人人惧怕战事。作为地方较有权势的商会，保境安民也成为其应有的职责。

1918 年春，北洋政府对在广州的军政府用兵。为呼应湖南的战事，军政府在福建开辟第二战场，粤军进入福建。为保住自己的统治地盘，此时统治福建的军阀李厚基与广州军政府举行和议，但双方无法达成一致。眼见漳州、仁寿已被粤军所占，惠安境内也有南军侵越，为免福建惨遭涂炭，1918 年 3 月 25 日，福州总商会会长黄瞻鸿与省教育会会长王修除出面请求李厚基遵行停战命令外，还分别发出电报分送广州军政府，呼吁在闽粤军勿生战事。

1922 年，军阀陈炯明在广东叛变。其驻闽部队调粤作战，到处派差拉伕，搞得人心惶惶。为安定民心，福州商会与救火会出面调处，付给军队壮丁费、搬运费后才算息事。

1926 年，周荫人为防御粤军起见，于 9 月中旬派军出发。福州商务总会为让部队早日开拔，供给军费 20 万元。

解放前夕，福州社会治安混乱。为了保障商民生命财产的安全，商会会长蔡友兰与广芝林国药行老板徐建禧一道，由商会出资，协同乡贤萨镇冰组织福州地方防护团，并由萨镇冰任团总，蔡友兰为副团总，员丁由市各救火会会员中调训 100 名，枪弹向海军方面借用，以维护福州治安，避免散勇游兵及地方坏分子乘机扰民。

3. 抵制洋货

1917 年，段祺瑞政府宣布对德宣战，举国上下反对声一片。福州总商会会长黄瞻鸿、副会长卢清淇与福州八十六行的商董联名通电全国，反对参战。电文如下："闽省地瘠民贫，商力凋敝，历年担负巨额，营业已极困难。欧战发生，金融尤滞"，因此期望政府能够"守中立，保兆民，勿隳不识时务之阴谋，勿为不顾大局所利用，勿使天下后世黄种子遗谓我中国之亡实亡于大总统之主持加入战团也，国务员及议会之赞成加入战团也，全国商民代表之默认加入战团也……"福州商界希望中国有个和平发展的经济环境的意愿极为恳切。

中国的抵制外货、倡用国货运动发轫于 1905 年的反美爱国运动。福州商务总会成立后，适逢全国为反对美国限制华工条约而掀起的抵制美货的斗争。1904 年美国政府与清政府签订的《中美会订限制来美华工、保护寓美华人条约》到期，由于条约里有许多苛刻对待华工的内容，因此中国商民要求废除该条约，但美国政府拒绝，再度提出续订新约。旅美华侨在旧金山中华会馆集会，发起拒约运动。闽粤两省有许多在美华侨，因此反应最为强烈。这场运动首先在民族资产阶级力量较强的上海发起，福州、厦门的爱国工商业者为维护侨民的利益，予以热烈响应。1905 年 5 月 10 日，上海总商会发出通电，倡议"暂不营销美货以为抵制"，同时通电汉口、天津、福州、厦门等地的商会，呼吁一致行动。5 月中旬，福州商会收到上海总商会发来"抵制美货"的电报后，立即复电照办，并领导了福州民众展开抵制美货的运动。福州商会制定了福州商界抵制美货的八条公约，并印发抵制美货传单，声明"我同胞皆宜认定不买不卖美国货为宗旨"，同时还公布美货进口表，为抵制美货提供参考。福州商会董事鉴于美国虐华工禁约未改，连日在三山会馆演说，筹集抵制的对策，并号召组织抵制团体以御外侮。

在商会的呼吁下，福建各地纷纷开始抵制美货。直至 1906 年 1 月 1 日福建全省洋务总局、省会商政总局贴出布告，宣布中美政府已就条约问题再度谈判，谕令商人照常贸易，慎勿滋生事端，抵制美货运动走向低潮。但直到 3 月，福州商会统辖下的闽中地区仍在鼎力抵制美货，如美孚洋油帮决定阴历二月十五之后一律不买不卖洋面、洋布，产于美国的也不购用，药材、洋参等贵重物品，医生开方时也以其他药代替。在遍及全国的反美爱国运动的压力下，清政府被迫拒签续约，运动取得了最后的胜利。

4. 抗日救国

1868 年，日本开始明治维新，在短短的 26 年之后，日本就在甲午战争中打败中国，获取了大量的权益。从此，日本不断在中国制造事端，以扩大其在华利益。1898 年，欧美各帝国主义国家纷纷强行占据中国各港口为租借地，加紧瓜分中国时，日本也于 4 月 26 日提出不得把福建省内及沿海一带割让或租借给他国的要求，从而把福建划入其势力范围。从此，福建人民的反日斗争此起彼伏，福州商会则是其中的中坚力量。

"黄案"事件。1915 年 1 月，日本提出灭亡中国的"二十一条"，要求袁世凯政府全盘接受，其中的第五号内容涉及福建："在福建省内筹办铁路、矿山，及整顿海口（船厂在内），如需要外国资本之时，先向日本国协议。"对这项耻辱的条款，福建人群情激愤。3 月 26 日，福州商会召开春季常会时，众多商家出席，商议抵制办法，并表态如果中日决裂，各商家愿意各自承担军费若干。不过，当时的政府担心"抵制日货激一时之义愤，在他人所损有限，而在我国家必受大害"（《申报》1915 年 4 月 21 日，第 6 版）。时任商会总理的李郁斋秉承福建巡按使许世英的要求，认为与会商家不能随意倡言暴力反日，以免贻人口实。各商家被说服，认捐军费一事也由此暂缓。

　　1919 年 5 月 2 日，巴黎和会上中国代表交涉山东问题失败的消息传来，全国各地纷纷开展反帝爱国运动，福建各地也开始了抵制日货、倡用国货运动。在福州，学生举行示威游行，并成立学生联合会，创办全闽学生日刊社，进行爱国宣传，一面设立日货调查部，对市面日货进行严密调查，认真鉴别，确系日货即予登记，封存候处，不得再进新货。绝大多数商店都出于爱国思想，不再买卖日货。然而，时任福州商会会长的黄瞻鸿与其兄在上杭街所开的恒盛布庄却囤积了许多日货，学生闻讯后，两度派代表到商会与黄交涉，要求调查该店是否存有日货，均遭到拒绝。6 月 14 日，黄见无法躲过学生的要求，遂一面口头同意学生到该店调查，一面却通知布庄紧闭店门，不许学生入内。先行学生到店后，见店门紧闭，就奋力爬墙进入店内，并发生斗殴事件，混乱中有一个叫吕六六（传说是蚕业学校工友，有的说是过路人）的被殴打毙命。事态一下子扩大。15 日，各校纷纷罢课，抗议恒盛布庄的暴行，城内外商店也一律罢市，以示公愤。下午请愿学生要求政府逮捕法办黄瞻鸿，因未得到答复而不肯离去。为支持学生的行动，商民纷纷送去糕饼、饮料，其中以美且有、谢万丰和东方汽水厂送去最多。当时与黄关系密切的福建督军兼省长李厚基不仅庇护他，而且先后逮捕了 19 名学生,这更激起全市工学商界的愤怒,他们继续罢工、罢课、罢市,各钱庄自 15 日至 18 日均停止业务,市郊农民也不进城卖菜,黄家自营的大兴春、懋源两家酒库的工人也不做工了,各种报纸纷纷报道李、黄二人的暴行。在民众的压力下,李厚基被迫同意释放学生,警察厅将黄家兄弟送闽侯地方法院审理(9 月,地方检察厅以吕六六系殴伤陆军排长以致被士兵刺毙,黄家兄弟无杀害学生的行为为由,判黄家兄弟无罪)。19 日,商界一律开市,市面秩序井然。由于该事件的社会影响极大,各商家要求商会罢免黄瞻鸿会长一职,他本人也提出辞职,于是商会改选罗勉侯为会长。

在北洋政府统治时期,福州商会的领导阶层基本上与北洋政府保持一致,在反对日本侵略、抵制日货的行动中,没有担当起领导职责,只是爱国运动中的一个配角,甚至还阻碍抵制日货运动。但是,这种行为毕竟只是少数领导者所为,大多数普通商户却能不顾自身的商业利益,追随工学界,积极投入反侵略的运动中。"黄案"事件过后,福州商会在副会长卢清淇的领导下,又投身于后被称为"台江事件"的反日斗争中。

"台江事件"。在五四爱国运动的影响下,福州的反日运动持续进行。1919 年 11 月 15 日,学联会主持的爱国话剧在福州南台大桥头开演,突然有日本领事馆豢养的台湾流氓多人手持凶器闯入会场,不仅把戏台上的各种道具、设备捣毁,还殴打演员。次日下午,日本福州领事又派出 100 多人携带手枪、小刀、铁尺以及其他凶器,分布在南台及城内各热闹地区,准备对学生进一步施暴。在南台仓霞洲附近,有 5 名基督教青年会中学校学生、教员在行经大桥头时,被扭住毒打,过路的学生、市民、商贩也被打得头破血流,警察赶来制止时也遭殴打,其中一名警察被枪击伤重致死。

随后的 17 日、18 日、23 日又发生了多起台湾籍民殴打福州学生、商民的事件，22 日，日本甚至开来军舰，在闽江口耀武扬威，恐吓福州人民。但福州人民没有屈服。16 日晚，福州商会副会长卢清淇即会同福建经学会会长吴征鳌、省教育会会长王修向北洋政府发出电文，要求政府向日本抗议。17 日，福州全市各校一律罢课，城台商店一律罢市，抗议日本流氓的暴行。台江流血事件发生后，全国各地纷纷支持福州的反日行动，各省议会、教育会、商会、学生联合会以及海外福建华侨各社团均发表通电，要求中国政府向日本政府严重交涉，誓为后盾。在舆论的压力下，北洋政府不得不派出交涉员赴闽与日本领事交涉。直到 1920 年 12 月 12 日，日本政府才以公文形式向中国道歉，赔偿抚恤金 2000 元，并于换文中加入"逞凶善后"一语，"台江事件"名义上以中方的胜利而告终。

支援抗战。1931 年 9 月 18 日，日本关东军又策划了"柳条湖事件"，并以此为借口向东北军驻地北大营发动进攻，占领沈阳，制造了震惊中外的"九一八"事变。事变发生后，全国各界迅速掀起抗日救亡运动，福州再次爆发大规模的抵制日货运动。9 月 27 日、28 日商会连续两天召集各同业公会开紧急会议，讨论彻底抵制日货办法。到会代表达 400 余人，群情激昂。会议决定组织闽侯商界拒日会，并拟定誓词："商界各同人等谨以至诚宣誓，今日起决不再进日货，对日实行经济绝交，若有违背誓言，或阳奉阴违，甘受社会之生命处分。"全场代表一致签字。为使誓言生效，商会规定各同业公会三日内在签字誓言上补盖会章，否则即将其姓名公布，听凭社会处分。另外，商会还通知钱庄、银行不得与日商有钱款往来（双杭地区各钱庄带头停止日元兑换业务），并函电通知码头、驳船两个公会及报关公会不得代日船起卸货物、报纳关税。10 月 1 日，在上海经商的福州商界宣誓：如办日货甘受社会生命处分，即使有通行证寄闽亦属无效。为避免与上海有业务来往的福州商户误进日货，闽侯县商会特意将上海商界这种反日情况转告各业知照。

福建各界抗日后援会成立于 1933 年十九路军进驻福建之后，为支持蔡廷锴统率粤桂闽三省抗日军北上，闽侯县商会协同绥靖署、省政府、省党部、公安局、教育会、钱业公会等 15 个机关团体同为抗日后援会委员。1933 年 3 月 27 日在省党部开始办公后，即于 4 月 1 日至 3 日向全福州地区动员募捐（《申报》1933 年 4 月 1 日，第 22 版）。

在日军进攻华北，国家危亡迫在眉睫之际，一部分深明大义的福州商帮于 1933 年 3 月 24 日召集各同业公会代表开联席会议，决定自 26 日起，限三天内各商帮所存日货一律封存，禁止售卖，倘敢故意违犯，一经发现，即公革出行，并将店号、姓名登载报上，听凭社会处置。

1937 年 7 月 7 日，日本军国主义者悍然发动全面侵华战争，东南沿海地区遭到日军的全面进攻。为了支持抗战，防止东南地区的工矿企业落入侵略者手中，东南沿海沿江的大部分企业被迫内迁。对于福州而言，企业内迁就是迁至省内山区一带，如永安、南平、三元、连城等地。在闽江口被封锁，货物运输困难的情况下，闽侯县商会为协助办理工厂和重要商品迁移内地及发动抗日爱国捐输等做了不少工作，许多实业家也主动将工厂迁入山区，如建华火柴厂于 1938 年在省贸易公司的协助下迁往南平，福电铁工厂也于 1939 年迁往南平，福建造纸厂部分机器设备迁至南平西芹，福州木商刘方袋于 1940 年 8 月在建瓯创设了民治锯木厂等等，为保存中国的抗战实力与山区工业的发展作出了卓绝的贡献。

8 月 12 日，闽侯县商会召集各商界劝募队队长开会，讨论劝募事宜，有百余人到会，人人抗敌情绪高昂，顷刻即认募数万元。

华北沦陷后，天津日军假手汉奸来福州购置木材，以供赶筑战壕。福州的木商获悉青岛来电告知详情后，议决自禁出口，宁可自己损失也绝不资敌。

1939 年，为支持政府抗战，商会委员蔡友兰将早年集资创办的福兴泉汽车运输公司的车辆交由政府接收，自己奉命疏散，带了 4 辆货运汽车到闽北崇安，筹办崇安到江西河口镇的运输业务。1941 年福州第一次沦陷后，蔡友兰为避免日伪的纠缠，回莆田老家避难，停止了在福州的经商活动。1944 年福州第二次沦陷时蔡友兰任商会会长，他毅然率福州商会同仁撤退到南平继续经商，拒当汉奸。由于蔡友兰在福州商界的巨大影响，如果由他出任日伪商会会长将有极大的号召力，因此日伪密特以沟通福建国统区与沦陷区的物资交流为由，到南平邀请他回福州任日伪调节处处长，并许给他 3000 两黄金补偿他的企业在疏散时的损失。如果从经商角度考虑，接受这一提议对他的企业将有极大的好处，但在民族大义面前，蔡友兰严词拒绝了日伪的邀请。日伪又生一计，许诺他若不愿意回福州，可在闽清口主持交换物资处，他依然直言不为日本侵略者效劳，充分表现了一个爱国商人不为金钱地位所动、坚持民族气节的崇高精神。除了拒当汉奸外，蔡友兰还积极支持福州勇士抗战。

在福州第二次沦陷时，福州救火会会员决定对日寇作战。时任商会会长，同时也是双杭救火会会长的蔡友兰向缺少弹药的勇士捐献自家经销的鞭炮，让他们在作战时点燃鞭炮，佯作机关枪发射声以迷惑敌人。

与蔡友兰采取同样举措的福州巨商还有何培阆、欧阳康、邓炎辉等人。抗战爆发后，经营福建纸、茶、笋等特产的怡大商行的邓炎辉避居上海，以免被敌伪利用。1941 年 4 月福州首次沦陷，日寇陆军特务机关铃木谦三搜罗奸商组织伪"福州总商会"，以利于其掠夺财富和控制经济。在遴选代言人过程中，先是利诱福州何同泰茶行老板何培闾任伪商会会长，遭到拒绝后，又找到生顺茶栈掌门人欧阳康，同样遭到拒绝。为表明不当汉奸的心迹，避免遭到日伪迫害，二人均流亡异乡。

抗战爆发后，广芝林药行老板徐建禧领导下的福州救火联合会即参加了省抗敌后援会，并担任消防工作团团长。1944 年 9 月福州第二次沦陷之际，救火联合会的临警、援丁按照战时编制编成战地消防大队，协助军警维持全市治安，不久因市警准备参加战斗，于是由救火联合会独立承担全市的治安任务。10 月 8 日，徐建禧、何震、江秀清率领部分受训过的救火会临警、援丁反攻福州。在潜伏城内的各救火会会员的接应下，勇士们冲入市中心，与日寇相持数日。徐建禧、何震、江秀清等人身先士卒，几乎被敌军包围，最后各队奋勇突围，共击毙敌首 1 名、敌兵 7 名，伤敌 10 余名。这次英勇的爱国举动得到了国内外各界人士的赞誉。

三、社会公益

福州商会自成立之日起，除了在振兴商务、保境安民方面"殚精竭虑，劳怨不辞"外，对地方其他事务也倾注了极大的精力，大凡关于修桥、筑路、疏浚河道、灭火、平粜、赈灾、义捐、倡导戒烟等造福桑梓的活动，福州商会都尽心尽力办理，极大弥补了政府行政管理职能的不足。尤其是商会的领导层，往往是各慈善机构的发起人与积极参与者，因而商会的会长、委员常常兼任慈善机构的董事、委员等头衔，这又进一步促进了地方公益事业。

1. 社会公益组织

参与组建去毒社。"禁烟一事，关系国之贫富，民之强弱，至深至钜"。自鸦片战争之后，腐朽的清政府无法阻挡鸦片输入中国，鸦片往往成为沿海开放商埠最大的进口商品之一。据福州海关报告，1904 年仅运进福州的外国鸦片就达 3852 担，价值 2465673 海关两，另有土鸦片 431 担；1905 年外国鸦片进口虽有所下降，但仍有 3300 担，土鸦片进口则增加到 807 担，此外还有从厦门海关进口的大量鸦片。

鉴于福建鸦片泛滥，国民贫弱，1906 年阴历五月，福州商务总会总理、协理罗金城、张廷赞、李郁斋与当时福州士绅陈宝琛、林绍年、刘学恂、林炳章等共 10 人发起，倡导各界 52 个团体在林文忠公祠内联合成立福建去毒总社，商会票举太史林炳章（林则徐曾孙）为社长，提倡戒烟。去毒社成立后，会所设在下杭街商务总会，在南台大庙山设戒烟第一局，局内可同时容纳 50 人，辅以医药帮助戒烟。第二局设在城内，经费由商会发动商家募集。在去毒总社的号召下，全省各地纷纷响应，各府、州、县、乡、里各设支社共 75 个，隶属总社，而又根据各地实际情况自定禁烟办法。"有产业者，不得租与售烟；有田地者，不得租与种烟。社中立名籍两册，无瘾者登白籍，有瘾者登戒籍，有瘾入社者，戒净两月后，汇齐姓名，刊单以表自新之德"陈遵统等编纂（《福建编年史》（下），福建人民出版社 2009 年版，第 1575 页）。去毒社劝导农民不种罂粟、主动戒烟；取缔官吏吸毒；勒令土膏行、烟馆改业；打击售毒的洋商、奸商，以杜绝烟源。去毒社的董事还联络各学堂的教员和高等学堂的学生，利用暑假返乡的机会，四处调查罂粟产区，并向民众演说劝导。经过一年的努力，禁毒取得显著成效。1907 年由商会主持的去毒社成立一周年纪念活动中，游行民众高举林则徐画像，抬着缉获的烟土、烟具列队游行，并在海关埠销烟。去毒社的戒烟活动一直持续到 1916 年才停止。

◇ 美国国会图书馆馆藏福州大庙山禁烟图

组建救火会。"铜延平，铁邵武，纸褙福州城"，这是旧时闽中脍炙人口的一句民间俗谚，它反映了福州城火灾频仍的历史情形。这其中既有福州夏秋气候炎热的因素作祟，也与 1949 年前福州全城 80% 以上的住宅房屋为木构材质密切相关。而且民居辐辏，广厦毗连，一旦发生火灾，即累及一大片，而当时福州照明仍以油灯、蜡烛为主，稍一不慎，一家失火四邻遭殃。

因此自古以来福州各行业就自发组织了救火团体——救火会。救火会原称水会，是福州双杭地区最早建立的商办商助的消防、救火组织。起初

◇ 福州救火会瞭望塔

按行业建立，如纸、木材、油是最易引发火患的商品，救火会首先在这三个行帮成立。纸帮救火会设在靛街曾氏家祠，油帮救火会设在龙岭平和里，木帮救火会设在海防前复初庵，因灭火效果好，作用大，其他行业与地区也相继仿效，清末民初时福州成立了14个行业和地区救火会，如双杭、榕南、东津、鼓泰、龙潭等救火会。至1933年全市共有30余个救火会。

这些救火会大多推举财力雄厚、深孚众望的大商号老板为会长，一可解决经费问题，二则易于调集各方人力和物力。如双杭、万寿、纸帮、龙潭救火会分别由蔡友兰、张桂丹、曾文乾、吴西波任会长。这些救火会配备了泵浦、汽龙、腕力龙等先进设备，为保境安民、慈善救济等事业作了许多贡献。

1919年，各救火会联合在三山会馆成立福州救火联合总会，取消各行业和各地区之间的隔阂，一旦发生火灾，各救火会统一合作灭火。1921

年，联合总会发动各界捐助，在烟台山建钟楼，1926 年又在大庙山建钟楼，由总会派人在各钟楼日夜轮值瞭望，一旦发现火警，白天就在楼顶悬挂红旗，夜间则亮红灯示警，并有信号指示火场方向，各救火分会收到火警信号后就立即组织会员奔赴救火。福州救火联合总会历经 16 届，主要由绸布业的王纲与国药业的徐建禧（广芝林药行老板、福州中药同业公会首届理事长。1936 年被选为双杭救火会理事长，1940 年任救火联合会会长，并蝉联四届）任会长。徐建禧在任救火福州商会组织的救火会设立的火情观察点——瞭望塔（1946）联合会会长期间，组织剧团开展义演和募捐活动，积极宣传抗日战争的意义和消防事业的重要性，经常协调各基层救火会间的关系，坚持兴办水灾、火灾、瘟疫及年关赈济等慈善事业，积极发动各界人士多做善事，在各种灾害中为灾民施食、施医、施棺，发放严冬赈款、渡岁米等，在疫情传染期间，他的广芝林药行通宵达旦为群众配药与施医。在任双杭救火会理事长时，在救火会内成立了临警、援丁互济会，为因救火而牺牲和抗日阵

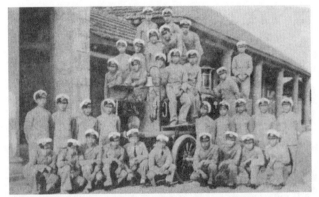

◇ 福州商会组织的救火会

亡的人员发放抚恤费、丧葬费和赡养费等。

福州救火会除了救火之外，往往还从事捞葬慈善事业。如木帮在其组织的龙潭救火会下成立了龙潭义葬社，除了从江中打捞溺水而亡的尸体、施赈棺木外，还义葬市镇上不幸去世的流浪汉、乞丐以及孤寡鳏者，所需的费用都是向民间商户募集而来。每逢节日或重

◇ 福州救火联合会创始历略报告书

大事件，义葬社向大商行募捐，商户也都乐于捐献，每户一次多达 10 银圆乃至 50 银圆。

2. 参与社会慈善事业

组织粮运，平粜粮价。福州居民有 30 余万，每日平均需米 2000 余包，均由福州附近各乡所产供给，但仍不够，长期依赖闽江上游的闽北地区输入或者洋米的接济。保证每年粮米正常供应成为福州商会义不容辞的职责。

1906 年 6 月，福州米市因来源减少而价格渐涨。商会总理张秋舫、协理李郁斋以及议董卢少泉召集各商帮出资赴上海等埠采办米石，第一次约购买数千石，第二次约采购 4000 余石，由"海晏""太山"号两艘轮船运往福州。听到这个消息，各米商知道有来米予以接济，也就不再惜售，米价逐渐回落，商会此举有效地缓解了福州粮食供应紧张的困境。

1909 年冬，福州米价又因供应不足而上涨。福州商务总会于是电饬建

阳商务分会，要求该地米商应照常运米到福州。

1911 年入春之后，因闽江上游地区输米减少，而下游又遭遇饥荒，致使福州的粮食价格不断上涨，引起市面恐慌。福州商务总会召开会议，请各大吏拨款采办粮食，以维持米价平稳，避免青黄不接之时发生粮食断供的情况。

1920 年 11 月，因北方各省旱灾严重，引起福州米价腾贵。政府因福州自身粮食供应已经短缺，于是下令严禁商人运米出口。福州总商会主动请缨，配合政府禁令，悬赏侦查准备偷运米石出口的商人踪迹，然后报给官厅缉拿惩办。

1929 年 1 月，福州米价突然上涨。省政府出示禁令，禁止米粮出口。10 日福州总商会召集米帮议办平粜事宜。16 日，省库拨款 1500 元，闽侯县政府筹募 1500 元，福州总商会捐集 3000 元，赴沪购米来闽平粜。

1930 年，福州总商会采办海米 5000 石供应福州市场。

1935 年春，因海关征收洋米进口税，粮商乘机操纵米价，不到一个月，福州米价由每石 8 元涨至 12 元，民生大受影响。闽侯县商会遂于 3 月 2 日开会讨论限制办法，首先阻止米价继续上涨，再劝米商增辟食米来源，使供求平衡，从而调剂粮价。

1940 年 2 月，福州粮价暴涨，有众多市民饿死，商会与红十字会联合采购、平粜赣米 2 万包，使 17 万余名市民受惠。

赈灾义捐。福州地处东南沿海，属亚热带季风性气候，每年夏秋之际屡屡遭受台风袭击；而且又处于闽江下游，每逢春夏之交雨季来临，闽江上游常常溪洪暴涨，滔滔而来的河水泛滥福州城厢内外，俗称"做大水"；再加上时有海潮回潮，推波助澜，使得福州城区灾情更加严重，沿江一带常常沦为泽国。

清末民国时期，政府经济落后，防灾和抗灾能力极差，即使也予以赈灾救济，但往往未能满足民众所需。每遇灾年，总是饿殍遍野，疫病流行，灾民流离失所。为减轻灾害，政府往往号召或强行要求商会、地方慈善团体共同赈灾，以弥补政府救济力量的不足。商会作为各行业的代表，成为赈灾义捐的重要力量。1909 年 9 月 1 日夜晚，一场强台风袭击了福州城，随之而来的 6 天暴雨持续不断，不仅造成房屋倒塌千余家，船只沉没千余艘，而且因泥墙倒塌而死伤者数以万计，灾民流离失所。为了赈灾，福州商务总会开议筹赈，除发动各商家积极赈灾外，还与旅港福建官商联系，募集了千余元予以救济。

普济堂兴办于清雍正二年（1724），专门收养孤贫老弱者，本来一直由政府拨款维持。民国时期，福建时局动荡不堪，经费时续时断，难以为继。1924 年 12 月，福州商会会长罗勉侯因普济堂缺乏资金，出面与各绅商商议，倡议以警厅所收之路灯捐归商会征收，扣除征收经费后余款作为普济堂孤贫老弱的口粮。为保证这项提议能够通过，商会还去函给旅沪福建同乡会，请其转呈。这项请求得到了当时福建实权派人物周荫人的同意，让省长萨镇冰核办。

1941 年 9 月福州光复后，原商会执行委员，时任省赈济会代主任陈培锟亲临福州，恢复福州救济院，成立闽海急赈会，专门办理急赈工作，并组织福州救火会协同发放大米 15 万斤，使 15 万余贫民受惠。

1943 年，福州、长乐等地鼠疫流行，死者很多，甚至出现"上午抬别人，下午被人抬"的惨景。省政府虽拨款购买鼠疫疫苗，但远不够用。商会会长蔡友兰发动商界捐款 1.6 万银圆购买鼠疫疫苗 500 瓶，无偿发放给各医院，免费供患者注射。同年，福州名医王灼祖等人为抢救病人筹建时疫医院，请蔡友兰帮助募捐。他慨然允诺，向商家募捐 8000 多元，使医院顺利开业，缓解了福州的疫情。而他后来也因其突出贡献及巨大的社会影响力而被聘为董事长。

疏浚河道。闽江全长 6160 千米，作为福建的第一大河，是福建境内的水运主要通道。据统计，清末航行在闽江的船只约有 1 万多艘。不过，闽江下游属于丘陵向平原过渡流域，因此流速趋缓，流经福州时河谷呈宽谷与峡谷相间的串珠式形态，平均比降仅十万分之九，因而宽谷河段容易淤积，而且沙洲暗礁杂错，不仅影响船只的航行，也容易滋生疫情。

在民国时期，福建境内军阀林立，各方为自身利益而巧取豪夺，无心搞地方基础设施建设；省政府的政令又只能施行于省会福州及周边地区，因此闽江河道缺乏疏浚，特别是每逢雨季来临时，河水暴涨，造成安全隐患；河水退去之后，泥沙沉淀，往往又阻碍交通。按时疏浚河道对福州贸易的顺畅、商民的安全具有极大的意义。

1911 年 4 月，夏令即将来临，而福州南台河道淤塞，若不疏通，既有碍于卫生，也不方便船只过往。为预防可能发生的疫情，商务总会召开会议，数十人到会，会议决定开浚时间定在阴历六月，已交捐款的商家予以公布捐款的商号有上杭街同茂和 200 元，张礼记 200 元，恒盛春 150 元，张德生 120 元，恒泰源 60 元，许恒源 100 元，许德丰 200 元，尤信记 80 元，王豫泰 60 元，厚丰 50 元，怡丰 40 元；潭尾街长兴茂 200 元，黄泰茂 150 元，裕记 150 元，杨德记 100 元，黄恒记 80 元，德成信 60 元，聚源福 60 元，林源有 50 元，恒发 40 元，程永兴 30 元。

1916 年，省政府和闽海关设立了闽江修浚局，着手筹划闽江疏浚事宜。

1919 年 1 月草拟了浚河章程，并成立了修浚闽江工程总局，总局设董事会，其中中国人 5 名，外国人 8 名，因疏浚工程需征收浚河捐，由来往船舶、货商缴纳（按照货物每百两加收 5 两为标准），因而福州总商会正副会长黄秉荣与卢清淇都参加了董事会，此外福州商船总公会代表董昌昭、杨寿翔也是董事成员。修浚闽江工程总局成立后，马上着手疏浚闽江下游南台至马尾段河道。经过 15 年的疏浚，闽江的航道水深保持在 1.8 ～ 2.1 米，航道宽度由原来的 400 米延至 3200 米，束窄成 270 米至 650 米，由原来五大湾道整改成三大湾道，并由较整齐的水槽限界，大大提高了航运能力，不仅江轮无须候潮行驶，吃水 4 米左右的海轮也可乘潮直驶台江。闽江疏浚工程是福州港口建设史上的重要一页。

3. 兴办教育

清末，清政府为挽救统治危机实行新政，新式教育兴起。商人在发展实业过程中，也深切体会到人才的重要性，"言商不修学，犹航海之无针"，兴办实业如果没有相应的学识作为根基，只能"虚掷巨资"。

在全国兴起举办新式教育的热潮中，商会及商会著名人物以创办实业性质的学堂、培养实业人才作为推动近代工商业发展的根本途径。当时创办了福州商务总会的张廷赞、罗金城鉴于福州多数学校集中在城内及仓前山，南台地区虽商贸发达，但学校寥寥，于 1906 年在大庙山捐资创办商立两等小学堂，由商会支拨经费，汪涵川为首任校长。但不久因经费困难停办。直至 1922 年罗金城之子、商会会长罗勉侯继承父业，又捐资复办，并改校名为福州总商会商立小学校，聘郭梦熊任校长，勉力维持。学校经费除由地方教育局补助百余元，其余仍由商会拨付支持。

1927 年，商会会长郑守馨兼任学校董事长和校长。1932 年商会改组后，学校脱离商会，更名为私立福商小学。即使在脱离商会之后，福州商会仍极为关注学校的发展。如兴建校舍、扩充校园、添置仪器设备、购买报刊图书都需要经费，而当时政府所拨款项有限，所有开支都只能依靠校董会临时筹措，其中董事长罗勉侯最为出力，福建著名华侨、同时也是海外巨商的胡文虎也鼎力相助，捐资兴建了礼堂与校舍，使学校颇具规模。抗战爆发后，学校继续在新任校董会董事长、同时也是福州商会会长的王梅惠以及实业家林弥钜的扶助下，在战乱中艰难支撑。即使在福州沦陷期间毁于战火，但在敌退之后迅速复课。抗战胜利后，福商转入发展时期，先是申请创办初中，次年又增办了高中，成为完全中学，学校更名为私立福商中学。

张廷赞除了捐助福商小学 5000 元经费外，还捐款为台江的青年会建造教学楼。鉴于他的突出贡献，在青年会教学楼建成后，他的肖像被悬挂在大厅，以供人们纪念。

1948 年，由曾长兴土纸行老板曾文乾捐资建立的曾氏支祠内兴办了一所四端初级中学，以儒家的"仁、义、礼、智"的理念为"四端"。1952年，在政府的统一规划下，福商与四端两中学由政府接管，合并为福州第四中学。

协利锯木厂的老板、1934 年松木业同业公会执行委员林弥钜也热心教育事业，参与创办了福州仓山独青小学（今仓山麦顶小学）、南平建华小学及长乐吴航小学等，并向闽侯县立小岭小学捐助制作几百套桌椅的木材。

双杭地区的兴化帮和闽南帮也十分重视办学。他们利用所属会馆，创办了兴安和南郡两所小学（上杭街经营南北货的建东店老板李珊珂也曾捐资南郡小学），南郡小学创办于 1925 年，校址就设在闽南人聚集的南郡会馆内。1956年，南郡小学改名为下杭小学，同年，由兴化帮创办的兴安小学改名为上杭小学。咸康国药行老板张桂丹也捐资办万寿小学。这些学校除商家子弟外，也招收贫困子弟入学，免收学杂费，对学习优秀的学生还提供奖学金。

闽商是中国著名的地方商帮，榕商是闽商重要的组成部分，"爱国爱乡、海纳百川、乐善好施、敢拼会赢"，某种程度上是福建商业精神的写照，也是对福州商人群体的形象诠释。百年历史，百年沧桑。从清末的"福州商务总会"，到民国时期的"福州总商会"，再到新中国成立之后的"福州市工商联"，跨越一个多世纪，历经多次重大的社会历史变迁，福州商会组织始终坚守信念，不断奋发图强。

第九章 红色记忆

新民主主义革命时期，台江人民在中国共产党的领导下，坚持反帝反封建斗争。台江地区红色文化，流芳史册、激荡人心。

◇ 北江滨公园望龙园——中共闽浙赣边区革命纪念碑

一、工人运动

上杭路生意红火，但商界良莠不齐，一些不良商家惟利是图，投机取巧，牟取厚利，欺压顾客；与此同时，不良商家置店员的合法权益于不顾，随意撕毁合同、克扣薪金、增加劳动强度、延长工作时间，由此引起劳资矛盾和纠纷的事件屡有发生。

为维护员工的合法权益，1927 年 1 月，共产党员陈碧笙、蔡珊等人受中共福州地委的指派，在上杭大庙山龙岭顶武圣庙内成立福州店员总工会。店员总工会成立后，组织发展迅速，规模不断扩大，有钱庄、百货、颜料、布匹、药品、纱布、土产、米业、糖业、茶业、纸业等近 40 个行业的店员加入，人数达万余人。店员总工会属下的各行业工会发动店员和工人开展提高政治待遇、增加工资、改善劳动条件的斗争，并与国民党和不良商家勾结成立的官办工会——福州总工会展开针锋相对的斗争。

1927 年 3 月 9 日，店员总工会曾发动 3000 多名店员和工人参加中共福州地委领导的在南校场举行的反对国民党妄图篡夺党权的万人大会。4 月 3 日，国民党发动福州总工会召开"拥蒋护党"大会进行反扑。这就是蒋介石发动"四一二"反革命政变之前，在福州抢先发难的"四三"政变。随后，革命形势急转直下，国民党强行解散店员总工会。受党的指示，福州店员总工会转入地下活动。台江区的一部分店员和手工业、人力车、电话公司工人秘密加入党领导的"赤色工会"。

1933 年，十九路军入闽，成立中华共和国人民革命政府，政治气氛转向活跃，"福州店员总工会"又恢复公开活动，布匹、绸缎等行业也成立店员总工会南台分会，人力车工会还组织工人纠察队，维护社会治安。1934 年福建事变失败后，店员总工会再次转入地下秘密活动，斗争一直坚持到福州解放。

二、抗战期间

大革命时期的 1932 年 11 月，赣东北省发展为闽浙赣省，方志敏曾任中共闽浙赣省委书记，毛泽东同志称赞方志敏领导的闽浙赣省为模范省。方志敏同志牺牲后，黄道同志任中共闽赣省委书记，领导闽赣边区军民坚持了艰苦卓绝的三年游击战争。

抗日战争爆发后，黄道同志担任新四军驻南昌办事处主任，曾镜冰同志服从中央安排，担任中共闽浙赣特委书记，留在福建开展革命斗争。1938 年 6 月，根据中央指示，闽浙赣特委和闽中、闽东党组织合并组成中共福建省委，曾镜冰同志担任省委书记。

1. 抗日救亡运动

在"黄案事件""台江事件"相继发生后，福州人民爱国热情更加高涨，在此后相当长的一段时间里，反对日本侵略、抵制日货的爱国运动持续不断。尤其是"九·一八"事变前后，在中国共产党的领导下，福州人民进行了各种形式的抗日民主斗争。

1932 年 1 月 28 日，驻扎在上海的十九路军在蒋光鼐、蔡廷锴的率领下，奋起抵抗日本侵略者的武装进攻，开始了著名的淞沪抗战，将福州人民的抗日民主斗争再次推向高潮。3 月 3 日，台江人民得知十九路军胜利的消息后，在福州中亭街、台江汛等闹市游行，工人、店员沿街不断地鸣放鞭炮庆祝，军警出面禁止时，遭到台江市民的抵制。

由于国民党政府实行蒋介石"攘外必先安内"的政策，在淞沪停战协定签订后，福建省当局变本加厉地镇压福州人民的抗日民主运动，不但示威游行、罢课、罢工在禁止之列，抗日团体和抗日标语也被视为非法。在当局的高压政策下，福州抗日民主运动受到挫折，日货一度无人禁止，日商和一些奸商得以乘虚而入。1932年夏，日货涌进福州可谓登峰造极，以至于福建的《民国日报》惊呼"福州日货已成为华商第一日货销售最大市场"。日货的倾销严重地伤害了福州人民的民族感情，影响了福州经济的发展，人们对日货深恶痛绝，称之为"劣货""仇货"。

在党的领导下，一场以肃清劣货为中心的抗日救亡运动再次爆发。中共福州中心市委派共产党员郑维新等组织肃劣团体。1932年9月，福州第一个肃劣组织"藤山乡民自动肃劣会"成立，他们马上开展抗日宣传，清查劣货与奸商。藤山肃劣会的行动促进了市民反日情绪的高涨，一个月之内，福州肃劣组织如雨后春笋遍布城乡。

在肃劣会的影响下，长期停止活动的各反日救国会也于9月17日开始恢复活动，省会各团体救国联合会"特种救国会"也相继成立。10月31日，福州市肃劣联合会筹备会发表告全体同胞书，明确指出肃清劣货是抵抗日本帝国主义的经济侵略，以更进一步进行民族革命战争来对付日本帝国主义、解放中华民族的爱国行动。紧接着，福州商界也联合起来，将所有日货集中南校场焚毁，并保证今后如有奸商买卖劣货，听凭社会处分。在这期间，台江民众的抗日民主斗争也此起彼伏，不断向纵深发展。

11月9日，台江龙潭肃劣会会员在潭尾街楮亨堂纸铺查出大批日本纸，正准备将其烧毁，国民党当局闻讯派来军警驱散在场数百名群众，逮捕了龙潭及藤山肃劣会会员6人。

为了抗议反动警察阻挠民众反日爱国斗争的行径，11月10日，全市各肃劣会代表百余人在南公园集中，随后代表们手执红旗，高呼口号，由郑维新带领到公安局请愿，要求释放被捕的肃劣会员，沿途许多群众自愿加入，队伍扩大到 300 人左右。愤怒的请愿队伍冲破军警的拦阻到公安局，郑维新等 6 人作为群众代表进入公安局与局长邱兆琛说理斗争，邱兆琛以夺枪为借口，当场打死共产党员郑维新，其他 5 名代表也被军警冲散。郑维新遇害后，11 月 11 日，中共福州中心市委和共青团市委立即发表《告民众宣言》，揭露当局反动罪行，号召福州民众反抗国民党镇压抗日运动，团结在共产党周围，进一步开展抗日斗争。此后，福州连续掀起罢课、罢工、罢市高潮，全国的抗日团体及旅居海外的福建同乡会也纷纷通电声援，上海等各主要城市的报纸都登载了郑维新事件的消息。洛阳、开封等城市还成立了郑案后援会，在一片抗议声中，国民党当局慑于民愤，不得不撤掉邱兆琛的职务，释放被捕的肃劣会会员，这场抗日民主爱国斗争宣告结束。

2. 红色旧址

何厝里"战友社"。抗日战争全面爆发后，由中共党员组织的福建省抗敌后援会宣传工作团 31 分队、苍霞洲青年会民众歌咏团、中华民族解放先锋队福州总队等抗日救亡团体先后在台江成立，抗日救亡宣传如火如荼。

1935 年底，何友恭在上海接受党的马列主义理论教育后回到福州家中，与韩震霆、韩南耕等发起在何厝里组织"中国现代学术研究社福州分社"，参加者 20 余人。翌年 3 月，更名为"福州大众社"，接受中共福州工委领导，不久停止了活动。抗战爆发后，在原"大众社"的基础上，组建了"战友社"，由福州工委新四军福州办事处直接领导，在何厝里编辑、出版宣传抗日救亡的期刊《战友》，每期发行约 2000 到 3000 份，共出版 23 期。民国二十七年（1938）2 月，新四军驻福州办事处成立，何厝里成为办事处主任王助、中共福州市工委书记李铁、卢懋榘、郑挺、王一平、林白等人的秘密活动场所，经常到此开会研究工作。

到了解放战争期间，何厝里转而成为中共福建省委和闽江工委的地下活动站。曾镜冰、李铁、庄征、杨兰贞、曾焕乾、简印泉等领导和地下党同志经常在这里聚会。从第二次国内革命战争后期起，历经抗日战争、解放战争直至福州解放，何家13年如一日，为地下党活动的安全掩护、提供食宿、输送药品、油印文件、散发宣传品等工作作出贡献。何友礼、何友于兄弟入党后，分别担任中共闽江工委常委、闽江工委学委会委员。

福建省委闽中工委地下交通联络站。1940年初，上杭路10号陈秋帆、林怀英夫妇家被辟为中共国中地下组织的交通联络站。当时，根据闽中地下党领导人陈亨源的指示，由其弟陈秋帆和弟媳妇林怀英从长乐松下村举家迁到台江，以开办土纱厂为掩护，为闽中地下党与福州地下党进行秘密联络开辟活动点。

陈秋帆奉命到福州后，多方筹集资金办起土纱厂。他和妻子林怀英将办厂所得收入大部分用于支持革命工作。他出资购买无线电台、望远镜、枪支、弹药、干电池、药品及许多生活用品，运送到长乐南阳村闽中特委机关和省委机关，支持游击战争。长乐、福清、永泰、平潭、莆田、南平等地许多地下党同志，来往都由陈秋帆负责接头并安排食宿，甚至还提供生活费和差旅费。陈秋帆多次冒着生命危险往返于福州、闽侯和长乐的南阳、牛头湾、首祉、松下一带秘密为党送信件和情报，出色地完成组织交给的任务。在国民党反动派疯狂围剿游击区，白色恐怖笼罩闽海的恶劣环境下，陈秋帆将革命干部和陈亨源的子女安排在土纱厂内，安全地度过了艰难岁月。林怀英也多次冒着生命危险，往返于福州、南阳、松下一带，秘密为党组织送信件、情报，出色地完成组织交给的任务。

1942 年，陈亨源在长乐不幸被捕。为了解救陈亨源，陈秋帆许诺押警高健武巨款。高健武见财心动，同意把陈亨源留在林怀英家住宿。由于一夜之间筹备不及这笔巨款，次日高健武拿不到钱，认为被骗，凶狠地从桌上抓起林怀英刚满 3 岁的男孩，活活地摔死在地上，接着朝怀有身孕的林怀英的小肚猛踢一脚，林怀英当场休克。隐蔽在隔壁的陈亨源和陈秋帆闻讯赶来时，她已奄奄一息，躺在地上，醒后腹痛流产。为了营救陈亨源，她忍着痛苦，不敢声张，陈秋帆这时顾不得自己安危，上前揪住高健武，质问他"是公了还是私了"。高健武在陈秋帆的感召下，弃暗投明。尽管失去了孩子，陈秋帆、林怀英始终坚持联络站的工作，直到福州解放为止。

生顺茶栈"民先"队部。1938 年 6 月，郑挺、卢懋榘、舒诚、李铁、黄宸禹、欧阳天定、欧阳天年、高力夫、高振洋等在生顺茶栈后屋书斋大

◇ "中华民族解放先锋队"老同志合影

厅里召开"中华民族解放先锋队"（简称"民先"）福州分队成立大会，这是由中国共产党领导建立的青年抗日救亡团体，主要任务是在群众中宣传党的抗日方针，传播共产主义思想。1938 年 6 月，生顺茶栈成为"民先"福州总队的队部，欧阳天定担任副队长。生顺茶栈的红色故事由此开始。

"民先"队员在生顺茶栈里写标语、印传单，秘密举行读书会，学习进步思想，并积极在中小学教师和学生中传播。欧阳天定与欧阳天年主动承担起提供进步书刊的责任，出资 2000 多银圆，购买了油印机、油墨、蜡纸、刻板等设备材料，在家里刻写印发福州中华民族解放先锋队宣言。欧阳天定在上海购买进步书籍，利用岳父开办轮船公司之便，将书籍伪装成包裹，放入船舱夹层随其他货物一起运至台江码头。欧阳天年当时在中亭街开了家名为"逢春馆"的书店，还与表亲李楚濂一起在南门圣庙路附近开了家"致知书店"。他每次在台江码头接到船后，就将这一批"货物"运至两家书店进行翻印，再分发至福州的各地下党秘密联络处。他们提供的这些进步书籍极大地团结和影响了福州一批爱国人士投身抗日救亡的革命洪流。欧阳兄弟还利用自家电台传送情报。在传播进步思想的革命道路上，欧阳天定和欧阳天年先后加入了中国共产党，成为福州地下党组织的骨干。

福州青年会。1931 年"九·一八"事变后，福州青年会大楼成为福州抗日救亡运动的活动基地之一。福州一大批进步青年，在青年会组织读书会，指导阅读进步书刊，宣传救亡文化，传播抗日救亡思想。1936 年，郁达夫以青年会为活动点，号召文化界积极开展抗日救亡活动，成立"福州文化界救亡协会"，鼓励大家以笔当枪，跟敌人作持久的、殊死的斗争。

在 1937 年秋到 1939 年春的近两年中，福州城乡群众抗日歌咏活动不断发展。南台歌咏团是地下党利用苍霞洲基督教青年会的名义作掩护组织起来的，主要由林大琪、高缉光负责。歌咏团教唱《大刀进行曲》《义勇军进行曲》《黄河恋》等抗日救亡歌曲，团员学会了就上街教群众唱，并演出话剧《放下你的鞭子》等。为使群众易于接受，还把歌词改成福州方言。

致远药行秘密据点。致远药行前身为"元亨药行"，由王审知三十三世裔孙王开朗创办于清同治年间。40 年代初，年仅 28 岁的王幼恺接手后，改名致远药行，除继续批发药材外，还经营进出口生意。当时药行的规模和设备在双杭地区的许多中药材行中居于前列地位。

王幼恺毕业于协和大学，是个有远见，且思想进步的商人。他曾资助陈毓淦、郑公盾和林葆青开设"中流书店"，宣传革命思想，出售进步书刊和掩护地下党同志；电汇巨款帮助地下党员黎先耀安全脱离国统区；由地下党员林亨元、卓如介绍，以"校董"身份长期捐资支持办好福州地下党活动的据点之一——"双虹"小学；先后以药行店员和家庭教师名义掩护郑孔佩和陈家骐在药行安全脱险，并向陈家骐之妹陈秀珍提供药材转送游击区；1946 年，由地下党安排五位暨南大学学生住在致远药行，他派店员林朝阳以运输药材的名义，协助地下党员郑英杰同船前往台湾，接着又协助林大厦、卜新贤乘船赴台工作，并帮助王正平、许甫如由福州转道上海，为党做了不少工作。

陈鸿英诊所联络站。原址位于延平路 15 号"陈鸿英诊所"内。该诊所是利用霞浦教堂门厅的一半，由吴赋敏的夫人陈鸿英开设的。吴赋敏，长乐人，14 岁随叔父到上海当洋厨学徒，利用工余时间入夜校学习，接受中共地下党员王烈康、王烈帆的革命教育和宣传，于 1939 年加入中国共产党。5 年后，他到苏北新四军第一师卫生部当科员。1944 年 11 月回福州，参加闽中军区福长林分区所属的长乐游击队；后又到林森县凤岗乡交通站任交通员，进行地下革命活动。1947年3月，吴赋敏接受组织安排，负责以妻子陈鸿英开设的诊所作为福建省委地下联络站。联络站成立后将闽江地下航线、闽中游击队连在一起，积极开展革命活动。搜集、转送国民党情报；给游击队运送发报机、枪支弹药；为游击队伤病员治病；负责地下省委和各地游击队领导及交通员来榕的接待、安排和保护工作等。该地下联络站的革命活动持续到福州解放为止，目标从未暴露。

三、迎接解放

解放战争时期，为适应革命斗争的需要，按照中央要求，中共福建省委于1947年1月更名为中共闽浙赣边区党委，11月又更名为中共闽浙赣省委。台江潭尾街42号同和行和大平山山仔里高家、保福山施玉英家、十桐角2号何厝里、茶亭街基督教真神堂等28个地方被中共福建省委、中共闽江工委辟为联络站或活动点。

1. 中共闽浙赣省委福州地下交通联络总站

抗战胜利后，中共闽浙赣省委为了贯彻华东局关于"掩蔽精干，积聚力量，等待时机"的方针，以及"坚持武装斗争和白区斗争相结合"的原则，决定在福州设立地下交通联络总站。省委先派人到福州选址，经慎重查看后，认为双杭地区潭尾街42号高振云开办的"同和"锡箔杂货行是一个理想的地点。这里地处双杭商业中心，商旅云集，活动方便，利于掩护；"同和"行老板高振云的胞弟高振江是中共党员，受其弟革命思想的影响，同情和支持革命。

1945年9月，中共闽浙赣省委福州地下交通联络总站就在此秘密成立。

经地下党员李青介绍，吸收杂货行工人宋子云入党。不久，鉴于对敌斗争的需要，该地下交通联络总站又移至高振云、宋子云的老家太平山山仔里村。由宋子云任联络总站总务科长，负责联络来榕的地下党领导同志，并安排开会地点和住宿。以及物资供应、安全保卫和转运枪支弹药等工作。

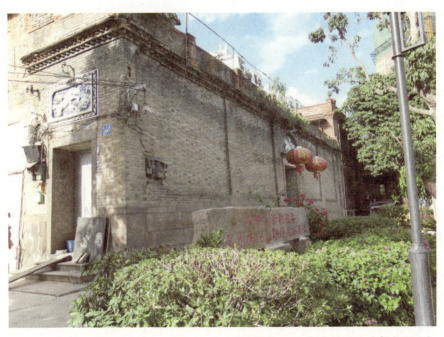

◇ 中共大平山地下联络站（高家大院）

为了落实闽浙赣省委关于"进一步开展地下斗争，发展党组织"的指示，宋子云从"同和"杂货行高振云处拿出纯锡600公斤作资本，在大平山开设"崇发"锡箔作坊，以做生意为名掩护地下党同志；那时，省委派陈明到太平山帮助宋子云成立"中共大平山支部"任命宋为书记。他积极发展党员12人，通过多渠道收集国民党情报，如军队番号、兵力布置、装备优劣、驻防地点、电台分布、军队人数、长官姓名，以及社会各阶层的思想动态等，及时向省委汇报或用手摇发报机发出，以便省委制定对敌斗争的策略，为福州的解放作出贡献。

2. 闽江地下航线

闽江地下航线是解放战争时期福建省委城市工作部的重要组成部分，是沟通闽北、闽东、闽中、闽西和闽江两岸及闽浙赣边区的革命联系网络，多次出色地完成省委交给运输的运送武器、电台、药品、书刊文件及传递情报和护送来往干部等任务，使我党在闽江上下游形成了系统完整的水上交通网络，开辟了一条安全、可靠、迅速、方便、被人们称之为"地下航线"的闽江地下秘密交通运输线，为中国人民的解放事业作出了重要贡献。

◇ 地下航线电影海报

1945 年，中共福建省委决定成立中共闽江工委，交通员张章淦利用其叔父张依细在闽轮修造厂当工人之便，在工人中积极开展活动。中共福建省委派富有斗争经验的苏华、饶刚生、陈德义等到福州开展工作。经过反复调查研究，于 1946 年

◇ 原台江码头粪船队党支部书记林森官（左二）

◇ 闽江轮船公司党支部旧址

初成立闽江轮船公司党支部，利用闽江客货轮船公司内部司机、副机、水手等发展党员，并在福州至南平的航线上，完成护送来往的地下党同志以及运送枪支、弹药、布匹、药品、电台等物资的秘密交通任务。同年5月成立了台江码头粪船队党支部，由林森官任支部书记。1959年，上海天马电影制片厂拍摄了电影《地下航线》，把这段故事搬上了荧屏，著名导演顾而已执导，著名演员中叔皇担任主角，林森官的故事一时间传遍全国，闽江航道、江边的几个码头均给观众们留下了深刻的印象。

抗战胜利
后，美国在青
年会 401 号房
设新闻处驻榕
特派员办公
室，美国驻福
州新闻处（简
称美新处）是
美国务院二次
世界大战期间
对海外宣传的

◇ 美新处地下秘密交通站设于青年会 401 号房

一个机构，驻榕办有先进的电讯设备，可获得世界各大通讯社的大量英文
电讯，以及美国空军飞机从重庆美新处捎来的美国出版的主要报刊。

1946 年 5 月，中共闽浙赣省委在美国新闻处驻榕特派员办公室，设立
了地下秘密交通站，同时成立特别支部，书记由时任中共福州市委书记的
孙道华兼任，成员有傅孙焕、蔡龙冈，任务是掩护省委在福州的各种活动，
同时收集情报。孙道华 1935 年进入英华预科，以优异成绩考入英华中学，
在英华中学加入中国共产党，不久担任中共英华支部委员。1942 年春，接
任英华中学支部书记职务，1946 年任福州第一市委书记，领导福州地下党
组织和福清、平潭城工部。尤溪人蔡龙冈，1944 年考试录用设在南平的
美国驻华大使馆新闻处东南分处，当抄写员，1945 年 7 月被派任美国新闻
处驻榕特派员。1946 年在福州加入中国共产党，成为地下交通员、联络员，
以美新处员工宿舍的名义，租用青年会 403 号房间，作为中共地下据点。

1947 年 8 月，美国新闻处驻榕特派机构被撤销，地下秘密交通站与特别支部活动结束。

1949 年 2 月，由中共地下党员陈耀民等创办的协记印刷所，在中平路担水弄 12 号开业。在公开营业的掩护下，翻印大量的中共党内文件、进步书刊、中国人民解放军布告和传单等，并将布告、传单广为邮寄给福州市国民党军政人员，以配合中国人民解放军解放福州。当年 5 月底因怕暴露被迫停业。

1949 年 5 月上旬至 6 月下旬，闽北和闽东广大地区获得解放，中央军委为了迅速解放福建及东南沿海地区，命令第三野战军派十兵团迅速进军福建，7 月，十兵团翻越闽东，猛追穷寇，直向沿海挺进。8 月 17 日，福州获得解放。

◇ 十兵团挺进福州

第十章　名人足迹

　　两千多年的台江历史,留下诸多名人足迹。在"落霞与孤鹜齐飞,秋水共长天一色"的南台蛮荒时期,位列唐宋八大家的曾巩、陆游在台江留下优美诗赋;元代诗人萨都剌,登临南台,感怀古今,作《南台月》;中古意大利著名旅行家马可·波罗,沿海南下,途径福州,由衷赞美台江的繁华;近代台江商埠,留有严复的童年记忆、林纾的"苍霞精舍"、郁达夫的绝世惊叹……台江也永远铭记为商贸繁荣作出贡献的一代代商界翘楚。

一、古代名人

　　翁承赞。唐昭宗天复四年(904),唐封王审知为琅琊郡王。时任右拾遗的翁承赞,被唐昭宗封为册礼使。他十分高兴,一为能回到家乡看看,二为能借此结识王审知。在南下途中,他连续给王审知写了三首诗,表达心志。来到福州后,看到故乡近年的巨变,更加佩服王审知,

◇ 翁承赞画像

却又不得不返京复命。

王审知也十分赏识翁承赞。当翁返朝复命之日，王审知亲自送到南城登庸楼；依依不舍，又送到新市堤码头（今福州四中附近），翁承赞当场赋诗《册封闽王还朝于新丰市堤钱别》。公元907年，后梁代唐。翁承赞归梁后，颇受赏识。当时群雄争霸，开始五代十国纷争。而王审知主动向作为中央政府的后梁纳贡称臣。公元908年，后梁加封王审知为琅琊王，以翁承赞为使。翁承赞得以第二次回到故乡，见到八闽全境大治，回乡之心更为迫切。但不得不返朝复命。他不由赋诗抒怀："自恨悠悠再别家，维舟遥忆旧生涯。日寻云树应非远，路涌波涛直似赊。野成遁书安骨肉，晚风吹泪对烟霞。到头不及田桑好，六印苏秦莫谩夸。"

公元909年，后梁加封王审知为闽王，又以翁承赞为使。可以说，翁承赞成了王审知与中央政府之间沟通的桥梁，对王审知实施"宁为开门节度使，不为闭门天子"的策略帮助甚大。他立马写诗给王审知，通报喜讯："龙墀班台漏声长，竹帛铭勋扑御香。鸣佩玉阶辞圣主，登车梓里册闽王。一千年积江山瑞，十万军生雨露光。吟寄短篇追往事，晋文事业不寻常。"

贞明二年（916），翁承赞被升为谏议大夫。在这期间，他继续承当后梁与王审知联系的桥梁。但他进一步看到北方政权的不稳，回到福建的决心更为坚定。这一年他60岁，便正式向后梁皇帝申请退休回家，获得批准，并加封"弘文馆学士"衔。王审知授其以"同平章事"（即丞相衔）。翁承赞也不辞高龄，为王审知出谋献策，协助治国安邦。他看到当时在王审知的努力下，福建普及教育已得到发展，但尚缺乏培养高级人才的学府，于是提出办"四门学"的主张。此策立即得到王审知采用，对培养福建当地人才起了很大作用。

　　曾巩（1019—1083），字子固，江西省南丰县人，北宋散文家、史学家、政治家。曾巩出身儒学世家，祖父曾致尧、父亲曾易占皆为北宋名臣。曾巩天资聪慧，记忆力超群，幼时读诗书，脱口能吟诵，年十二即能为文。嘉祐二年（1057），进士及第，熙宁五年（1072）后，历任齐州、襄州、洪州、福州、明州、亳州、沧州等知州。曾巩文学成就突出，其文"古雅、平正、冲和"，位列唐宋八大家，世称"南丰先生"。

◇ 曾巩画像

　　曾巩以龙图阁直学士知福州，兼福建路兵马都钤辖（赐五品服）。曾巩知福州的时间不长，但他的政绩和诗文却广在八闽传诵至今成为佳话名篇。在一年零一个月期间，曾巩作诗四十二首。在《福州城南》一诗里他这样写道："雨过横塘水满堤，乱山高下路东西。一番桃李花开尽，惟有青青草色齐。水溢横塘雨过时，一番红影朵花飞。送春无限情惆怅，身在天涯未得归。"曾巩还有一首写雨的诗："海浪如云去却回，北风吹起数声雷。朱楼四面钩疏箔，卧看千山急雨来。"诗中的朱楼就是红楼，指的是曾巩从南台乘船出发，到马尾的大海边办事或会友临时住宿的西楼。

　　福州自古就有元宵佳节观赏花灯的习俗。曾巩提笔描绘福州南台和南门一带的元宵花灯节："金鞍驰骋属儿曹，夜半喧阗意气豪。明日满街流水远，华灯入望众星高。风吹玉露穿花急，人近朱栏送目劳。自笑心低逐年少，只寻前事燃霜毛。"诗中对年轻人骑着高头大马，成群结队、鱼贯而入观赏繁华喜庆热闹的元宵花灯，进行了真切地描述，使人眼前尽现华彩画面，禁不住浮想联翩……

曾巩在职福州期间，因廉洁为官、奉公守志、治理有方，所以治安秩序逐渐安定。他在《福州奏乞在京主判闲慢曹局或近京一便郡状》中说："今山海清谧，千里宴然。里间相安，粟米丰羡。"当时京师一带也盛传他的政绩。曾巩有一首《京旧书报京师盛闻治声》诗，云："自知孤宦无材术，谁道京师有政声；默坐海边何计是，白头亲在凤凰城。"足见曾巩在福州任上心情是愉快的，而且也是有一定政绩的。

李弥逊 (1085—1153)，字似之，号筠西翁、筠溪居士、普现居士等，祖籍福建连江，生于吴县 (今江苏苏州)。大观三年 (1109) 进士。高宗朝，试中书舍人，再试户部侍郎，以反对议和忤秦桧，乞归田。晚年隐福州连江西山。所作词多抒写乱世时的感慨，风格豪放，有《筠溪乐府》，存词 80 余首。李弥逊和李纲是好朋友，政治主张相同，诗歌酬答也很多。他的诗不受苏轼和黄庭坚的影响，命意造句都新鲜轻巧，在当时可算独来独往。

李弥逊多年在闽赣等地为官，他福州期间留下著名的一首《蝶恋花·横山阁》，描写南台一带的景色："百叠青山江一缕，十里人家，路绕南台去。榕叶满川飞白鹭，疏帘半卷黄昏雨。楼阁峥嵘天五尺，荷菱风清，习习消袢署。老子人间无着处，一尊来作横山主。"南台十里长街，热闹非凡，山河美好，荡人心怀。

陆游。南宋时期，大名鼎鼎的诗人陆游也来到南台游景观色。南宋绍兴二十五年 (1155)，34 岁的陆游步入仕途，担任的第一个职务便是正八

品的福州府宁德县主薄（即今天
宁德市蕉城区，当时属福州管辖），
此任虽然时间不长，但却是他的
仕途之始，他对福州便有了很深
的感情。

　　在他寄情山水楼榭，置身湖
亭风光，品茗饮菊之时，并没有
忘记北边的烽火战事，更不忘却
逐虏报国。在福州写下的《渡浮
桥至南台》一诗中也反映了他的
心情："客中多病费登临，闻说
南台试一寻。九轧徐行怒涛上，
千艘横系大江心。寺前钟鼓催昏
晓，墟落云烟自古今。白发未除

◇ 陆游画像

豪气在，醉吹横笛坐榕阴。"这首诗写的是诗人病后登临南台，临江眺望
的情形。诗中的"白发未除豪气在，醉吹横笛坐榕阴"大气磅礴，又把福
州城"遍植榕树"的特点描绘得淋漓尽致。

　　宋绍兴二十九年（1159），福州大旱，百姓在城隍庙祈雨。陆游既不是
福州的主官，又不负责农业，这原本与他没有关系。但百姓知道新来的决
曹甚通诗文，就请他代写《祈雨文》。陆游关心百姓疾苦，写下了《福州
城隍昭利东岳庙祈雨文》。果然，福州城隍不久便耕云布雨，万物复苏。
于是，他又责无旁贷地写了《福州谢雨文》感叹"吏愧于神多矣"。祈雨
之事过去一年后，陆游就奉调回了临安，就此离开福州。他念念不忘在闽

◇陈文龙画像

江游历的日子,在《感昔》诗里写:"行年三十忆南游,稳嘉沧溟万斛舟。尝记早秋雷雨后,柁师指点说琉求。"

陈文龙(1232—1276),福建兴化(今莆田)人,初名子龙,字刚中。宋度宗咸淳四年(1268)中状元,度宗为之改名文龙,赐字君贲,号如心,抗元名将。陈文龙深受南宋朝廷器重,出任多个重要职位,颇有成就。元军南下,在各地守将纷纷投降的背景下,招降使者两次至兴化劝降文龙,均被其焚书斩杀。兴化城破被俘后,"其家尽俘以去"。陈文龙被押至福州见董文炳等,"不屈,左右凌挫之,文龙指其腹曰,此皆节义文章也,可相逼耶。"押送杭州途中开始绝食,经杭州谒拜岳飞庙时,气绝而死,葬于杭州西湖智果寺旁。明朝诏封文龙为福州府城隍,清乾隆四十六年(1781)皇帝亦加封陈文龙为镇海王。福州人称文龙为"尚书公"(今奉祀陈文

◇阳岐尚书祖庙

◇阳岐尚书祖庙

龙的水部尚书庙位于台江三通桥旁）。

在福州祭祀陈文龙的寺庙中，以福州阳岐的尚书祖庙时间最早。相传当年阳岐村民在乌龙江边拾到陈文龙遗落的官袍，便自发集资在兴化古道边建庙。明天启七年 (1627)，当地村民及部分莆仙籍商贾，出于对陈文龙的敬仰，将原庙宇移至阳岐村凤鸣山下。福州市区的其他 4 座庙均由此分香，阳岐尚书庙也被称作"尚书祖庙"。1919 年，阳岐人、大思想家严复发起又一次重修。他亲自撰写《重建尚书祖庙募缘启事》，福建督军李厚基、省长萨镇冰、前清福州知府叶大庄等都有善捐。严复为祖庙题写镌刻了 3 副石柱联，其中大殿正门的草书联为"十万家饭美鱼香，惟神之助；百余乡风清魔伏，为民所依"。他还赋诗"天水亡来六百年，精灵犹得接前贤。而今庙貌重新了，帐里英风总肃然"，表达了对陈文龙气节的景仰之情。

明清时期，每三年科举后，历朝皇帝都委派新科状元率册封团赴琉球（今冲绳）、台湾册封当地官员。册封团在海上行船为祈求平安，将陈文龙立于船中祭拜。由此，就有了"官船拜陈文龙、民船拜妈祖"之说。闽台及东南亚等地，都将陈文龙比作"海上保护神"。福州人称文龙为"尚书公"。仅在台湾和马祖，保存完好的陈文龙庙就有 16 座之多。

马可·波罗 (Marco Polo)，1254 出生于威尼斯一个富裕的商人家庭，意大利旅行家、商人，代表作品有《马可·波罗游记》。元朝时，中外交往很频繁，意大利旅行家马可·波罗在元世祖时来华，居住了十几年。《马可·波罗行纪》的主要内容是关于马可·波罗在中国的旅游纪实，兼及途径西亚、中亚和东南亚等一些国家和地区的情况，尤其详细记述了元大都的经济文化民情风俗，以及西安、开封、南京、镇江、扬州、苏州、杭州、福州、泉州等各大城市和商埠的繁荣景况。13 世纪末，马可·波罗

◇马可波罗画像

从"行在"（即元朝江浙行省）来到福建，首先到达福州。书中描写道：此城为工商辐辏之所。有一大河宽一哩，穿行此城。此城建造不少船舶，以供航行此河之用。此城制糖甚多，而珍珠、宝石之交易甚大。此城近海上之刺桐港，盖有印度船舶数艘，常载不少贵重货物而来也……在此见有足供娱乐之美丽园囿甚多。此城美丽，布置既佳，凡生活必需之物皆饶，而价甚贱。

萨都剌（1272—1355），字天锡，号直斋，元代著名诗人、画家。萨都剌善绘画，精书法，尤善楷书。有虎卧龙跳之才，人称雁门才子。至元

二年(1336)春，萨都剌南行入闽，就任闽海福建道肃政廉访司(治福州)知事，登临南台，赏月有感，作下《南台月》一首：

◇萨都剌画像

城南江上逢中秋，城南石梁初截流。长虹一道贯秋色，中分百里江南州。残露消尽鱼尾黑，金蛇翻动三江白。冰轮拥出碧玻璨，照见钓龙台上客。台中之客怀古心，黄河太华三登临。今年携月醉台畔，越水越山为月吟。无诸城里人如海，无诸故冢埋残霭。无诸台上草离离，龙去台空三十载。昔龙已去江悠悠，今龙虽在人未求。怀珠岂立此台下，要上黄金台上钩。乾坤四顾渺空阔，诗书元气行勃勃。合沙古谶此其时，天下英雄求一决。南台月照男儿面，岂照男儿心与肝。燕山买骏金万斛，万里西风一剑寒。

左宗棠(1812—1885)，晚清重臣，军事家、政治家，著名的湘军将领及洋务派首领。左宗棠在福州新美里(如今为黄巷)设立正谊书局，重刊《正谊堂全书》以教化生徒；在凤池书院(今福州一中初中部)考察时，写下"景行维贤"匾额，以训勉师生。他为改

◇左宗棠

革不良风俗，作《谕闽六禁》，不准人民开场聚赌并械斗等。左宗棠认为老百姓是"衣食父母"，"衣食父母"最为需要的是"衣能裹体，食能果腹"。他意欲中兴福州纺织业，因为福州纺织业在宋朝、元朝、明朝曾与江南丝织缎品相媲美，清以来每况愈下。

《闽县乡土志》载："同治初，左文襄督闽，创办桑棉局、蚕务学堂及育蚕、缫丝各传习所，分门以教。农务则开垦、水利、山林、畜牧之事均属之，逐渐兴办。分设堂所甚多：蚕业学堂、蚕织女学堂、出洋游学科、劝教农桑公所，农务试验场、绩麻传习所，垦植牧厂各公司。"清同治五年(1866)，左宗棠在福州耿王庄(今南公园)设立"桑棉局"，后改作"农桑局"，以促种蚕桑、教织丝绸，为农民和手工业者广兴生计。一时桑树

◇南公园桑柘馆

成荫，纺织业发展，为福州近代纺织业打下坚实的基础。

此外，有清一代文人墨客们在台江游览，也曾留下了描写台江的诗歌。诗人郑开禧在《南台竹枝词》中写道："路逢过雨转新潮，移步三通旧板桥。好是夜阑人语静，一江明月万支箫。"诗人杨洲在《台江杂诗》中这样写道："沿江暖日莺花市，比屋春风燕子楼。恍似秦淮佳丽地，板桥烟景柳丝柔。"

二、近代名人

严复(1854—1921)，福州阳岐人，1854 年 1 月 8 日，出生于福州南台的一个中医世家。祖父严秉符是个医生，"精诣仁心"，父亲严振先继承父业在南台苍霞洲行医。严复是中国近代极具影响力的资产阶级启蒙思想家，著名的翻译家、教育家，新法家代表人物。先后毕业于福建船政学堂和英国皇家海军学院，曾担任过京师大学堂译局总办、上海复旦公学校长、安庆高等师范学堂校长，清朝学部名辞馆总编辑。在李鸿章创办的北洋水师学堂任教期间，培养了中国近代第一批海军人才，并翻译了《天演论》、创办了《国闻报》，系统地介绍西方民主和科学，宣传维新变法思想，将西方的社会学、政治学、政治经济学、哲学和自然科学介绍到中国。出版有《严复全

◇严复

◇苍霞公园严复塑像，为严复孙女严倬云女士所立

集》。严复所提出的"信、达、雅"的翻译标准，对后世的翻译工作产生了深远影响。严复孙女、前台湾海基会董事长辜振甫的夫人严倬云女士在苍霞公园为严复竖像。

林 纾（1852—1924），字琴南，号畏庐，别署冷红生，福建闽县（今福州市）人。他自幼嗜书如命，深爱中国传统文化，是我国文学翻译先驱者，是我国近代翻译西方文学作品第一人。1897 年他与人合作，出版了我国历史上第一部翻译小说——法国小仲马的《巴黎茶花女遗事》，其后又与多人合作，译书 180 余本。此外，他还有另一项贡献也具有开拓意义，那就是创办新式学堂——苍霞精舍。

1882 年，林纾迁往闽江边的苍霞洲新居，在这里，他度过了 15 年时光。这期间，他接触到许多西方新思想、新文化，看到国内旧式教育制度存在诸多弊病，深感实

◇林纾

施教育改革的急迫。1896 年春，林纾与几位旧友合作，利用苍霞洲的旧居创办了"苍霞精舍"。这是与旧私塾完全不同的一所新式学堂，教学内容除传统经史等课程外，还开设了数学、英文、历史、地理、时务等新式

◇上世纪 90 年代，苍霞洲扩建为江滨大道前，"苍霞精舍"旧址的沿街门面

课程。学生晨受英文及算学，日中温经，逾午治通鑑，迨夜燃烛复治算学。此后，苍霞精舍历经多次变迁，演变成今日的福建工程学院。苍霞洲被称誉为近代福州文化教育的摇篮。

　　黄乃裳与福州青年会。地处大桥头的福州青年会，为闽籍爱国侨领黄乃裳筹建。1885 年，福州鹤龄英华书院学生青年会成立，这是中国历史上最早的学校青年会，陈孟仁为第一任会长，其后许多教会学校都成立青年会。1905 年，美国基督教青年会协会传教士马拉林、裨益知在福州创办基

◇黄乃裳

督教青年会，会所设于仓前山观音井街（今观井路 29 号弄 5），是向俄国茶行临时租借的。1915 年改称"中华基督教青年会全国协会"，之后，全国许多城市纷纷成立青年会。

1910 年，62 岁的闽籍爱国侨领黄乃裳接任福州基督教青年会会长后，为了让青年会成员有个固定的活动会所，便于联络各界人士，于 1912 年在苍霞洲筹建新会所。黄乃裳筹集资金 5 万余元，美国总统西奥多·罗斯福捐资 12 万美元，以及美国基督教卫理公会、美国基督教公理会、英国基督教圣公会等共同筹集的资金用于修建青年会会所。会所主楼选址在台江苍霞洲，建筑面积为 8156.4 平方米，于 1916 年建成。大楼濒临闽江万寿桥畔，规模宏大，气派非凡，曾是福州近代最早、最大的一座综合大楼。整座楼房由红砖砌成，前楼三层，后楼四层，中间天井相隔。地板则全用上等楠木铺设。

福州青年会是福州近代最早、最大的一座综合大楼和标志性建筑，有着相当多元化的使用功能，是中国建筑史上最早的综合楼之一，其地位足以与上海"大世界"相媲美，其中除学校外，还包含在当时室内最为时尚的使用功能。有台阶式地面的电影院、游泳池、健身房、理发厅、西餐厅、台球室、室内篮球场、室内排球场、乒乓球室，是一座真正意义上的综合性建筑。

青年会建筑因其属于教会创办及众多的功能配置，不仅在此教授科学

◇青年会

知识、传播思想，还是福建众多名流聚首谈论艺术、关心时局之处；陈宝琛、黄乃裳、林纾、严复、萨镇冰、冰心、林徽因等众多福州近现代名人经常出入于青年会。当时众多的文体活动在青年会举办，如无声电影的播放、女子着泳装在游泳池锻炼及青年学生健身等等。1919年五四运动爆发，福州青年学生群起响应。在当年"台江事件"中奋起抵抗日本暴徒的就是青年会的热血学生。

黄培松。在清朝末年，台江曾经出过一位名叫黄培松的武状元，他少时习文，

◇黄培松

应泉州府试，屡试不中。因身体魁梧、臂力过人，便拜晋江罗溪（今泉州市洛江）武举人黄纪堂为师，弃文习武。清光绪二年(1876)丙子科武闱乡试获第二名；光绪六年(1880)庚辰科武闱会试获第一名，殿试钦点状元及第，授一等侍卫。清光绪、宣统年间以琼州镇总兵，记名提督驻广东，曾率兵多次镇压同盟会发起的武装起义。1913年被袁世凯任为福建护军使，授陆军中将，进驻福州。1916年6月，北洋军阀执政，萨镇冰为福建清乡督办，举黄培松为会办，黄培松目睹革命党人为国捐躯的壮举、清政府的腐败、袁世凯的卖国、南北军阀混战，对时局的认识有所提高。由此凡事持重，不滥施刑杀。1922年授北洋政府将军府培威将军，加上将衔。

◇郁达夫

郁达夫（1896—1945）原名郁文，字达夫，幼名阿凤，浙江富阳人，近代著名文学家。郁达夫与台江有不解之缘。

1936年春夏之交，郁达夫受福建省政府主席陈仪之邀来到福州，住在台江苍霞洲青年会。郁达夫流亡南洋期间，自称"原籍福建"，郁达夫曾三次到福州，在青年会四楼的一间临江房子里住了五六个月，郁达夫的作品中多处提到青年会。他在所著的《闽游滴沥》中这样描述窗外的月夜："在南台的高楼上住下的第一晚，推窗一看，就看见了那一轮将次圆满的元宵前的皓月，流照在碎银子似的闽江细浪的高头。"而福州的闽江在郁达夫笔下则被描绘成"中国的莱茵河"。

一到福州，郁达夫就专门上于山拜祭戚继光，在青年会宿舍奋笔写下三首"七绝"："剩水残山月仍圆，客心何用转凄然。春风十里南台处，且听珠娘弄管弦。""南朝往事去悠悠，有福何尝一福州。今日凭栏休洒泪，偏安事业亦春秋。""东南形胜足偏安，赵宋王朝梦里残。奚怪今人咏风月，新亭我却耻儒冠。"

1937 年 8 月的一个星期日上午，福州永安堂经理兼《星闽日报》（社址在台江）社长胡梦洲邀请当时福州文化界人士到安泰桥附近的一个礼堂集会，郁达夫也在邀请之列。他在会上即席发表演说，号召文化界人士从国家和民族的大义出发，积极开展抗日救亡活动，通过演出剧目，发表作品的方式，宣传抗日思想。这次会上，决定成立"福州文化界救亡协会"，郁达夫被公推为理事长。此后，他在福州更加频繁参加各种抗击日寇的宣传活动。

侯德榜(1890—1974)，清光绪十六年(1890)出生于福州台江义州坡尾。1911 年，侯德榜考入了北平清华留美预备学堂，以 10 门功课 1000 分的优异成绩誉满清华园，成为大家仰慕的青年才俊。那时国内的教育质量和教育理念相对滞后，侯德榜认识到这一点后，决定参加到考进外国学校的行列。果然，天赋很好的侯德榜，以优异成绩被国家公费派出留学英国，主要学习化学科学。1917 年毕业后，侯德榜获学士学位，再入普拉特专科学院学习制革，次年获得制革化学师文凭。

◇侯德榜

1918 年，马不停蹄的侯德榜又参与了哥伦比亚大学研究院研究制革学习，于 1919 年获得硕士学位；侯德榜还不满足，继续坚持着学习深造，终于于 1921 年获博士学位。了不起的是，侯德榜的博士毕业论文《铁盐鞣革》，被《美国制革化学师协会会刊》特予连载，全文发表，成为制革界至今广为引用的经典文献之一。其后，侯德榜在永利制碱公司担任工程师。

1938 年，永利公司在川西五通桥筹建永利川西化工厂，投资老板范旭东，任命侯德榜为厂长兼总工程师。在十分困难的条件下，侯德榜带领职工，生产自助，维持公司员工生计；同时，侯德榜又着手筹办四川碱厂。由于四川的条件不适于沿用氨碱法，侯德榜特于 1939 年率队赴德国考察，准备购买察安法专利。在对方讥讽的口吻下提出辱国的条件，企图让侯德榜上当受骗，侯德榜断然拒绝，立马与对方中止谈判。回到国内后，侯德榜发愤自行研究新的制碱方法，历经千辛万苦，终于获得成功。1940 年，范旭东将侯德榜发明的制碱方法命名为"侯氏制碱法"。

新中国建立后，侯德榜得知中共中央领导人很关心永利的事业，特别重用有名气、有声望、有科技成果的科学家回到自己的祖国参与科学研究和经济建设，这使得侯德榜十分激动。他下定决心，力克重重阻碍，从印度绕道泰国、香港、韩国回北京。侯德榜得到了党和政府的高度重视，让他继续研究提升制碱工艺，先后被任命为中央财经委员会委员，政务院重工业部技术顾问，化学工业部副部长；受聘为中国科学院技术科学部委员等等。侯德榜的最大成就就是在全国最早发明创造了氯化碱，开启了中华氯化碱工业制造的新纪元，为国家建设事业的发展壮大作出了突出贡献，获得全国化学科学成就最高奖。

三、商界翘楚

张廷赞（1840—1915），字登朝，号秋舫，福州台江人。世代经商，曾捐荣禄大夫，诰授资政大夫，赏戴花翎，户部郎中加五级，特请二品封典，因此属于绅商性质的人物。张廷赞还未成年就继承家业，大力发展商务，将福州的土特产运销上海，将上海的布匹、百货、京果运到福州批售，生意兴隆。1910 年后集中精力在福州开拓商业，开办罗迈罐头厂，将荔枝、龙眼、冬笋等土特产加工成罐头，并在上海销售；同时购置山东船安排货运，使企业不断发展。先后开设厚坤、厚余两个钱庄，仁余、德余两家当铺及义记。布行、彩文慎绸缎行、西来百货行、南北京果行、宜华照相馆等 20 余家商号。在福州被称为"南山有鸟，北山张（指张廷赞家）罗（指罗金城家）"（《搜神记》语）。张廷赞还热心于公益事业，在上海为福州同乡筹建三山会馆，在福州上杭街扩建福州总商会，为洋布帮筹建三山布帮。他还是福州慈善社首任社长，为去毒社、救火会捐资助款，不遗余力赈灾救济，并与罗金城各捐巨资在大庙山创办商立两等小学堂，与罗金城、莆田林家父子等共同捐建福州青年会（张捐 5000 银圆），在祖屋设立私塾，教导子孙，亲友子弟来私塾就学者也免费优待等。他是福州商务总会第一、二届总理。

罗金城（1843—1915），字文基，号筱坡，又名迁藩。原籍福建连城县，出生于福州台江下杭街商人家庭。在福州经营昇和、恒和钱庄，与人合办均和钱庄。其后又在上海设立罗恒和汇兑庄，经营罗坤记进出口商行与恒记木行。他自备木帆船"金元和""银元和"号购销花纱布、烟草、麻、酒、烟叶等南北土特产杂货，运输商品往返于天津、上海、大连、营口等沿海口岸，还开设有允孚、恒孚两家当铺，投资质押贷款业务，在台江、仓山两地购置多处房地产。罗金城也热心于公益事业，地方政府建设公益设施时多请他资助，还与同行集资创立商立两等小学堂，并任董事长，民国初年捐款 5000 银圆给福州青年会建会址。他在清光绪年间捐纳为户部郎中，后改官候道加三品衔，又以子贵授封为荣禄大夫，曾担任清廷度支部币制局顾问、南洋劝业会会长，是福州商务总会第三任总理。

李郁斋（1844—1935），又名馥南，号八爷。福州洪山桥凤岗里葛屿乡人。在台江靛街（下杭街西段）开设同泰商行，经营土产业，在上海设立申庄，采办福建土特产品运沪交易，贩回棉布、百货，因诚信经商，发展顺利，与张廷赞、罗金城同为福州双杭地区福州帮早期富商的代表人物。他曾捐候补四品同知，赏戴花翎，曾任福建省咨议局议员、闽侯旗盘地区的团总，辛亥革命期间支持革命。他乐善好施，在为乡间修桥、铺路、办学、赈灾等方面捐资不菲，福州商务总会创办后初任协理，后继任第四任总理。

蔡友兰（1910—1991），字信春，号腾芳，莆田江口人，19 岁即创立了蔡大生商号，把福建的笋干、香菇、桂圆干、海产品等运往湖南销售，把湖南的苎麻、红矾、鞭炮等运回福建销售，并在湖南浏阳发行本商号兑现钞票，信用卓著，获利颇丰。1932 年兴办福兴泉汽车运输公司，个人拥有汽车 97 辆，占公司股份的 97%。1938 年进入闽侯县商会，历任常委、代理会长、会长。1944 年 10 月福州再度沦陷，蔡友兰率商会职员撤至南平，协助工商户办理货物来往登记等工作，坚决拒绝出任伪职。1946 年被选为中华全国总商会理事、福建省商会联合会理事长，1948 年起担任福州市商会会长。福州解放前夕，两次拒绝国民党当局从台湾寄来的赴台入境证，稳定了商界情绪。新中国成立后又配合福州市军管会，以商会会长名义颁发布告，让全市工商界照常营业，又协助政府开展支前、劝募折实公债、推动工商界为抗美援朝捐献飞机等工作。

罗勉侯（1868—1938），罗金城第七子。罗家祖业除恒和钱店和罗坤记进出口商行由两兄长分别管理外，其余均由他本人掌管，同时还创办了云章百货店、永春锯木行、建春茶行，获利颇多。1919年、1932年两度出任福州总商会会长与委员长。在1919年"台江事件"中，他以商会名义发动商户罢市，声讨日本驻福州领事策划殴打福州市民暴行，并积极提倡国货，抵制日货。1922年福建银行倒闭，发行的100多万元台伏票不能回收，商民损失惨重。为此，1925年罗勉侯出面倡议钱庄业成立"行坪制度"，监督钱庄的货币发行，并成立钱商研究所，组织福州金融维持会，因此在商界、金融界都有很高的威望。1922年倡议复办福州总商会商立小学。抗战爆发后组织商户疏散物资，慰问抗日军队。

林时霖（1887—1963），字沛然，福建莆田人。少年时进靛街协发纸行当学徒。青年时为企业司账，经理业务、财务，深得店东器重，同时与纸客建立感情，还积累了经营纸业的经验。1911年他创办聚源发纸行，业务逐渐扩展，在将乐、沙县、永安、南平等产纸区设加工点，创立了林聚美品牌，远销天津、大连、营口等地，盛极一时。抗战爆发后，他的货物被日寇掠夺，损失惨重，事业不断遭受打击，战后洋纸又充斥市场。在他将大量资金用于放高利贷后，货币又极度贬值，最后陷入困境，靠变卖家产度日。

欧阳康（1866—1942），字玉良，家族从江西吉安移居长乐鹤上乡桃坑村，明代正德十五年(1520)成为村中茶农，慢慢从种茶发展到制茶、产销一条龙的茶商。明末清初，茶生意迁福州，清光绪十一年（1885）在福州下靛街（下杭路）开设"恒元堂"茅茶帮的"生顺茶栈"，成为福州独树一帜的茶商号。

欧阳康接管家族生意，担任"生顺茶栈"的老板后，创办了茉莉花茶三个著名品牌："第一峰""阜兴春""一枝春"。欧阳康成为名闻遐迩的"东南茶王""茅茶之魁"。天津、上海、香港、台湾都有"生顺茶栈"分号，销往香港的茉莉花茶，因香味独特，港英总督推荐给英国王室，远销欧洲，是茶叶出口海外福建第一家。《福州工商史》载，福州当时茶叶年销量十余万担，"生顺茶栈"年约两万多担，占四分之一，是福州最大户茶商。欧阳家族还拥有专门运输茶叶的乾泰轮船公司，仅3000吨的货轮就有3艘。欧阳家族是福州当时唯一的集茶田、茶叶加工厂、茶叶交易站、茶店、茶行、钱庄、纸店、运茶的轮船公司于一体的茶界巨商，欧阳康被誉为"闽茶王""东南茶王"，名副其实。

1938年4月，新四军福州办事处寻找一秘密地点，成立"中华民族解放先锋队"福州总队部，欧阳天定提出设在自己的"生顺茶栈"家中。

1937年7月，抗日战争爆发，战火很快就绵延至我国东南部。为阻挡日寇从水路入侵福州，福建省政府受命在闽江口沉船塞港，封锁闽江口。欧阳康将自家的"镇波""海邹""澳江"三艘3000吨的大商船装上石块，9月3日下午5时与其他几十艘大船云集江面，一起凿沉在闽江口，阻止日舰侵入。

洪天赏（1859—1930），字景星。1878年，洪天赏在台江开创洪怡和商号；1885年，洪天赏将其改名为洪怡和茶庄，开始专注经营各地茶叶。1902年，洪天赏将洪家茶业交给独子洪发绥经营，在这位掌门人手上，洪家茶迎来了最辉煌的时期。19世纪60年代至20世纪初，福州茶市达到鼎盛时期。当时，福州有六七十家茶行制作花茶，包括洪怡和、福胜春、洪春生、福茂春、庆林春、协顺隆等，这些茶行多分布在台江苍霞洲、福全社等地。其中，洪怡和、福胜春、洪春生是当时福州最大的三家茶行，均为洪家开办，为苍霞洲茶帮之魁首。"洪家茶"沿着闽江和河口水上茶路远销中国沿海省市和东南亚及欧美国家，并在朝鲜（今韩国）仁川设万聚东分号，其名品"清香雪"绿茶成为朝鲜侨销茶大宗专供产品。"洪家茶"在1929年获杭州西湖博览会特等奖、1933年获芝加哥世博会银奖、1935年在台湾台博会获一等奖、1936年获厦门同商公会国货精品展特等奖，由此在民国时期茶客中享有"刀牌烟仔洪字茶"之盛誉。"洪家茶"及"福胜春制茶厂"是金门人在福州创立的一个重要文化遗产，也是福州海上丝绸之路重要枢纽地位的见证者和实践者，更是对福州茉莉花茶的发展及销往世界各地作出了特有贡献。洪家后人洪汝宁、洪植锦、洪卉等薪火相传，百年洪家茶的非遗红茶名品"青岐岩莲香"如今得以重现。2016年，百年洪家茶"福胜春"字号获评"福建省老字号"；2022年，洪家茶红茶制作技艺获评福建省非物质文化遗产。

胡文虎（1882—1954），南洋著名华侨企业家、报业家和慈善家，被称为南洋华侨传奇人物。胡文虎的父亲胡子钦是一名中医，在仰光开办了一间"永安堂"中药铺，一边看病，一边买卖中药。1908年，胡子钦因病去世，胡氏兄弟继

◇胡文虎

承父业。胡文虎通晓中文，经常往来香港等地办货；胡文豹通晓英文，留守仰光店面。二人同心协力，业务日趋发达。

1910年，胡文虎聘请中西医、药剂师多人，作了反复研究和试验，研制丹、膏、丸、散成药百种，经过精心选择，最后制成"万金油""八卦丹""头痛粉""清快水""止痛散"等5种"虎标良药"。以其价廉物美、

◇胡氏兄弟

服用简便、功效迅速、携带方便而深受用户欢迎，很快便畅销东南亚，成为家家必备、老少皆知的药品。由此，胡文虎被称为"万金油大王"。随着业务的迅猛发展，胡文虎先后在新加坡、印度尼西亚、马来西亚、泰国、中国等多个国家开设分行，并把永安堂总行迁至香港，开启全球化战略。

徐建禧（1902—1980），生于福建省莆田县水办乡，后随父迁居福州台江上杭路。民国二十三年(1934)，建禧承继祖业，独自经营台江隆平路

广芝林药店。在经营广芝林药店时，讲究职业道德，礼貌待客，方便群众。规定接方配药，须经两位老药工复核；每种药品包装纸，都介绍有药品性能、主治与服法；药工对处方中的先煎、后入、另炖、冲服等，都作详细交代；并设有老药工问病抓药、代客煎药、送药上门等项业务。在疫情时期，广芝林药店通宵达旦为病者配药，受到群众好评。

徐建禧采用各种验方、秘方，依照古法制造的各种丸、散、丹、膏、剂、片等中成药，选料精良，加工周到，使之药真价实，疗效明显，深得病者信赖，广芝林药店信誉冠于全行业。民国二十四年，建禧被选为福州中药同业公会首届理事长。

徐建禧热心社会事业，民国二十五年，任双杭救火会理事长时，在救火会内部成立临警员丁互济会，为救火而牺牲与抗日阵亡的人员，发放抚恤费、丧葬费和赡养费等，此项互助互济工作，一直延续至 1962 年。民国二十九年，建禧任福州救火会会长，并蝉联 4 届（每届 2 年）。他在任职中，组织剧团，开展义演和募捐活动，积极宣传抗日战争意义和消防事业的重要性，经常协调各基层救火会间的关系。他坚持兴办火灾、水灾、瘟疫及年关赈济等慈善事业，积极发动各界人士多做善事。在各种灾害中，为灾民施食、施医、施棺以及发放严冬赈款、渡岁米等。其救火、救灾、救人的善举得到广大贫苦大众和各界人士赞扬。

陈幼鸿，中孚药行创立于 1941 年 8 月，时值抗日战争，日军第一次入侵福州撤退之后，由长乐人陈幼鸿创立。1945 年至 1949 年这段时间，是中孚药行发展的黄金时期。这期间，药行内的员工有 30 多人，专用五六辆黄包车，备办全国各处中药材。随着中孚药行的名号越来越响，它已不仅是上下杭的国药商，福州的中药店大多也选择从中孚进货。1948

年中孚药行销售金额达到 96000 元，成为继"元昌""致远"后福州最大的中药材的批发商。中孚的业务范围也不仅限于药材销售，还从事进出口贸易业务范围拓展到上海、香港、台湾等地。

"以货养货"与"不务正业"是陈幼鸿重要的经营策略。为解决资金运转的问题，陈幼鸿及时将盈利所得投入其他行业。他深知，中草药经营利润低，要应付外国资本主义的商战和同业竞争，必须拓展经营范围，兼营五金、皮货、自行车、葡萄糖等业务。他还在香港、上海、台湾等地开设公司经理处，经营进出口业务，实行批零兼营。

陈幼鸿合理运用营销理念，重视中孚招牌的培育与店面装修，充分利用广告宣传，做强做大中学，并坚持以诚待人，以信举为企业生命。当时，福州几乎所有的中药店都从中孚药行进货。

咸康国药行张氏兄弟。"咸康"国药行老板张桂荣（1894—1950），出身于闽侯县上街峯浦乡的农民家庭。年少时读过私塾，进福州南街"大生春"药店当学徒。他边做工边苦读医药书籍，勤学苦练丸、散、丹、膏及饮片的制造技术。5 年艺成后，自立门户，先在上杭路开设"张乾泰中药材批发栈"。该栈向川、滇、黔等省老产区进货，讲究"地道药材"的质量和药性。那时日本向中国倾销大量"太极参"，因货好价低，偶然的机遇使张在代销中发了大财。后提倡国货，他不搞日货代销，恢复了中药材的批发和零售。在毗邻隆平路又开设"华大医药商店"，并为病家配方抓药。因隆平路药店集中，竞争激烈，嗣后在下杭路口开"咸康国药行"。行名"咸康"，寓益寿延年、安居吉祥之意，是邀请社会名流集思广益后选定的，引人注目，迎合大众心理的需要。

"咸康"国药行，三层砖木结构的中西合璧建筑。坐南朝北，大门左右设有橱窗；店面装修考究，外观富丽气派堂皇。招牌"咸康"，请前清高层京官郑孝胥书写，并配对联曰："咸宁资上药；康乐晋同胞。"贴上九赤金箔，耀眼夺目。店内配有楠木制的茶几、茶椅供病家和抓药者休息之用。为了业务扩大的需要，在商业繁华又靠近第一码头的台江汛，另设分行，经营范围辐射闽江上下游各县份，在地利上优于其他国药行。此外在香港设"福成泰"代办庄，经营进出口业务。其弟张震华在上海负责"华记商行"，作为川、陕、甘、赣、浙及东北各地"地道药材"的集中采购点，把福建土特产茶、菇、桂圆干、笋干、李干等运往上海，以货易货，贩回参、茸、羚羊犀牛角、麝香、燕窝、珍珠等高档药材。

"咸康"国药行经营有术。一是重视宣传。药品包装纸都印有"咸康"招牌，参、茸等贵重药品的盒装美观精致；利用店面橱窗陈列本店秘制的"周公百岁酒"、"虎骨木瓜酒"、饮片及各地的名贵滋补品；择吉日良辰宰活鹿，大造声势，以扩大影响和招徕生意。二是自制的药酒、饮片严格遵循古法炮制。一丝不苟地掌握秘方配制的投料比例，对验方秘而不宣，以防泄漏。三是严格药材分类、操作工序和滋补品等级界定。按质论价。四是注重售前和售后服务。为加快资金周转，将购进的原药改大包装为小包装，降低批发起点与批发价格，便利各中小药店进货。此外设以名医坐堂问诊，对病家进行把脉、处方、配方、抓药、煎药、送药等"一条龙"服务。

罗氏绸缎庄。创始人罗翼庭就是闽商中"江西帮"的代表人物。罗翼庭祖籍江西南城县，民国初期在上下杭"绸布业一条街"经营"罗恒隆绸缎庄"，以批发为主，经营绸缎、纱罗、棉布等，并在上海市福州路开设分号"永隆布庄"，专门采购上海、杭州、苏州等地的绸缎、纱罗、棉布等运到福州销售。

"罗恒隆绸缎庄"以诚信为经营理念，宁可自己吃亏也要诚信于人，所以生意越做越大，在福州开设"福州协裕商行"，在顺昌县洋口镇开设"祥聚荣布店"，在南平市开设"大纶布店"和"永裕商行"等分号。1936 年，罗翼庭派刚满 14 岁的次子罗祖荫到分号学习并主持业务，培养接班人。

抗日战争爆发前是"罗恒隆绸缎庄"的鼎盛时期。1943 年，罗翼庭在顺昌县洋口镇病逝。1945 年，罗祖荫将"罗恒隆绸缎庄"更名为"罗恒隆布号"直至 1948 年 8 月，之后又更名为"联友布号"。

杨鸿斌（1884—1974），字文明，福州市台江浦西长汀村人。幼时家境贫寒，19 岁随友赴马来西亚槟城谋生，进商场当学徒。因他聪颖好学，手脚勤快，做事干练，深受老板器重，被破格升至商场经理；不久取得老板的允诺和支持，杨鸿斌多渠道集资独立创办"振光"有限公司，经营进出口贸易业务，兼发展橡胶林、椰林种植业。因经营有方，诚信为本，历数年的艰苦创业，发展成为槟城商业界的巨擘。

杨鸿斌生性慈祥，谦恭诚信，忠厚待人，且热心慈善事业。为团结、联络在槟城的福州籍华侨乡亲，他发起成立"槟城福州会馆"，担任永久理事长；并出资购买地皮作为建会馆馆址。人们为表彰他对会馆的贡献，把会馆大礼堂命名为"杨鸿斌礼堂"；为使福州籍华人的子女受到不忘故土、恋祖爱乡的良好教育，杨鸿斌出资创办"三山学校"，自任校建委会主席；此外，他还任"福建公会"和槟城"平章会馆"的信理员及其他社团要职，成为槟城的著名爱国侨领。

杨鸿斌身居海外不忘桑梓。他在福州创立"慈善社"。几十年如一日，指定家属主持慈善事业，资助孤苦无靠、生活贫困的贫民，给产妇发"产粮"，给赤贫者发"冬赈"；向孤儿院、平民医院、佛教医院提供巨额资助。

王梅惠，光绪十三年（1887）出生，他自幼聪明伶俐，善于思考，经过商海磨砺，他领悟到经商的诀窍，与兄弟们开始了叱咤风云的一生。正可谓：兄弟同心，其利断金。从父亲手上接过家业，王梅惠负责运筹帷幄，坐镇福州，谋划省内外业务的拓展；王增祥常驻上海；王增禧坐镇天津；王增祯负责各地采办。

中洲地区是王家的大本营，王梅惠在吉祥街建有一栋三层红砖西式楼屋，指挥各地行庄业务，他逐步拓宽业务范围，木材、棉纱、粮油及百货均有涉及。1918 年，四兄弟创办福州常安轮船公司，购置一艘总吨量 1890 吨的货轮，命名为"华安轮"，往返于上海、胶东半岛、天津、辽东等地，盈利之余，王梅惠再行投资，购买天津码头一处，除了自家船只停泊，还收取码头各家船只停泊租金，获利甚多。王家的事业日渐兴旺，王家除闽江西景德镇采办上等瓷器运来福州零售外，还派员常驻宁德采办租碗，业务量很大，往返于天津、东北。除了独资，王家还与福愁春茶行合购茶叶，开设南华茶行，将茶叶运往台湾窨花，台湾茉莉花比福州价格低廉，窨香后即运往各地销售，行情渐长。

王家还涉足报关业，投资福州电话股份有限公司和房地产。王家与上海大亨庄吴宝仕在大桥头合购地皮，建造店面，分租给中国国货公司、天一参茸店；在中平路有房产两座，一座租与叶硕卿开设百货店，一座租给永安堂。王家在短短的时间内神奇崛起，除了王家兄弟分工主持，事必躬亲，不假手他人之外，更是王梅惠的睿智所致，他深知商场如战场的道理，重视商业信息的广泛收集，快速做出反应。在遍布全国各地的大商埠、大码头，王家除了自家驻外的本庄或寄托好友在外埠设立的托庄，构建起庞大的商业信息网络，每日市场动态和商品行情，通过电报发送到王梅惠手中。情报就是商业的命脉，王梅惠得天时地利，他看准商机，胸有成竹地调动资金、组织货源，把产品快速投放市场，而固守传统的经营方式面对这种强劲的优势，被击垮在所难免。

"曾长兴"溪纸行，由曾氏家族创建。作为清末福州纸行中的特大户，纸行营业额占福州纸业市场的 70%，同时还兼营土特产，资财高达百万银圆，当时的掌门人曾文乾（即曾尊椿）被称为"百万富豪"。

五口通商后，曾文乾之父与黄姓商人合办了"长兴懋"土纸行，初期规模很小，只与闽北来的客商来往，以海纸为主体，全靠货客投行售卖，抽取报酬。后黄家把纸行全部让给曾家，"长兴懋"也更名为"曾长兴"。

曾文乾经商天赋极高，接手曾长兴后，他开创了一套自己的运营方式，主动出击，大量收购海纸；白料纸旺季来临之际，直接派人到闽西、闽北等地采购上乘毛边纸，经拣、剔合格后印上"宽裕成"牌号，作为名牌货远销天津、上海、烟台、青岛、大连、台湾及海外越南等地。再通过经纪人黄述经等四方奔走，搜集土纸市场产销信息，把握进货、抛售良机。如遇纸货价格将上涨时，该行就抑低价格售出一些纸货，在市场上假造行情后，便大量收购，获利甚丰。

同时，曾文乾先与船主合营货运，羽毛丰满后自己添置"山东船"数艘自运。由经营进出口纸货，扩大到经营香菇、笋干等土特产品，多渠道增加财富积聚的来源。

1884 年，中法马江海战前夕，海运不通，市场混乱，纸商急于脱货，海纸每担从白银七八钱狂跌至二三钱。曾文乾便以低价购进大批纸货，囤积居奇。

不几天传来法军将领孤拔被击毙、法舰败退的消息，纸价翻了几番，一时翻覆了不少商户。而"曾长兴"摇身一变，成为台江溪（纸）行之首。

鼎盛时期，曾长兴溪纸行营业额占福州纸业市场的 70%。财产总数达百万银圆以上。他广置福州市郊鼓山田产 100 多亩，在当年繁盛商业区潭尾街、仓前山、上下杭有 20 多处房产，苍霞洲还有一座大仓库。

邓炎辉（1911—1998），曾名炜光，江西临川人。民国十二年 (1923)，随父到永安读书、习商。19 岁接手父业，开始显露了他的经商才能，任"久安顺"商行经理。他以永安为据点，把业务拓展到福州、上海、武汉等地，经营纸、茶、笋等土特产生意，发展颇佳，声名鹊起。民国三十年 (1941)，邓炎辉 30 岁即任永安县商会会长和福建省商会常务理事。翌年，移业福州，在下杭路与人合股开设"祥昌"商行，并在上海设"临丰福"申庄。不久，独资经营土产生意，将行号更名为福州"怡大"商行和上海"怡大"申庄，向香港和台湾等地拓展业务，以谋求更大发展。"怡大"土产商行位于下杭路西端，坐南朝北，前店后栈，与著名的"咸康"国药行隔邻。批发与零售兼营，生意兴隆，门庭若市，颇具规模，是双杭地区土产业的老铺和大户之在抗战期间，他担任永安县商会会长时，就积极配合省商会在永安开展商品物资交流，举办展销会，与各地客商洽谈贸易、引进业务等，为活跃城乡经济，促进各地商品交流作出了贡献。在民主革命时期，他支持长子参加中共地下党工作，千方百计掩护革命同志，达 3 年之久。他一生爱国、爱党、爱新社会。新中国成立初期，他积极投身各项政治活动，任民建福州分会和市工商联和福州土产业同业公会主委。抗美援朝期间，他任市工商界爱国捐献委员会副主委兼秘书长，积极发动工商界人士捐献 6 架飞机的任务（还超额 2 架）。

第十一章 文化遗产

千年台江商埠，悠远绵长、纵贯古今，融汇中西、体系多元，兼收并蓄、包罗万象，其独特的江河贸易、海洋贸易文化传统，为我们留下丰富而独特的台江商贸文化历史记忆：古籍、文献，记录下台江商贸的前程往事；古街区、古建筑，是台江商贸斗转星移的不朽印记；民谣、民俗，聚像而成文化活态"博物馆"。以此，对话古今，缅怀先贤，凝聚文化智慧，开创新时代辉煌。

一、商贸街区

1. 河口街市

南公河口街区历史建筑群古称"河口"，在元代已形成较完善的商业街区，是福州历史文化名城格局的重要组成部分，是古代中国与各国商品贸易的重要枢纽地区。

明代河口一带河港交错，四通八达，航道深阔，舟楫便利。后因负责航道管理的兵马司被废除，河道被随意开挖，造成河道壅塞，船舶行驶不便。明弘治年间，提督市舶司的太监开通新港，此后，许多从海上来的船舶直接可到河口码头，带来河口一带的繁荣，当地人将各类商品拿到河口出售，河口市出现。河口扬声并振耀于世，归因明代的中琉封贡交往和贸易。明初，朱元璋为宣扬大明王朝的威势，树立世界性声望，并彰显自身政权的合法性，提出"夷狄奉中国，礼之常经"。遣使诏谕日本、朝鲜、安南、占城、爪哇、琉球等海外诸国，让他们改奉正朔，遣使朝贡。而且在"祖训"中声称一众十五国为"不征之国"，以示大明王朝"怀柔远人"之意。洪武五年（1372），太祖派人诏谕琉球国，"遣使外夷，播告朕意。使者所至，蛮夷酋长称臣入贡。"琉球中山王接诏，随即遣使赴明，奉表称臣，开启了中琉 500 年宗藩关系。

洪武二十五年（1392），朱元璋下诏，赐闽人三十六姓赴琉球，帮助他们发展造船和航海事业，直接服务于中琉之间封贡交往。据记载，所赐闽人三十六姓多系福州河口人，号称"善操舟者"，实则是在河口地区熟悉造船、擅长航海的工匠和水手。闽中匠师历来以习水便舟名世。宋代曾任福建观察使曾巩在《道山亭记》中称，福州道山"麓多枝木，匠多良能"，即指"闽山多材"，可资造船；能工巧匠，善造海舟。萧崇业著《使琉球录》载：匠人"其在河口者，经造封船，颇存尺寸；出坞浮水，俱有成规"，"福匠善守成，凡船之格式赖之"。说明河口福州工匠善于造船，且谨守成规，稳妥可靠，故朝廷封舟多在此定制，以保无虞。

明成化八年（1472）福建市舶提举司自泉州迁来之后，琉球与河口地区的关系也因此日益密切。福建市舶司下设朝贡厂（亦称进贡厂）、柔远驿。朝贡厂明初始建于琯后街，是放置、贮存、加工处理贡物的地方，也作为三司（都指挥、布政使、按察使）会客、宴宾的场所。清初靖南王耿继茂见河口繁华，流水清泚，且出江方便，遂在此兴建王府。柔远驿俗称琉球馆，顾名思义是"怀柔远夷"，是接待贡使及随行人员的馆驿，内建贡使馆舍、随贡人员客栈，后来还作为安置遭风难民、接待勤学生的处所。

在河口太保境内，因中琉通商，球商聚集河口，故而建立。会馆内祀妈祖，又名"琼水球商天后宫"，由十家帮管理，会馆成为福州与琉球的贸易中心。明清政府规定，允许琉球朝贡人员携带定额货物，在河口地区从事私人贸易活动。官府还规定，琉球货物在河口贸易，须由当地官府指定的牙人（经纪人）帮助进行，不得私自交易。因此在河口琉球馆（柔远驿）附近出现由闽人三十六姓十家后代的"十家帮"（李姓四户，郑、宋、丁、卞、吴、赵），即专门"代售球商之货"的"球帮"。当然，琉球人也借来福州机会，大量采购福州货物，货品种类繁多，数量庞大，出境均享有免税优待，因此往返一次，获利甚厚。清代对琉球贸易加强管理，除严格手续外，在开船回国前，还要盘验上船货物，以杜透漏。

如今，经过一系列的修复工程，河口街区成为海丝印记、贡赐文化、异域风情于一体，富有生机和活力的历史文化街区。

2. 上下杭街区

台江的上杭路和下杭路，俗称"双杭"，指的是从小桥头到大庙路之间的两条平行的横街。从宋元祐年间（1086—1094）开始，由广阔的闽江水域经泥沙冲积后，形成街市，水运交通便捷，建有10多处古河道渡口。这里是福州近代开埠至20世纪30年代的中国东南地区货物贸易中心。

明末清初是上下杭街区的一个重要发展时期。上下杭街区因其内部水系密布，水路交通便捷，三通河、星安河、三捷河等，河道相通，码头便利，不仅可供居民挑水、洗涤，还能供船舶靠岸、装卸货物。此地商贾云集，名店林立，街区亦发展迅速。

1844年，福州作为五口通商口岸之一正式开埠，处于当时福州经济中心"金三角"的上下杭地区，贸易批发、零售兼有，内贸、外贸兼营。到民国初年，福州上下杭地区规模较大的商行有：南北京果、食糖业、百货、代客行（代理商）、烟叶、进出口业、棉布业、鞭炮业、钱庄业、侨汇业、汽车运输业、饰品加工业等，多达 500 多种，商品不但销往全国各地，还远销东南亚和欧洲许多国家。

双杭地区兴化商帮由来自莆田、仙游的商人组成，历史上两地都属于兴化府，大体说的是同一种方言，民间的风俗习惯也大体一致。兴化商人往往克勤克俭，重视子女教育，所以有"神仙难赚兴化钱""天下才子在兴化""无兴不成市"的说法，包括百货、食杂、土产、医药、金融、运输等，兴化商帮都有深度涉及，即便如豆腐、软糕、补甑市场也全由兴化商帮占领。兴化商人赚钱后，看中了这块财源滚滚的福地，纷纷抢滩，购置商铺，在上下杭一带大兴土木，营室造屋，作为永久根基，所以，下杭路就被人称为"兴化街"。

随着商帮的剧增和商业的兴盛，为了维护本地域商帮和同业的利益，各地商人纷纷在上下杭设立同乡会馆，最盛时共有会馆 16 家，其中短短的上杭街便集纳了 12 家会馆，堪称"会馆一条街"。在当时，各地土特产品运到福州后，一般都暂时寄存在会馆中，待找到买主后，再从会馆运走。此外，会馆还是商人们进行业务洽谈、接待来往住宿的场所。

1927 年以后，北洋军阀、土豪劣绅各据地盘，沿途设卡，征收厘金，加上匪患成灾，商旅不安。抗日战争期间，福州两次沦陷，商号损失惨重。在福州商贸经营的内外环境都出现恶化，上下杭昔日的辉煌一去不复还。

3. 苍霞码头

苍霞，古代福州重要货运码头和仓储中心，位于台江区南部临近闽江区域，北接上下杭商业街区。"先有苍霞洲，后有上下杭"，苍霞洲，闽江下游的一颗明珠。借助闽江航道之便利，苍霞沙洲逐渐形成了道头、码头，出现了货栈、商行，上下杭地区的商业繁荣由此开端。而当福州成为中国最早的开埠城市，苍霞码头便升格为世界海洋贸易重要口岸。

清道光二十二年（1842），福州开埠为通商口岸，台江港成为中国东南地区重要贸易码头。台江码头利用"福船"通行于福州与南方各地之间，利用"山东船"航行于山东、上海、温州、宁波之间。三都澳、沙埕港、涵江、泉州的民间帆船，也在台江港江面出入。闽西、闽北的茶、笋、纸、木等土特产和农副产品多进入苍霞一带交易。中平路一带，曾是福州的十里洋场，聚集 260 多家商行，100 多个钱庄，30 多个同乡会馆。

福州的茶商大部分集中在上、下杭一带，且多是资金雄厚的富商大户。苍霞地区的茶行，最盛时达 60 ～ 70 家，多分布在苍霞洲、福全社、荔枝树下一带，其中洪怡和、洪茂春和洪春生为南帮洪家所开设，居苍霞茶帮之魁，有"刀牌烟仔洪家茶"之说。

1880 年，一个被称为"冰厂婆"的英国商人在台江创办"福州制冰厂"，在夏季为省城的官、商、士、民提供冰水。1884 年夏末，左宗棠以钦差大臣督办福建军务，以劝业的形式在福州倡导商人创办近代工业企业。不久，福州最早的一家近代企业——福州糖厂，在闽江北岸的苍霞地区诞生。糖厂动工兴建以后，又有一家面粉厂也办了起来。

苍霞客运码头从清朝康熙年间开始取代洪塘码头，前往闽清、古田、南平等上游的地区的客货运都在苍霞码头。1922 年，英美烟草公司的小汽船率先从南台直航南平。1924 年，南平船主江礼品在其船人上装上新式的内燃机，称之为安平号。安平号成功地由福州南台直驶南平，于是，南平与福州之间的航路打通。在苍霞洲成立了闽江轮船股份有限公司、福州平水轮船股份有限公司。

1959 年，来福铁路通车。客运逐渐结束了。再接着来福铁路的电气化改造、316 国道的建成，福州到闽西北的交通不再是唯一的一条水路。闽江上的船舶开始少了，落寞了，苍霞码头也一天一天的陈旧，在 2002 年，苍霞码头彻底消失……

4. 中亭街市

早年，楞岩洲成为陆地前，中亭街只是南北桥即万寿桥与沙合桥之间的一条类似堤坝的道路。明成化六年 (1470 年)，福州知府周纯义将楞岩洲北的石桥改建为单孔石桥 (俗称小桥)，人们往来更多，路堤两边摆摊开店的逐渐增多，遂成为商业上的黄金宝地。

五口通商之后，中亭街商埠更为规模空前壮观、繁荣。街的两侧，西为苍霞洲，东为后洲，均为水域形成的陆洲，并有许多巷、弄，将这两个陆洲与中亭街互通，像叶脉一样向左右辐射。古朴里弄与近代街区互通并存，相映成趣。中亭街靠近闽江，又是交通要道，四通八达，是全省各类土特产、水产品等的集散地。中亭街商品以批发为主，兼有零售，巨商辐辏，顾客云集，车水马龙，人潮如涌，成为商家顾客首选之地。中亭街左右商铺一字排开，"三十六行"行行尽有。

民国时福州北起屏山、南至三叉街的中轴线，中亭街地处它们之间的黄金分割线上，同时又是福州内河水系的中心连接点。在中亭街与大桥头十字路口有百龄百货棉布店，老板是福州商业巨子尤家德钤、德铨、德锜兄弟。大桥头左侧是著名的"虎标"永安堂，它是华侨巨商胡文虎开设的商店。大桥头右边是福州第一个以"福州中国国货公司"命名的综合性营业大楼。这三家均在大桥头的十字路口，成三足鼎立态势。

福州历史上一些事件，尤其是 20 世纪 30 年代发生的台江事件，都与中亭街密切相关。这些事件在福州近代斗争史上书写了光辉的一页。五四运动爆发的第三天，中亭街商人愤起销毁日货，国货路的命名和"请用国货"碑的竖立，就是这个历史的见证。

5. 茶亭手工业街

茶亭街南起洋头口，北至南门兜，明代为南郊，以有僧在中途设亭供茶而得名。茶亭是福州城市的要道，福州城和南台两地间河道纵横，仅有小路从中间穿过。而后小路逐渐扩大，就形成了一条联结两地的道路，这

◇茶亭

条路，就是茶亭街。由古城到台江新区，狭长的茶亭街，像一条扁担，一端挑着"三山两塔"，另一端挑着南台商业区，呈哑铃状。茶亭的重要性由此可见。

由于这条古驿道经常被水淹、道路泥泞，晋京、进城路人举步维艰。明代有一僧人化缘在此搭庵建亭供茶，方便行人歇脚、避雨、纳凉。茶亭，以有僧在中途设亭供茶而得名。清人林枫的《榕城考古录》载：清时，里人何长浩立有"乐善好施"坊。咸丰年间，里人集资建一座茶亭庵，内有戏台。诗人杨雪沧撰写两副楹联："南北两途往来此解渴，古今一样善恶看收场。""甲歌丁舞且下十石酒，南来北往亭中一杯茶。"从茶亭到茶亭庵，最后形成茶亭街，与福州商业的兴盛有极大的关联。清乾隆年间，台江地区的后田、河下街、宫前社、万侯街、石狮兜、下靛街一带，私营商业企业林立。清道光年间福州成为通商口岸之后，台江地区私营商业大量涌现，并向上、下杭街、潭尾街、苍霞洲、中亭街和台江汛延伸。前店后坊的手工业作坊此时在台江兴起，茶亭街逐步形成手工业一条街，同时不断扩展至洋中亭、崎顶、保福山一带，名牌产品不断问世。

民国时期，茶亭扩路成街，是福州市区南北走向的干道之一。沿街两旁木屋毗连，店铺林立，闻名遐迩的"李厚记""润光厚"角梳；"老天华""老天和"乐器；"观音头""佛手"牌镰刀以及"利一"斩锯、梁锯、"王彩"桶刀、"谢太"剪刀、"永字号"剃刀、"恭字牌"小刀、"增金利"厨刀、"广和兴"钢锉等名牌优质产品都集中在这里出产和销售，这里遂成为福州典型的手工业商街。福州评话《进京路引》中有词句："茶亭粉店多热闹"，就是指当时手工制作的胭脂、白粉、雪花膏等化妆品。当时茶亭街的厨刀、剃刀、剪刀，三把刀最有名气；制作二胡、京胡、南胡、皮鼓等民族乐器，誉满榕城；福州民间音乐"十番"的发源地是出自茶亭街的增金利锣鼓店。茶亭街不仅是一条手工业街，而且还是一条典型的商业文化街。

二、商贸遗存

1. 中外文化交流

伊斯兰文化遗存。在元代，福州成为阿拉伯人与波斯人来华经商传教的地点之一，伊斯兰教寺、番客墓在福州出现。

福州清真寺。位于福州市八一七北路，建筑坐西向东，分三进，皆有风火墙隔开，中辟石框门。临街是带圆形穹顶、三层砖石结构的邦克楼，一楼走廊直通第二进的墙门，第三进门额上刻有阿拉伯文，译为"万物非主，唯有真主。穆罕默德是主的使者"。

据寺内明嘉靖二十八年 (1549) 刻《重建清真寺记》碑记载，该寺初创于唐贞观二年（628），但已无据可考。又传此地原为五代时闽王王继鹏（即王昶）未封王时的住所太平宫，后晋天福元年 (936) 王继鹏即王位，喜舍为"万寿院"（佛教寺）。元至正年间（1341—1368）由廉访使张孝思捐俸重修，方归伊斯兰教所有。明初，赵荣、马庆、沙朋等人辄加整饰。明嘉靖二十年 (1541)，该寺毁于火灾，是年冬由古里国印度卡利卡特（Culicut）使臣葛卜满的后裔葛文明（时侨居福州）主持重建，越八年落成。在这一时期，金陵兰敬一号召集资，购置福州南门兜洗马桥的铺面作为清真寺产业，以店面租金来供给清真寺的日常活动。

清代，福州伊斯兰教逐渐衰落，清真寺日常主要是由外省来福州任职的穆斯林官员出资修缮、供养并维持伊斯兰宗教教育。

番客墓。在福州西湖附近的象山北麓井边亭村边，有一处被称为"清真总墓"的小山，这里就是福州穆斯林的公墓区。从保存下来的墓葬形制及墓碑来看，除了少数明代的墓外，大多数墓碑都是清代的，一些碑首刻有阿拉伯文，一些则凿刻"清真"二字，以彰显其来源及信仰。至今，墓区中有 48 座清代墓葬保存比较完好。最为引人注意的，是这里的一座被称为"圣人墓"的元代墓葬。该墓冢之上有砖石结构墓亭，坐北朝南，为方形底基。墓亭基部由花岗岩叠砌而成，其上则由大块长方形青砖砌造，靠近屋檐处改由小块青砖叠砌，屋顶为单檐歇山顶。墓亭四面均开有拱形石门，拱券由 13 块条石砌成。从石门框及门楣的阿拉伯文内容我们可以了解到，墓主是归真于元大德十年（1306）的著名伊斯兰教传教士伊本·玛尔贾德·艾米尔·阿莱丁，福州的这片穆斯林公墓，很可能就是由他开创的。1983 年，福州市人民政府将此墓定为第二批市级文物保护单位，又对坟墓进行了修葺。

中琉交往文化遗存。明成化年间，市舶司从泉州移至福州，台江河口成为了当时以琉球为主的 37 个国家贡赐来往的主要交流场所。这里一度"华夷杂处，商贾云集"，它是中外友好的见证地、琉球乡愁的承载地、外贸港市的展现地。

柔远驿。位于琯后街 21 号，南公园斜对面。明初，中国与琉球国（今日本冲绳）建立宗藩关系后，福州成为琉球朝贡贸易的重要港口。明成化十年（1474），福建市舶司由泉州迁至福州，福州成为海上丝绸之路枢纽港口。柔远驿（现为福州市对外友好关系史馆），就是海上丝绸之路和中琉交往的历史见证。柔远驿设立于明成化年间，意在"优待远人，以表朝廷怀柔之至", 是琉球贡使、商人和船员等到福州后, 安排食宿的地方。柔远驿历经康熙七年（1668）重建以及数次修缮, 现为福建省级文物保护单位。

琉球墓。位于仓山区省邮政学校一带, 福州的琉球墓园是全国不可多得的研究琉球历史和古代中琉交往的历史古迹。明成化十年(1467)福建市舶司从泉州迁至福州后, 福州与琉球的经济贸易、文化往来更加频繁。福州河口设柔远驿、进贡厂(俗称琉球馆), 凡中国派往琉球的使者及琉球来中国的使者、留学生都经福州转道。其间琉球来华亡故人员前后共有500余人, 均被就地埋葬于福州各处。琉球墓多为单人葬, 靠背椅形式, 由供案、碑牌、侧屏、宝顶(龟甲形)、山墙等5部分组成, 形制简朴, 碑牌书汉文, 内容包括国籍、姓名、职务、住址、生卒年月及墓地尺寸等, 是反映古代中国和琉球国历史交往的珍贵实物资料。

中西文化交流遗存。五口通商后, 福州便在三坊七巷的文人传承外开启了另一条文化脉络, 在南台浩浩汤汤的江水边, 地球另一端的洋人来了, 带来了文化和宗教, 也带来了货物、洋行和繁茂的商业文明。这座巍峨的教堂, 承载着西方的宗教文明, 更是见证了苍霞名流汇聚的辉煌岁月。

苍霞洲基督教堂。东北西南朝向, 南与青年会遥遥相望, 北与下杭路相接。整座教堂为红砖木结构双塔哥特式建筑, 外形依照英国威斯敏斯特大教堂而建, 被称为福州版"威斯敏斯特大教堂"。苍霞基督堂是福州地区现有的具有典型英国建筑风格, 规模较大, 保护较完好的教堂之一, 被列为台江区文物保护单位。

这座建筑背后, 是一本厚实的"民国群贤谱"。教堂于 1924 年 11 月 1 日举行奠基典礼, 时任省长萨镇冰亲临祝贺。民国十六年 (1927 年), 苍

◇苍霞基督教堂

霞基督堂正式建成，11 月 13 日举行座堂落成祝圣典礼，由中华圣公会主教院主席鄂方智主持并讲道。1956 年以主教慕尔为首的澳大利亚圣公会代表团来福建访问，由苍霞基督堂接待，主教慕尔讲道，主教刘玉苍翻译成中文。这是新中国成立后福建省宗教界第一次接待外宾，为福建省基督教界同国际基督教人士友好往来的开端。2013 年马约翰主教的孙女来福州寻访，第一站便是这座大教堂。

◇苍霞天主堂

苍霞天主堂。民国二十二年（1933），由外籍主教苏玛索，购置苍霞胜兴敬义弄8号茶行仓库，改建成苍霞天主堂，能容纳1000多名教徒进行宗教活动。堂口管辖范围有苍霞洲、义洲、帮洲、三保、彬社等地区，教徒大多数都是船民。经常办有学习要理回答和经文读书班，由传教先生和修女担任老师，义务为教徒子女服务，颇受教友们的欢迎。寒暑假时学生人数，可达50～60人。1951年，该堂积极响应教区号召，在"三自"革新运动中，成立天主教自立革新委员会苍霞堂分会，动员教友积极参加抗美援朝、反帝爱国等运动。经过修复，于1986年耶稣复活节之日正式恢复开放，开展正常的宗教活动。

福州基督教青年会。地处解放大桥桥头，1910年，62岁的闽籍爱国侨领黄乃裳接任福州基督教青年会会长后，在苍霞洲筹建新会所。这里成为福建众多名流聚首谈论艺术、关心时局之处。陈宝琛、黄乃裳、林纾、严复、萨镇冰、冰心、林徽因等众多福州近现代名人经常出入于青年会。在抗战期间，福州青年会是沟通、团结与联合海外广大侨胞与国际友人联合抗日、进行反侵略反压迫的斗争合作平台。在解放战争中，青年会是中共福建省委领导下的重要情报据点和地下交通站。在福州解放前夕，中共

◇青年会成立大会合影

◇青年会工作人员合影

地下党代表谢晓玖在福州青年会工作整整半年之久，为福建省福州市的解放提供了有力的支援，是福州解放的历史见证者。

◇青年会大楼开放典礼

◇青年会大门匾额"道义之门"

2. 台江的桥

随着台江地区商业的繁荣，密如蛛网的河道成为人们行走的阻碍，从宋代修建沙合桥起，台江大大小小的桥不可胜数。

路通桥。福州有句民谣："南台沙合，河口路通，先出状元，后出相公。"其中的路通即为路通桥。在南公园历史文化街区南段新港街道路通

◇路通桥

◇路通桥北端武圣庙

河上，横卧着一座构造独特的古石桥——路通桥。明王应山《闽都记》载：
"路通桥在河口尾，宋建。"桥边所立建桥石碑也载："建于唐贞观年间，
重建于宋"。相传程咬金来福州时，当时福州闹饥荒，程咬金上奏朝廷，
说夜梦神人指示要在福州河口造桥。唐太宗问："要多少银两？"程奏：
"此桥长，从桥头看不到桥尾。"太宗准奏，程就建了路通桥，余下银两
赈济饥民。

　　万寿桥（江南桥）。万寿桥北起台江，南至白龙江中部的沙洲，并有
桥梁可延至南台岛的仓山。宋代已经造了用数十只大舟连在一起的浮桥。
为了方便大船往来，桥中央还有活动的水门，大船通过时可以将桥断开。
不过，这一带的江面宽阔，水势汹涌，浮桥屡被冲垮。据八闽通志记载，
元大德七年（1303），天宁寺僧人王法助（惠安人）倡建石桥，在朝廷支

◇大万寿桥（今解放大桥）北段（局部）

持下，他募捐数百万贯，开始动工修建。但这项工程异常艰难，桥墩多次被洪水冲垮，后来，造桥工人先用竹木造成木笼，中填石块，才建成桥墩。经过 17 年的努力，桥梁终于完工。该桥有 28 个桥墩，上架石梁，桥总长 170 丈，是古代福建最大的桥梁之一。

河口万寿桥（小万寿桥）。明正德七年（1512），督舶太监尚春在河口渡造木桥，方便行人与货物上下，称"尚公桥"。桥东建"怀远坊"，桥西建"控海楼"。清康熙年间，鼓山僧人成源因木桥损坏改建"万寿桥"

◇河口万寿桥

石桥，石桥东建阿育王塔祀河神，万寿堂祀齐天大圣；西建万寿庵祀观世音。作为历史上琉球等诸番国贡船停泊地和外国使者的登陆地河口万寿桥一带，在福州海外交通史上有着特殊的地位，也见证了中琉封贡贸易的数百年兴衰。

彬德桥。位于福州市台江区帮洲街，始建于明，重建于清光绪二十二年 (1896)，桥长 28.7 米，宽 2.7 米，花岗石二墩三门拱桥，桥侧有"彬社重造光绪丙申""民国七年戊午彬社三次重修"题刻。彬德桥东西走向，是白马河南端"第一桥"。结构为花岗石构平梁与拱桥结合，二墩三孔不等跨，船形石构桥墩。桥面横铺石板，桥两端铺设有石阶。彬德桥是福州目前保留下来的少有的平梁与拱桥结合的桥梁，这种建造手法既体现了拱桥的美观，也便于大型船只过往通行。1992 年，彬德桥被列为第三批市级文物保护单位。

◇彬德桥

◇三通桥

三通桥。原位于中亭街以西的小河上，建于清嘉庆十一年（1806）。所谓"三通"，是指城内的三条小河通过此桥，东通小桥（达道河），西通三保（三捷河），南通新桥仔（新桥仔河）。涨潮时，三条小河的潮水汇聚到桥前，在三通桥北侧圣君殿（即张真君祖殿）前形成"河水两头涨"的汇潮独特景观。这也是福州谚语"圣君殿水两头涨，涌出黄金滚滚来"的由来，迎合了商人"财源滚滚"的吉利口彩。

星安桥。"一桥飞架，两铺相通"。星安桥位于上下杭星河巷三捷河上，星安桥连接旧时上下杭的"福星铺"和苍霞洲的"安乐铺"，桥名自两铺中各取一字合成。星安桥是仓前山渡江后唯一的陆路通道，沿河一带曾是货物集散地。桥虽不大起眼，却也是旧南驿道上的一大节点。由此往南到苍霞洲闽江边上可乘渡船至对岸南台岛的龙潭古渡，过白鹭岭即可到达阳岐古渡。星安桥上最大的亮点是各个历史时期所留存下来的传承有绪的建桥、修桥铭文。在清代，从仓前渡江后，星安桥曾是走陆路进城的重要通道。当年，在蜿蜒曲折的星安河上，船舶相连、桅杆如林，楼阁接踵的河岸上车马不绝，沸声若雷，是榕城繁华荟萃的集中地。

白马桥。位于福州市台江区的义洲，而义洲自古以来是福州木材市场的主要集散地。清末，为沟通义洲与上下杭，木帮商会的商人们集资兴建了白马桥。白马桥东边是福州商行集中地上杭街和下杭路，福州木材商帮大都住在这里。福建是我国重要林区之一。从前闽江流域各县的木材都是通过闽江水运，用"木排"漂流到福州集中，然后再由福州贩卖到全国各地。当时福州和汉口、安东同称为我国的三大木材市场。过

◇义洲白马桥

去福州经营木材业务的形式有三种：一、木客。这些木商亲自出马，深入到闽江上游主要林区采购木材，然后用"木排"从上游放流而下，到福州台江义洲集中再转运。二、木牙，代山客转手售卖木材，进行中间营利的经纪商。三、木帮，多为江浙等地外省人来福州经营木材业务的商帮。他们先向福州的木行采购木材后，再转运省外。

沙合桥。北宋福州官员章频在南修建了临津馆与合沙亭，合沙亭与福州南部的合沙门遥遥相望，反映了福州民众的理想。为了方便福州与南台之间的交通，宋朝在南台与福州之间盖了一座浮桥，取名为沙合桥，即今中亭街小桥的前身。浮桥分为二段，北段即为南台与福州南门之间的合沙北桥，其长度约五百尺，也就是五十丈，约合 150 米。可见，当时南门陆地与南台之间的河水颇宽。而其南段长达三千五百尺的大桥，即为后日白龙江上的万寿桥。陆游《渡浮桥至南台》："客中多病废登临，闻说南台试一寻。九轨徐行怒涛上，千艘横系大江心。寺楼钟鼓催昏晓，墟落云烟自古今。白发未除豪气在，醉吹横笛坐榕阴。"可见南台浮桥的雄伟。

3. 闽商遗迹

大庙山戒烟第一局。1906 年农历五月，在林文忠公祠内联合成立福建"去毒总社"。去毒社成立后，会所设在下杭街商务总会，在南台大庙山设戒烟第一局，局内可同时容纳 50 人，辅以医药帮助戒烟。经费由商会发动商家募集。在"去毒总社"的号召下，全省各地纷纷响应，各府、州、县、乡、里各设支社共 75 个，隶属总社，而又根据各地实际情况自定禁烟之法。劝导农民不种罂粟、主动戒烟，取缔官吏吸毒，勒令土膏行、烟馆改业，打击售毒的洋商、奸商以杜烟源。1907 年由商会主持的去毒社成立一周年纪念活动中，游行民众高举林则徐画像，抬着缉获的烟土、烟

◇大庙山戒烟第一局

具列队游行，并在海关埕销烟。去毒社的戒烟活动一直持续到1916年才停止。

复初庵木帮救火会旧址。复初庵，位于福州台江区复池路8号，又名复池庵。建于清末，为五灵公福州九庵之一。清代和民国时期为木帮公会所在地。在大殿的左右两边墙壁上，完好保存两副清代的巨幅对联，字大如小碗口，联文曰："嘉言懿行足录，崇德扬善可风""古来圣贤事实，迹遗英烈春秋"。这副庵联的特点是头四个字连起来是"嘉崇古迹"，系为"藏头联"，十分巧妙，正与该庵大门上方有一块青石雕刻的横匾"嘉崇古迹"相对应。

旧时的福州木屋毗连，容易火灾，而对于在福州从事木业的商人而言，防火救火更是头等大事。救火会原称水会，是福州双杭地区最早建立的商办商助的消防、救火组织。起初按行业建立，如纸、木材、油是最易引发火患的商品，救火会首先在这三个行帮成立。纸帮救火会设靛街曾氏家祠，油帮救火会设龙岭平和里，木帮救火会设海防前复初庵。因灭火效果好，作用大，其他行业与地区也相继仿效。清末民初时福州成立了 14 个行业和地区救火会，如双杭、榕南、东津、鼓泰、龙潭等救火会。1919 年，各救火会联合在三山会馆成立福州救火联合总会，一旦发生火灾，各救火会统一合作灭火。1921 年，联合总会发动各界捐助，在烟台山建钟楼，1926 年又在大庙山建钟楼，由总会派人在各钟楼日夜轮值瞭望，一旦发现火警，白天就在楼顶悬挂红旗，夜间则亮红灯示警，并有信号指示火场方向，各救火分会收到火警信号后就立即组织会员奔赴救火。

商帮学校：1948 年，由曾长兴土纸行老板曾文乾捐资，在曾氏支祠内兴办了一所"四端初级中学"，以儒家的"仁、义、礼、智"的理念为"四端"。1952 年在人民政府的统一规划下，"福商"与"四端"两中学由政府接管，合并为福州第四中学。

协利锯木厂的老板、松木业同业公会执行委员林弥钜也热心教育事业，参与创办了福州仓山独青小学（今仓山麦顶小学）、南平建华小学及长乐吴航小学等，并向闽侯县立小岭小学捐助制作几百套桌椅的木材。

双杭地区的兴化帮和闽南帮也十分重视办学，利用所属会馆，创办了"兴安"和"南郡"两小学（上杭街经营南北货的建东店老板李珊珂也曾捐资南郡小学）。南郡小学创办于 1925 年，校址就设在闽南人聚集的南郡会馆内。1956 年，南郡小学改名为下杭小学；同年，由兴化帮创办的兴安小学改名为上杭小学。咸康国药行老板张桂丹也捐资办"万寿小学"。这些学校除商家子弟外，也招收贫困子弟入学，免收学杂费，对学习优秀的学生还有奖学金的奖励。

福州商务总会旧址。位于上杭路 100 号，建于清代，由正落一至四进院落、魁星楼建筑、东侧落花园和西侧院落等组成。第一次鸦片战争以后，福州被辟为"五口通商"口岸。在夹缝中求生存的福州民族资产阶级，纷纷成立商帮，组建同业公会，以此增加竞争力。光绪二十九年（1903）清政府商部成立，为"保商情、通商利，有联络而无倾轧，有信义而无诈虞"，鼓励各地设立商会。《福州市志》载"清光绪三十一年(1905)，福州旅沪富商张秋舫（廷赞）、罗筱坡（金城）、李郁斋从上海回到福州，联合福州商帮人士，成立福州商务总会"。当时福州各类商帮、行帮、同业公会派多达 200 多个，全市商店约 15000 多，福州商务总会是福州各商帮组织的协调机关。这座古厝见证了闽商同外国洋行斗智维护民族利益的"春秋大剧"，以及闽商勇担道义、回报桑梓的赤子情怀。

古田会馆。古田会馆始建于 1915 年，位于白马路和同德路交界处，东接上下杭、西连洪武道、南通三捷桥、北倚白马桥，占尽水陆交通之便，

◇古田会馆

占地面积 690 平方米，为福建省级文物保护单位。会馆门额有石碑两方，上直下横，上直书"天后宫"，下横书"古田会馆"。古田会馆馆庙结合，不仅是会馆，还兼作天后宫，主祀海神妈祖。会馆内有记碑、收入碑和开支碑，据说是由筹建者魏明然所篆。收入碑列明了从光绪二十四年至民国三年间谷黄米帮、红釉帮、茶帮、焯帮和都县米帮等五大商帮的捐银情况，这是份珍贵的历史信息，从中可以推测出当时古田商帮各行业在清末民初的经营态势。建馆的基础多为乡音乡情交融、旅居之所，后来因为工商业的飞速发展便成了工商业者"联络同业、互通商情"的同乡行帮组织，堪称一个个"城市会客厅"。

三山会馆。位于福州市台江区洋中街道横街巷 56 号。建于清道光年间，木结构，为江、浙两省在福州市布帮商会造。江浙两省的绸布业公帮在福州城市内外各合建了一个会馆，因是跨省性的，不标"江苏"或"浙江"

◇三山会馆

名称。城内的会馆在春育亭（俗呼"仓前河沿"，在通湖路和光禄坊交界处），邻近三山驿，故叫"三山会馆"，在南台的会馆也用此名，分别呼为"城三山馆""台三山馆"。

◇福清会馆

◇后洲建宁会馆

福清会馆。坐落在福州市台江区福清巷，系20世纪初融籍商贾、海外侨亲集资所建。外观古朴，内分二进，占地面积近千平方米。时为联络商情、敦睦乡谊之聚会场所。解放后，由当地政府接管并移作他用，馆内原有大厅、戏台、天井等均被拆除。由于长期风雨剥蚀，会馆日见破残，惟正门之上石刻"福清会馆"苍劲大字犹赫然醒目。

后洲建宁会馆。又称建郡会馆，建于清嘉庆年间，占地面积约为 2000 平方米，为市级文保单位。由建宁府商帮集资建成，是当年为来榕的建宁商人提供住宿和休闲娱乐的场所。会馆依山势而建，前临上杭街，后背彩气山，正面红砖清水门墙，内有由戏台、神殿等。因原馆内供奉妈祖，故会馆匾额为"天后宫"。

南郡会馆。下杭路 92 号，面积 2000 平方米，清末由泉州、漳州、厦门等闽南商帮集资建造。廊柱、柱基均用青石，雕刻精美，出自惠安名匠之手。殿中祀天后妈祖。1925 年闽南商帮在馆内创办南郡小学，1956 年改名为下杭小学。

◇南郡会馆

兴安会馆。下杭路 27 号，面积 3000 平方米，清代由兴化

◇兴安会馆

府商帮所建。坐南朝北、纵贯上杭、下杭两条路。供奉陈文龙尚书、关帝、土地爷、魁星。民国时期馆内建有兴安小学，1956 年改为下杭小学，1978年改为台江区教师进修学校。现旧貌无存。

浦城会馆。上杭路 83 号，面积 320 平方米，清末由浦城商帮所建。坐北朝南、依山而建，内祀妈祖，每年举办两次庙会。该会馆曾经是中共地下党的秘密活动地点。

寿宁会馆。上杭路 173 号，面积 2000 平方米，清代光绪年间由寿宁客商修建。正殿祀妈祖，会馆设馆务委员会，每年清明节宴请在榕寿宁人士，新上任的寿宁县长必定到会馆拜会。会馆收入依靠茶叶贸易的厘金，住会馆的不收房租。1949 年后部分改为民居，部分作为工厂，正殿基本保持原貌。

绥安会馆。上杭路 56 号，面积 2000 平方米，清代由建宁商帮建造。客商主要来自泰宁、建宁、宁化、清流、明溪等地。面向上杭路，背靠彩气山，面阔三间，进深三间。今已拆除，改建为民居。

福鼎会馆。上杭路高顶路 35 号，面积 290 平方米，清宣统年间，由省咨议局议员孔昭淦提议，福鼎商帮出资所建。面朝高顶路，背靠彩气山，砖木结构。20 世纪 90 年代被拆毁。

延郡会馆（延平会馆）。延平路马口 104 号，面积 2000 平方米，清中期由南平商帮所建。前临延平路，北靠大庙山。馆内祀四贤（杨时、罗从彦、李侗、朱熹）。辛亥革命福州起义前夕，这里曾作为秘密培训据点。20 世纪 80 年代被福州小刀厂占用，后被电力部门占用。

永德会馆。位于星安桥与三通桥之间，与上下杭连片，与中亭街相距不足百米，面积 1224 平方米，始建于清雍正年间，光绪年间重修，为永春、德化商帮集资所建。会馆长期作为永德商帮堂会、商会、同乡会的活动场所。

内有戏台，既演出闽剧，也演出高甲戏、提线木偶等闽南剧种。1949年后，会馆作为公产由政府租作厂房。

闽清会馆（梅邑会馆）。原址在台江帮洲万侯街，面积540平方米，清同治六年（1867）由闽清籍华侨集资，黄乃裳主持修建。后来林森为纪念黄乃裳，将万侯路改为乃裳路。

◇永德会馆

◇闽清会馆

建筑具有明清风格，内供奉黄天君、马将军神像。曾改为新闽小学，1988年被列为台江区文物保护单位、黄乃裳纪念馆。1994年，闽清县政

◇汀州会馆

府驻榕办入驻此地，2005 年会馆移迁到三保直街。

尤溪会馆。潭尾街 59 号，面积 800 平方米，清末尤溪商帮创建。三进、三阔，后门临三捷河，小船可直接下水。旧城改造时拆毁。

汀州会馆。原址在闽清会馆附近，1991 年迁到白马南路。清末长汀、上杭一带经营纸靛的商人所建。仅余天后宫一座。

采峰别墅。民国九年（1920），马来西亚爱国侨领杨鸿斌先生在彩气山南麓择址建起了一座别墅，便是现今的上杭路 122 号采峰别墅。宅院坐落于彩气山（大庙山麓）背靠乌石山，面对藤山，左依鼓山，右傍旗，山取"采五峰之灵气"，故名"采峰别墅"。它是福州目前

◇采峰别墅

保存最为完好的近代中西合璧民居建筑之一。

咸康参号。咸康药行（咸康参号），是民国时期张桂荣、张桂丹兄弟经营的一家大药铺，与回春、四省、华来同为福州四大药店。咸康参号不仅拥有地道的药材、优质的服务，其业务拓展迅速，不仅覆盖了闽江上下游，还在上海、香港设了代办机构。咸康参号的经营理念，被不少业内人士推崇。首先，他们重视宣传，其药品包装纸都印有"咸康"招牌，参、茸等贵重药品的盒装美观精致；其次，为加快资金周转，老板将原药大包装改为小包装，降低批发起点与批发价值，便利各中小药店进货；再者店内有楠木家具座椅，供客人休息。

张真君祖殿。位于福州台江下杭路星安河畔的两座古桥"星安桥"与"三通桥"之间，始建于宋绍兴年间（1131—1162），又经明隆庆五年（1571）重修，距今已有八百多年的历史。1905年福州商务总会在此成立。

双杭商帮对福州商业之神——张真君的信仰更是在众神信仰之上。福州传统谚语有"真君殿水两头涨"，说的是位于三捷河畔的张真君祖殿。这座庙宇最初是为了纪念唐朝末年除暴安良、抗旱救灾的善士张慈观所建，但由于该庙宇所处的地理位置特殊，位于商贸旺地，自然也带上了"商"的色彩。张真君殿前的三捷河，曾经是城内和南台的交通枢纽。在闽江水涨潮的时候，从两个水关同时涌进的江潮，使得这里的河水两头同时涨潮，恰好汇聚于殿前。生意人把这种现象看成是聚财之兆。真君殿内设有戏台，在商人们看来，张真君是他们的保护神，因此商业活动常常和祭祀等神事联系在一起。商人们为求张真君保佑他们"黄金滚滚来"，香火自不必说，庆赞、做福、迎神、谢神等活动也自然是少不了的。

万寿尚书庙。位于福州市台江区坞尾街2号，建于明初永乐年间，前

◇张真君祖殿

殿奉祀陈文龙尚书，后殿奉祀天上圣母和观音大士，为儒释道三教合一的著名庙宇之一。陈文龙是著名抗元历史人物，后被奉为福州城隍、水部尚书、商业神明。

宋朝，兴化客商出入福州都要在阳岐坐船，就在阳岐化龙道码头设立了小庙妈祖亭，供祀海神妈祖。明初，聚集在阳岐的与水运商贸有关的商人和水上疍族渔民，需要忠烈勇猛的男性英雄作为神灵来镇压水里妖魔。万寿尚书庙的清乾隆碑文曾提及陈文龙"数出入风涛间为涉险者助"。说的是陈文龙逝世后化为神灵，曾在海上救助渔民。这一点类似海神妈祖，且妈祖祖籍也是莆田，所以渔民们认为忠臣英雄陈文龙就是护佑苍生的水上龙神，便拜陈文龙为"水部尚书"。因此在妈祖亭内并祀陈文龙，就有

◇"尚书公出海——送官船"

了"官船拜陈文龙、民船拜妈祖"之说。闽台及东南亚等地，都将陈文龙比作"海上保护神"。福州人称文龙为"尚书公"。其庙就为尚书庙。据记载，郑和七次下西洋屡将福州港作为驻波点，曾多次至本庙奉请尚书公陈文龙金身护航。

　　苍霞清泉庵。位于苍霞公园内，始建于清光绪年间，供奉着保护唐僧西天取经，一路除怪降魔、扬善除恶的齐天大圣孙悟空。庵的建立源于一个传说，传说有一年闽江发洪水，从上游漂来一个阁子，江边的乡人几次三番欲将它推走都无果。待洪水退去后，乡人将其抬到岸上，发现里面写着"孙黑白三圣爷"的字样。为保来年不受洪灾的侵扰，乡人们将其供了起来。齐天大圣是台江地区重要的商业保护神，在彩气山等地也有供奉齐天大圣的庙宇。

◇苍霞清泉庵

三、商贸习俗

1. 祈福习俗

信俗又称"俗信"，是人们在长期生产生活过程中形成的一种约定俗成的传统理念，在这种理念的支配下，民众会对某种民俗现象产生心理和行为认同。传统民间信仰崇拜的神灵是信俗产生的一个重要源头，祈福避害则是传统信俗传承不断的内在原因，各种民俗文化表现形式的集合构成了民间信俗的文化空间。

祭拜妈祖信俗：妈祖名默娘姓林，福建莆田湄洲屿人，她自幼从巫医济世，常驾舟救助海渔船和商船平安脱险。乡人感其恩德，在湄洲屿立庙祠之，受历代帝王褒封为"天妃""天后""天上圣母"。妈祖便成为海上保驾护航女神，驰名沿海各地、传播台湾及海外。福州为沿海城市，为海上丝绸之路重要一站，城内多有贸易船只漂洋过海；城外多有渔民、侨属，他们都依靠海洋谋生，俗话说："行船出海三分命"。因此，妈祖信仰就成了福州民间的风俗，称妈祖为"妈祖婆婆"。每当开船出海前，他们都要到妈祖庙烧香许愿，祈求"妈祖婆婆"庇佑，出海平安，平安返回后他们还要到妈祖庙烧香还愿，甚至谢礼、献戏。台江河口湾里存有一座明代妈祖庙，为福州现存最早的妈祖庙。

◇妈祖画像

　　陈靖姑信俗（临水夫人）。陈靖姑，福州仓山下渡人，生于唐大历二年（767）。陈靖姑信俗肇始于宋而盛于明清，香火一直传承不断。陈靖姑被称为"临水夫人""顺天圣母"，被誉为"救产、护胎、佑民"的"妇女儿童保护神"。历经千年传承，陈靖姑信俗文化已被列为国家级非物质文化遗产。陈靖姑信俗影响及于闽、台、港、澳、浙、赣、湘、粤、桂、鄂、皖等省（区）和世界各地的华人社区，信众达八千多万，出现四千余座临水宫分庙，形成一种特殊的民俗文化现象。请香接火仪俗全年进行，而以农历正月陈靖姑诞辰月的仪俗活动最为隆重。届时各地信众组成"夫人社"到古田临水宫庆祝圣诞，并从祖宫请香接火回乡祈神醮仪，反映出大众中普遍存在的祈福求安愿望。在此过程中，各地不同流派的道教科仪、民间音乐、戏曲舞蹈、传统武术、民间曲艺等都得到充分的展示。台江地区陈靖姑信俗十分普遍，一般的庙宇、会馆都有供奉，通常与妈祖、观音一同成为地方保护神，也是走水路的商帮保护神。

　　白马王信俗。闽越王无诸之孙，闽越王郢的第三子驺寅，因好骑白马，故号"白马三郎"。传说当时鼓山鳝溪有一条恶鳝，长三丈，残害百姓，三郎将它射杀，但三郎人马也被鳝尾缠住拖入水中同归于尽。后人感念白马三郎无量功德，建鳝溪广应白马王庙奉祀纪念，尊为鳝溪冲济广应灵显孚佑王。明弘治年间的《八闽通志》、明万历年间王应山编撰的《闽都记》、清代林枫编撰的《榕城考古略》也都记载了白马三郎为闽人除鳝怪的故事。随着地方史志和民间传说不断创造，白马王信俗内容不断丰富，信仰系统不断扩大，其上承汉闽越王信俗，下衍五大元帅等部属神灵信俗，影响遍及福州地区城乡各地，并随着移民播迁到台湾。原来，鳝溪的白马王庙自唐宋以来成为祈雨圣地，白马王被尊为"司雨之神"，因祈雨灵验，曾受朝廷五次敕封（其中一次是王审知奏封为"弘润王"），使鳝溪白马王祖庙成为官府祈雨的圣地。曾在福州任职的蔡襄、曾巩等人都曾到这里祈雨，留下祈雨祷文。

2. 曲艺遗俗

　　躲债戏。有诗曰："最是年关过不来，笼灯索逋刻难挨。抽身去看通宵戏，喜有安全避债台。"早年在福州生意场上，彼此的债权债务，人欠欠人，都要在除夕结毕还清，到了正月初一，大家见面都只互道"恭喜发财"，不提"债"的事。所以那时到了这一天（到初一早天亮为止），福

◇尚书庙躲债戏

州的大街小巷就出现许多挑着灯笼四处讨债的人。那些还不起债的人,不敢在家过年,不是躲到澡堂里去洗"躲债汤",就是到坞尾尚书庙通宵达旦地看"躲债戏"。此时,在庙里谁也不许讨债。债权人恐攖众怒,不敢来庙追债。

评话。福州评话是以福州方音讲述并有徒歌体唱调穿插吟唱的独特说书形式,福州评话其来源与唐宋之后迁闽的中原说书艺人有关:唐末宋初,中原宗室士民多次迁徙入闽,其中包括有说书人。《南村辍耕录》记述宋末元初,临安说书艺人丘机山尝至福州讲书。宋时的"诗赞系说话",传承俗讲体式,即以吟诵"诗赞"开篇,然后转入夹吟的"正话",最后以诗赞作"结台吟",并以"扇响钹"作间奏。据说明末清初,说书艺人柳敬亭不肯降清,在南明灭亡后,南奔入闽,授徒以福州话采用有说有唱的艺术方式借历史故事讽喻时局,福州评话在这时期正式形式。与商贸相关的评话有《贻顺哥烛蒂》等。

伬唱。福州伬艺，原名伬唱，历史上民间卖唱艺人搜集散曲、小令、山歌小调，传唱戏文唱段和民间故事，以酬应堂会，或装扮陆地行舟、钱剑、高跷、台阁、马上、肩头驮、莲花落等百戏杂耍，以参加社火活动，这样积久形成的演唱形式，俗称伬唱或唱伬。伬艺发端于福州省城，流行于福州市城乡，乃至古田、屏南各县。抗日战争期间随着福州人口大量流徙闽北，行艺达南平、建瓯等地。伬艺源于唐宋的百戏。伬艺在音乐唱腔方面，多自拉自唱，也可以轮流前台演唱、后台伴奏。唱腔在伬艺曲种中占主要地位，能够叙述故事，塑造人物，抒发感情。伬艺音乐所采用的声腔与闽剧基本一致。2006 年 5 月 20 日，福州评话伬艺传习所申报的福州伬艺经国务院批准列入第一批国家级非物质文化遗产名录。与上下杭商贸相关的伬唱有《达官弟卖饼》和《捡茶记》等。

◇林明朗《十番音乐传承》（组照）

◇十番音乐

十番音乐。茶亭十番音乐发源于福州市台江区的茶亭街，系国家级非遗项目。据清乾隆年间郑洛英《耻虚斋诗抄》中的《榕城之夕竹枝词》记述："闽山庙里夜入繁，闽山庙外月当门。槟榔牙齿生烟袋，子弟场中较十番。"由此可见，当时十番音乐在福州民间受欢迎的状况。

很早以前，福州民间盛行舞龙灯。后来为龙舞伴奏的打击乐逐渐分离出来，成为独立的艺术形式，它使用的乐器有狼杖、大小锣、大小钹等五种。人们为了避免五件乐器组合的单调性，在其中加进管弦乐器笛子、逗管、椰胡等，同时还加进了清鼓和云锣。为求得音量上的平衡，每种管弦乐器皆配以双数，形成双笛、双管、双胡，共约十种，乐队即由此基本成型。

十番演奏时排列位置有一定讲究。又分室内、室外两种。室内分为前后两堂。前堂以金筝为主，后堂以丝竹为主。"十番"音乐主要应用于迎神赛会、婚丧庆典、节日家宴等活动，分阳调、阴调两种。一般来说，迎神赛会、婚庆、节日家宴等演奏阳调，充盈欢乐喜庆色彩。丧事则演奏阴调，充满悲沉哀伤色彩。"十番"音乐声音洪大，既粗犷、热烈，又不失优雅、抒情，节奏明晰、顿挫分明。套曲一般有前奏、主曲、尾声等乐段，曲式完整。管弦乐与打击乐或齐奏或轮套，配合默契，板介严谨。在行奏、舞奏时，曲牌的"板眼"和着行进的步伐，声调缓时犹如高山流水，急时好似电闪雷鸣。

3. 疍民歌谣

疍民渔歌：福州疍民渔歌是一种福建省福州市的传统民歌。在福州古代也被贬称为"曲蹄曲"，是福州疍民传统的民歌形式，使用闽东语福州话吟唱，主要分为"盘诗"和"唱贺年歌"两种形式，流传于闽江中下游及福州沿海，其历史可能已经超过一千年。福州疍民渔歌主要分为"盘诗"的男女对唱形式和春节期间"唱贺年歌"向陆地汉人贺年讨粿的这两种形式。"盘诗"是节日时连家船聚集在水面，比如闽江沿江一带，所进行的男女一唱一和的渔歌对唱。其曲调多为历史上流传下来的疍民自编的曲调，但是唱词是在问答过程中的即兴发挥，没有固定的唱词。歌词内容包括了男女求爱、互相嘲谑、互祝平安等等。开场的引歌一般为"一条竹仔软丝丝，撩你对面来盘诗，跟你上段盘下段，莫盘坏诗盘好诗"，接着就开始正式的对唱，对唱形式是一问一答。

贺年歌：在农历正月初二至初四时，福州疍民向岸上的福州人讨粿时所唱的吉利的歌曲，用来换取米粿。其曲调既有传统的疍民调，也有取自闽剧清唱小调，其中如《十二月果》《十把白扇》这些曲子长度达到十句或十二句。在演唱时往往右跨竹编小鼓篮，左跨一尺多长、内装半筒水的小竹筒来敲打伴奏。在元宵、二月初二、三月初三时也有唱此类歌谣的习惯。福州疍民渔歌的其他形式还包括"端午采莲歌"等。

第十二章　活力商都

台江有着千年商业繁华，是闽都的经济核心；台江有着丰富的海洋文化遗产，是古城的历史记忆。

在全面建设现代化的新征程中，台江统筹推进"五位一体"总体布局，协调推进"四个全面"战略布局，立足新发展阶段，贯彻新发展理念，服务和融入新发展格局，以全方位推进高质量发展超越为主题，坚持"3820"工程思想精髓，围绕福州市"六个城、五大国际品牌、九大专项行动"部署，打造活力商都、滨江福地，高水平建设现代化国际城市核心区。

◇《眺望北江滨》（台江区北江滨公园）　　鲍传远 摄

◇《改造后的尤溪洲立交桥》（尤溪洲北桥头） 陈成才 摄

一、活力商都

海洋文化可以体现一个国家和民族关于海洋的认识和行为。新时代要实现"坚持陆海统筹，发展海洋经济，建设海洋强国"的宏伟目标，维护国家海洋权益、推动海洋经济高质量发展，需要深刻把握海洋文化内涵，继承我国古代灿烂的海洋文明。

千年商埠通四海。从宋代沙合桥一带的小集市，到明代执中国海外贸易牛耳，再到19世纪中叶的世界海洋贸易中心之一，千年台江商贸，既是福州城市经济发展的引擎，也为古城留下丰富的商贸文化、海洋文化历史遗产。

台江成为闽商文化和闽商精神重要发源地之一。巩固传统"商"优势，深入发掘"商"的底蕴、传承"商"的基因，发挥台江商贸历史悠久、文化底蕴深厚、载体充裕的优势，打响"最福州、老福州、金福州"的商都名片；要焕发新兴"商"活力，高标准打造核心商业区，升级传统商贸业和商圈载体，突出智慧商圈建设和新消费业态转型，拓展新的商业领域，培育新的商业和消费模式；打响特色"商"品牌，立足更高目标，打造台江高端服务业、金融业、商旅文融合等重点"商"的品牌，打造国家消费中心城市核心区、区域性金融中心、现代服务业高质量发展示范区。

第一，繁盛的台江商贸是福州城市发展的发动机。作为中国东南地区重要的商品集散地，中国古代海外贸易的中心，台江积极参与到古代世界海洋贸易中，并担当重要角色，繁荣的台江商业为福州不断注入生机和活力，推动着城市的发展。

第二，台江是榕商的发祥地，也是闽商的大本营。打破常规，突破现状，敢为人先，敢于挑战未来，打破思维定式，谋求新境界，台江商帮千年历史孕育出了勤劳致富、艰苦创业、敢为人先、为民造福等丰富多彩的商贸文化，为中华文化留下创新发展的宝贵历史财富，以及海纳百川、乐善好施、明辨大义、勇于担当、义利兼具、爱国爱乡、敢拼会赢的优秀人文品格，必将激励八闽人民为开启全面建设社会主义现代化国家新征程，作出更大的贡献。

第三，台江是中外友好交流交往的桥梁和纽带。台江是中国重要的海洋贸易城市口岸，海洋商贸网络遍及东亚、东南亚地区。河口柔远驿见证了中琉友好往来，台江码头目送黄乃裳一干闽清子弟越洋远行，苍霞精舍、青年会吸引了众多中外知识分子来此交流中西文化思想。

◇ "三宝城"空间结构示意图　　　（台江区自规局 供图）

　　第四，台江历史文化纵贯古今，融汇中西，体系多元，精彩纷呈，蕴含着源远流长的疍民水居文化、包容万象的商贸文化、厚重深刻的中西文化交融。在开启全面建设社会主义国家的新时代起点，总结台江商贸繁盛的历史经验、继承台江兼容并蓄的文化品格、弘扬台江开拓创新的人文精神，必将为福州这座古老的海洋城市平添许多斑斓的色彩、为闽都文化增添一股优秀传统文化力量、为新时代福州城市发展提供有力的文化支撑。

二、滨江福地

　　保护好台江传统街区，守住古城历史文脉，打造滨江福地。打造滨江福地，做的是"江"的文章，更好地造福于民。加快打造最美核心区，做精扮靓城区环境，加快推进城区有机更新，完善城市基础设施，加强精细化管理，着力提升城市功能和城市品质。加快打造幸福之城样板，加快补齐教育、医疗、养老等民生领域短板，做到学有优教、病有良医、老有善养，打造生产生活生态相融合，宜居、宜生、宜养、宜游的幸福城区。

台江正打造"闽江之心"。福州市"闽江之心"核心区的实施范围为西起三县洲大桥、东至闽江大桥的陆地及水域，包含"一江两岸两岛"，以及台江区的台江码头、滨江步行街、青年会、青年广场、苍霞公园等重要节点。核心区周边为联动区，其中包含台江区的上下杭历史文化街区、苍霞特色历史文化街区、苍霞新城周边、中亭街、达道美食街、榕城古街、白马河水域等。

保护好古建筑、保护好传统街区、保护好文物、保护好名城、保护好文化遗产，让更多的文物和文化遗产活起来，是繁荣发展文化事业和文化产业，提高台江文化软实力，打造活力商都、滨江福地，高水平建设现代化国际城市核心区的内在要求。

人文荟萃耀闽都。沿福州市区中轴，有 3 大历史文化街区——自北而南分别为：被称为"半部中国近代史"的三坊七巷、中国海洋贸易文化的代表"上下杭历史文化街区"、近代福州"租界区"仓前山"洋人街"。台江有上下杭、苍霞、南公河口共三大历史文化街区。在闽都文化博大精深的体系中，台江文化有其特殊的气质。台江文化蕴含着源远流长的疍民水居文化、包容万象的商贸文化、厚重深刻的中西文化交融。商业街区、码头、会馆、商号、疍民、民俗、宗教等构成台江地区历史文化遗产宝库，亦是生动的"文化活态博物馆"。目前台江区拥有39个各级文物保护单位，共有国家级非遗项目 1 项、省级 5 项、市级 15 项，区级 58 项，非遗项目

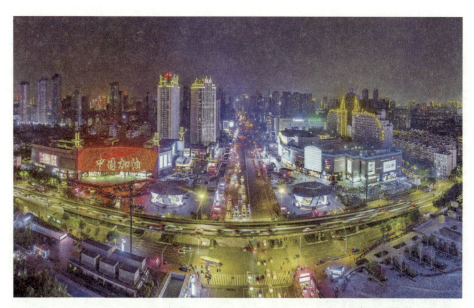

◇《万象更新》（宝龙城市广场附近）　　陈成才 摄

传承基地 11 个，大多与海洋文化、商贸文化有关，历史文化资源十分丰富。

　　保护和弘扬台江优秀历史文化，对提升台江文化形象，满足人民精神文化生活需求，增强台江人民的文化自信，具有深远的现实意义和重要的社会价值。

　　第一，擦亮"老福州"文化名片。历史上的台江见证了福州商贸业的繁荣兴盛，新时代的台江必将成为闽都文化的靓丽"名片"。深入发掘闽商发祥地和闽商精神孕育地深厚历史文化底蕴，将历史文化保护与城区更新相结合，强化台江文化主题宣传，讲述台江好故事，传播台江好声音，擦亮"最福州、老福州、金福州"商都名片。

　　第二，促进文旅融合发展。推出"历史文化、闽江休闲、清新生态"三大品牌，依托闽江 12 公里最美江岸线，将台江步行街、上下杭、青年会、中亭街等串点成线，形成沿江景观长廊，成为城市最美景观带、最美天际

◇《绽放灯秀佑福州》（台江金融街无人机表演）　　　陈霖 摄

线，打造滨江福地，打造闽江之心。

第三，推动文化产业升级。策划推出"印象闽江实景演出一台戏"等一批大型文旅品牌；推动"文化＋产业"融合创新发展，提升台江文化竞争力；构建更加完善的公共文化服务体系，人民精神文化生活日益丰富，文化软实力和影响力进一步增强。

第四，提升公共文化展示水平。结合台江历史文化遗址、建筑、文物的保护、研究、利用，建设好各类台江特色文化博物馆、纪念馆和主题公园。例如，在上下杭文化街区突出体现榕商诚信、慈善、爱国的优秀品格；在苍霞地区突出码头文化特色；在河口地区体现中琉友好交流的历史；打造全省首个"福文化"示范街区、"福文化"博物馆；推动"福州三宝城"打造中华贡赐文化承载区、世界知名工艺美术城、福州工匠文化传承地，建设集产品交易、展示展览、教育研学、旅游休闲、大师工作室等为一体的非遗工艺美术基地；红色文化遗存要进行科学规划，形成红色文化参观游览圈。

第五，增强文化旅游的观赏性和体验感，打造"闽江之心"。在参观游览壮观的台江商贸文化街区的同时，既要让游客感受到台江历史的厚重，也要体味到台江文化的亲切。例如，可以开辟出一条小吃美食街，让游客遍赏台江美食；可以利用丰富的河道资源，让游客体会"百货随潮船入市""近市鱼盐千舸集，凌空楼阁万山低""商人载酒晚移舟"等古诗中的意境；可以利用不同的文化空间，让游客感受台江民俗文化、曲艺艺术。

历史上的台江见证了福州商贸业的繁荣兴盛，弘扬闽商文化和闽商精神，传承优秀传统文化，新时代的新台江必将成为闽都文化的靓丽"名片"。

三、现代城区

高水平建设现代化国际城市核心区。"人指南台山与川，大惊喜气异当年"。台江区第十三次党代会报告提出打造活力商都、滨江福地，高水平建设现代化国际城市核心区的奋斗目标鼓舞人心！台江区精准站位、勇于担当，坚持高标准，跑出加速度，力争在全市率先基本建成现代化国际城区。台江自唐代以来就是全国对外交流的一个重要区域，见证了福州海丝之路的光辉岁月。改革开放以来，特别是上个世纪 90 年代以来，沿着习近平总书记对台江发展指明的方向，全区干部群众不懈努力、接续奋斗，经济社会发展取得长足进步。因此，台江区有优势、有基础、有义务、有责任，抢抓机遇，敢闯敢试，持续推动经济发展高质量、城区建设高品质、民生保障高标准、对外开放高水平，努力在福州建设现代化国际城市进程中走在前列，作出示范。

　　台江区突出五大重点加快推进：第一，坚持创新驱动，构建现代化都市型产业体系；第二，坚持改革开放，完善更具竞争力的发展机制；第三，坚持品质优先，建设省会最美核心区；第四，坚持人民至上，打造幸福之城样板；第五，坚持党建引领，营造风清气正政治生态。台江区上上下下充分发扬"勇于拼搏，争先创优"的台江精神，根据区第十三次党代会的统一部署，加快落实台江区第十四个五年规划和 2035 年远景目标，加快建设现代商务服务核心区。建设更具特色的活力台江、更具优势的实力台江、更加包容的开放台江、更高颜值的美丽台江、更有品味的幸福台江、更有魅力的文明台江、更高水平的平安台江，奋力谱写全面建设社会主义现代化国家的台江篇章。

◇上海西拆迁地块示意图　　（台江区自规局　供图）

后 记

　　本书是福建社科院与台江区联合开展历史文化研究的成果，是多方思想智慧的结晶。台江区政协为编纂组织单位，本人担任主编，负责协调各方关系、构思框架大纲、组织编写人员、统纂全书内容。本人撰写第1、4、7、8、12章，苗健青撰写第2、3章，麻羽纶撰写第5、6、9章，董偲撰写第10、11章。台江区委书记梁栋自始至终关心指导本书编纂；区政协主席邓万铣亲自挂帅领导，副主席陈丽霞、唐佑钗具体组织实施；区政协石丽钦、杜成发先后为本书编纂做了大量协调工作，杜成发为书稿后期修订付出不少心血，张承财先生为本书出版提供大力帮助，在此一并致谢！

麻健敏

2022 年 11 月 15 日 于福州